Beckett e a Implosão da Cena

Coleção Estudos
Dirigida por J. Guinsburg

Equipe de realização – Edição de Texto: Carol Gama; Revisão: Adriano C.A. e Sousa; Ilustrações das separatas dos capítulos: Antonio Figueiredo e Lucas Modesto sobre foto de Adenor Gondim; Sobrecapa: Sergio Kon; Produção: Ricardo W. Neves, Raquel Fernandes Abranches, Sergio Kon, Elen Durando, Mariana Munhoz e Luiz Henrique Soares.

Luiz Marfuz

BECKETT
E A IMPLOSÃO DA CENA
POÉTICA TEATRAL
E ESTRATÉGIAS DE ENCENAÇÃO

CIP-Brasil. Catalogação na Publicação
Sindicato Nacional dos Editores de Livros, RJ

M279e

Marfuz, Luiz, 1954
    Beckett e a implosão da cena: poética teatral e estratégias de
encenação / Luiz Marfuz. – 1. ed. – São Paulo : Perspectiva ; Salvador, BA: PPGAC/UFBA, 2013.
    248 p. : il. ; 23 cm. (Estudos ; 322)

    Inclui bibliografia
    ISBN 978-85-273-1000-0

    1. Teatro brasileiro. I. Título. II. Série.

14-09074

                      CDD: 869.92
                      CDU: 821.134.3(81)-2

29/01/2014   03/02/2014

Direitos reservados em língua portuguesa à
EDITORA PERSPECTIVA S.A.

Av. Brigadeiro Luís Antônio, 3025
01401-000 São Paulo SP Brasil
Telefax: (011) 3885-8388
www.editoraperspectiva.com.br

2013

Sumário

Agradecimentos. xv

Prefácio – *Fábio de Souza Andrade*. xvii

O COMEÇO DO FIM xxi

Modos de Fazer e de Des-fazer xxiii
Duas Faces da Desordem xxiv
Organização do Itinerário. xxviii

1.   O PARADOXO DA AÇÃO NO TEATRO
DE BECKETT 1

A (Des)Ordem da Linguagem 2
Implosão na Escritura Dramatúrgica 7
A Ação pelo Reverso 12
Modos e Disfarces da Ação. 17

2. DESFIGURAÇÃO DO ESPAÇO
   E O TEMPO INCAPTURÁVEL................. 35

   O Espaço Desfigurado........................... 35
   Na Captura do Tempo........................... 50
   Um Amálgama Imperfeito....................... 59

3. A (DE)COMPOSIÇÃO DA PERSONAGEM NO
   TEATRO DE BECKETT 63

   A Persona-Tornada-Coisa 63
   Decompondo a Personagem em Traços............ 67
   O *Clown* Beckettiano: Personagem em Trânsito..... 72
   Cumprindo o Itinerário da Decomposição......... 79
   Um Bólido Opaco Arremessado no Vazio.......... 83

4. IMPASSES E ESTRATÉGIAS DE ENCENAÇÃO
   NO TEATRO DE BECKETT.................... 87

   Beckett x Beckett: O Encenador Diante do
   Dramaturgo..................................... 88
   Impasse, Rupturas e Estratégias de Encenação...... 96
   Reconfigurando a Personagem no Corpo do Ator:
   A *Catástrofe* como Método..................... 110
   Direção de Atores: Máquina, Sensibilidade
   e Inovação..................................... 116

5. QUATRO PEÇAS E UMA CATÁSTROFE:
   ENSAIANDO A IMPLOSÃO
   NA *COMÉDIA DO FIM*..................... 127

   Itinerário da Encenação: Desenrolando o Carretel
   Invisível...................................... 128
   Cartografia Visual do Espetáculo: Materialização
   do Vazio...................................... 133
   Lágrima e Ressecamento: Tensões e Ambiguidades
   no Trabalho Com o Ator........................ 138
   Acaso e Rigor: As Cristalizações Imprevisíveis..... 152

6. PROCEDIMENTOS POÉTICOS NO JOGO DA CENA BECKETTIANA 159

(I)mobilidade: O Repouso em Movimento 161
Sintaxe Sonora: Consonâncias e Dissonâncias 165
Espacejamento: Corpo e Fala .171
Polaridade: A Luz na Escuridão 175
Paridade: Dúplices Imperfeitos 178
Simetria: Ordem e Imperfeição 180
Circularidade: Repetições e Interrupções 184
Contração: A Jaqueta Apertada 188
Subtração: Rumo ao Vazio 191
A Chave É Talvez 194

O FIM ESTÁ NO COMEÇO 197

Referências Bibliográficas 203

*Você rasteja na linguagem
arrastando seus pensamentos pesados.
Você desejaria puxar um fio condutor
para ajudá-lo a sair disso,
porém quanto mais você rasteja, mais você se esfalfa,
você está amarrado pelo fio condutor da linguagem;
como um bicho-da-seda que tece seu fio,
você fabrica um novelo em torno de si,
que o encerra em trevas mais e mais profundas.
A frágil luz do fundo do seu coração
fica cada vez mais tênue
e no fim do novelo só resta o caos.*

GAO XINGJIAN,
Prêmio Nobel de Literatura 2011,
em *A Montanha da Alma.*

ao meu sobrinho querido,
Alfredo Salomão Marfuz Neto,
exemplo de superação e determinação,
herdeiro da generosidade e da luz de meu pai.

Agradecimentos

À Julieta, minha mãe, pelas sábias palavras quando da impossibilidade de seguir adiante, e ao meu pai Alfredo (*in memoriam*), guia eterno;

À amiga e professora Cleise Mendes pela inestimável, dedicada e competente orientação de pesquisa;

Aos amigos Adelice Souza, Aimar Labaki, Angela Andrade, Beth Rangel, Charlot, Dulce Aquino, Isis Pristed, Nelson Issa, Ney Wendell e Paulo Henrique Alcântara pelo apoio e conforto durante a pesquisa.

Ao afiado elenco de *Só Beckett, Só* e *Comédia do Fim* pela confiança e compartilhar de experiências: Almiro Andrade, André Tavares, Daniel Oliva, Frieda Gutmann, Hebe Alves, Igor Epifânio, Ipojucan Dias, Juliana Grave, Luiz Pepeu, Marcos Machado, Maurício Aquery, Natália Ribeiro, Sandro Rangel, Tina Tude, Urias Lima e Zeca de Abreu.

Aos profissionais e artistas que integraram e contribuíram para a montagem das peças: Adenor Gondim, Adriana Amorim, Brian Knave, Clarissa Torres, Danilo Scaldaferri, Irma Vidal, Isabel Gouvêa, Kátia Costa, Moacyr Gramacho, Marie Thauront, Marcelo Marfuz, Rafael Morais, Rita Carvalho, Selma Santos, Sibele Américo, Tatiane Carcanholo, Teodomiro Queiroz, Walter Rozádilla.

Aos professores Fábio de Souza Andrade, Silvana Garcia, Eliene Benício e Cleise Mendes, que compuseram a banca de doutorado, por suas inestimáveis contribuições. Em especial, ao professor Luiz Fernando Ramos que, além de compor a banca, apresentou-me ao estranho e fascinante universo de Beckett.

Ao Programa de Pós-Graduação em Artes Cênicas da Universidade Federal da Bahia – PPGAC – UFBA; em especial, ao professor Cláudio Cajaíba pela oportunidade desta publicação.

Aos fotógrafos Adenor Gondim e Isabel Gouvêa pelo registro cuidadoso das montagens de *Só*, *Só Beckett* e *Comédia do Fim* e pela cessão das fotos que compõem este livro; em especial, a Laerte pela cessão da tira sobre o caos.

Aos encenadores Cristiane Paoli Quito, Isabel Cavalcanti, Moacyr Chaves, José Celso Martinez Corrêa e Rubens Rushe pela gentileza das entrevistas, a mim concedidas, sobre seus processos no teatro de Beckett.

Aos estudantes, colegas professores e funcionários da Escola de Teatro da UFBA.

Aos colaboradores Victor Cayres e Daniel Rabelo do PIBIC-UFBA e ao auxílio luxuoso de Helena Marfuz, Juan David González, Lucas Modesto, Sandro Santos e Vinícius Martins nas revisões de texto e imagem.

Prefácio

Em *Beckett e a Implosão da Cena*, Luiz Marfuz pensa a obra beckettiana a partir de uma formulação de intenções do próprio autor de *Godot*: a determinação de criar uma forma capaz de acomodar o caos moderno sem violentá-lo ou submetê-lo a quaisquer ordens externas e simplificadoras, seja a dos conceitos, seja a das alegorias unívocas. A arte é por natureza interrogativa, crítica, negativa.

O desafio, como o de toda boa crítica, é o da busca pelo específico e o novo no equilíbrio precário que Beckett logra entre caos e ordem, os termos centrais da equação que perpassa de cabo a rabo teatro, prosa e poesia do dramaturgo irlandês. Trata-se, portanto, de examinar um conjunto de procedimentos muito peculiares do "último modernista", como o chama um de seus biógrafos, e a experiência nova que eles filtram e expressam.

Nos termos de Marfuz: "Se é possível referir-se à explosão nas vanguardas europeias como um corpo de princípios – comum em alguns aspectos e desigual em outros –, pode-se dizer que Beckett dele se afasta para criar um novo fazer artístico [...]. Já não basta a explosão pura e simples de conceitos, temas, formas, estruturas. É necessário ordená-los rigorosa e minimamente."

Que este esforço se dê a partir da perspectiva de um encenador brasileiro e contemporâneo precisa e complica a tarefa de apreender esta "poética da implosão" e sua linguagem da falha. A recepção internacional da obra beckettiana, farta e fecunda, sempre precisa se haver com escolhas. De que Beckett se fala? Do exilado voluntário, do europeu sem mais, ou do criador reivindicado por diversas tradições (anglo-saxã, nacionalista irlandesa, francesa)? Falamos do mito que alimenta a indústria acadêmica e editorial global, valor em alta no mercado universal das letras, que hoje confere prestígio a seus leitores e encenadores, ou do criador que não faz concessões?

O que propicia ao crítico uma entrada própria é sua tentativa, prática e teórica, de reconstruir a relação entre Beckett e o Brasil, lastreada simultaneamente numa investigação conceitual da reconfiguração beckettiana, ao avesso e paradoxal, das categorias clássicas do drama burguês (ação, espaço, tempo, personagem), em uma memória institucional das montagens locais e nos registros de sua experiência pessoal como diretor de encenações de *Eu Não, Improviso de Ohio, Fragmento de Teatro I, Comédia* e *Catástrofe*, no Teatro Castro Alves, em Salvador.

Entre a ortodoxia insinuada no rígido controle das rubricas e instruções legadas por Beckett-diretor de suas peças, a partitura exata e concreta das rubricas e as apropriações singulares de nomes como Antunes Filho, Zé Celso, Rubens Rusche, Gerald Thomas, Marfuz encontra o terreno fértil para pensar o alcance das possibilidades múltiplas de apropriação, interrogativa e aberta, que Beckett inaugura na cena moderna.

Política sem ser militante, a obra beckettiana franqueia apropriações engajadas, libertárias e tropicalistas, aclimatações culturais, tão logo se recuse uma ortodoxia ritualista na sua atualização e se permita que ela confronte uma experiência outra em relação à europeia que está em sua raiz. Entre o "nada a fazer", moto perpétuo beckettiano, síntese dos impasses de uma civilização esgotada, e o "tudo por fazer", imperativo categórico do Novo Mundo, o sentido de traços formais como o despojamento, a mutilação, a elipse, o silêncio, a fragmentação se altera, esperança e desesperança trocam de lugar e se redefinem. Abrir-se a esta novidade não é o menor dos méritos deste

PREFÁCIO

livro, incursão pessoal pela radicalidade do teatro beckettiano a partir de um ponto de vista que é também o nosso, brasileiro, interessado e contemporâneo.

*Fábio de Souza Andrade**

---

* Crítico literário, professor doutor da Universidade de São Paulo, autor de *Samuel Beckett: O Silêncio Possível* e tradutor de *Esperando Godot, Fim de Partida* e *Dias Felizes*, peças de Beckett publicadas no Brasil.

O Começo do Fim

Ano de 1953, Théâtre de Babylone, Paris. Estrada deserta, árvore seca, entardecer. Vladimir e Estragon esperam Godot. "Nada a fazer", constata Estragon. Godot não chega. Ao fim de indeterminado tempo, entra um menino e fala: "O senhor Godot manda dizer que não pode vir hoje, mas que virá amanhã, sem falta." Silêncio. Vladimir conclui: "Então vamos embora?" Estragon: "Sim, vamos." Eles não se movem. Cortina. Fim do primeiro ato. Dia seguinte, mesma hora, mesmo lugar. Início do segundo ato. Vladimir e Estragon permanecem esperando. O menino retorna e informa mais uma vez que o senhor Godot não virá hoje, mas amanhã com certeza. Silêncio. Vladimir: "Então vamos?" Estragon: "Vamos." Eles não se movem. Fim do segundo e último ato. Cortina[1].

A estreia de *En Attendant Godot* (*Esperando Godot*), em 1953, é um marco na vasta produção artística e literária do irlandês Samuel Barclay Beckett, que muda a face do teatro contemporâneo com uma escritura emblemática, plena de pausas, silêncios e repetições. Romancista, dramaturgo, encenador, ensaísta, poeta,

---

1 Todas as réplicas citadas nesse trecho são de *Esperando Godot*. Cf. S. Beckett, *The Complete Dramatic Works*, p. 9-88.

novelista, Beckett nasce em 13 de abril de 1906, em Dublin, e morre em 22 de dezembro de 1989, em Paris. Para muitos, ele é o retrato de uma poética indecifrável. Em uma rara entrevista, disse: "Minha pequena exploração é essa zona inteira do ser humano posta de lado pelos artistas como coisa inaproveitável."[2] Com efeito, a dramaturgia construída pelo autor é a busca por uma linguagem autônoma no palco, em que silêncio, palavra, fazer comezinho, enclausuramento e incomunicabilidade produzem situações em um espaço-tempo indeterminado[3], à margem do começo e do fim.

No espaço liminar entre gêneros e formas, o teatro de Beckett mina pilares referenciais do drama – ação, espaço e tempo – e destitui a personagem do lugar de *ser-constituído--no-mundo*, tornando-a um produto das tramas da linguagem, inibindo possibilidades de significação. Mas a explícita aversão de Beckett a fixar significados não impede que se ponha em debate uma ampla esfera de desdobramentos temáticos em sua obra que inclui a solidão, a incomunicabilidade, o fracasso do amor, o absurdo da condição humana, a maldição do nascimento, o mal-estar de existir, o *ser-lançado-para-a-morte*, a espera, o confinamento, a decomposição.

Para o filósofo romeno Emil Cioran, o dramaturgo irlandês perseguia um único foco: "a situação-limite como *ponto de partida*, o fim como meta!"[4]. O efeito do teatro de Beckett sobre uma parte de seu público é, para o encenador Peter Brook, exatamente como o das peças sobre as personagens: "A plateia se agita, se torce e boceja, sai no meio ou então inventa e imprime toda forma imaginável de reclamação como uma defesa mecânica contra a desagradável verdade."[5] Para ele, Beckett tem a escritura mais intensa e pessoal de nosso tempo em que poesia, nobreza, beleza e mágica ocupam espaço privilegiado.

---

2   Apud I. Shenker, Moody Man of Letters: A Portrait of Samuel Beckett, Author of the Puzzling "Waiting for Godot", *The New York Times*, 5 de maio de 1956, primeira entrevista com o escritor irlandês, republicado em L. Graver; R. Federman (eds.), *Samuel Beckett: The Critical Heritage*, p. 148.

3   Embora se reconheça a complexidade do termo "espaço-tempo", consagrado pela física, ressalve-se que sua utilização neste livro tem o objetivo de mostrar a interligação entre as duas categorias no que se refere à dimensão teatral na poética beckettiana.

4   E. Cioran, *Exercícios de Admiração*, p. 69.

5   P. Brook, *O Teatro e Seu Espaço*, p. 58.

Com a dramaturgia e a cena beckettianas, reinventam-se modos de leitura e encenação que encorajam estudiosos, pesquisadores, diretores, atores, técnicos e espectadores a abandonar fórmulas consagradas para se defrontarem com uma escritura singular. Criam-se novas relações com o espaço, que comprime objetos e personagens; o tempo, cíclico e indeterminado; a performance cênica, que leva encenadores e atores a descobrirem no desconforto físico, na economia dos meios e na musicalidade das palavras diferentes modos do fazer artístico; e o público, convidado a penetrar nos mistérios da linguagem e na estranha poesia da cena. Onde se diz existir a ação, zomba-se dela; no lugar do movimento, impera o gesto mínimo; quando a voz é suprimida, instala-se o silêncio. Por tudo isso, é possível reconhecer, no teatro de Beckett, traços característicos do que se denomina *poética da implosão* – objeto que integra o percurso deste livro.

MODOS DE FAZER E DE DES-FAZER

Entende-se a noção geral de *implosão* como um conjunto de pequenas explosões que, combinadas, direcionam seus efeitos para um ponto central, fazendo com que determinada estrutura entre em colapso e desabe; com isso, o todo se fragmenta e se transforma em ruínas ao atingir o solo. Quando se procede à implosão de um prédio, são planejadas pequenas explosões interarticuladas que se combinam para que a ação derive para o centro, em um alcance circunscrito e não em um campo externo, fora de controle. Um edifício é considerado demolido se sua estrutura desmorona e desdobra em escombros e pó. À medida que os pilares da construção são destruídos, de forma calculada, os destroços atingem áreas monitoradas e não explodem desordenadamente no espaço.

Ao transferir esse mecanismo para o teatro de Beckett, entende-se que a ação de implosão circunscreve-se em um campo de pleno controle do dramaturgo. Os procedimentos são combinados de maneira tal que implodem clássicas e consagradas convenções cênicas e dramatúrgicas, transformando em fragmentos os pilares que sustentam o edifício teatral: ação, espaço, tempo e personagem. Mais ainda: o alvo é o próprio teatro como linguagem, cujos destroços são reconhecidos em seu aspecto desordenado, mas justapostos em uma ordem que tenta se erguer em meio ao pó, à desordem, ao caos. É uma construção pelo avesso, composição a partir da decomposição. Como se confirmasse esse procedimento implosivo, Adorno afirma que Beckett "explode por dentro a arte que uma abordagem engajada subjuga de fora e, portanto, apenas na aparência"[6].

Ao implodir o edifício teatral, entendido na acepção ampla e inclusiva, Beckett mina a estrutura do drama, como "o rato que rói um caixão"[7] – metáfora do filósofo romeno Cioran ao referir-se ao escritor irlandês –, tornando-o quase irreconhecível. A implosão aprofunda o mergulho no vórtice da linguagem que vai esvaziando de significados e perde os referentes. Por conta disso, as categorias ação, espaço e tempo, já desfiguradas na essência, embora tentem erguer-se na aparência, reduzem-se a aspectos mínimos e atingem diretamente a personagem. É desse modo e a partir do exame da dramaturgia e das estratégias de encenação no teatro de Beckett, ambas marcadas pela decomposição, desfiguração e desnaturalização, que se pretende esboçar uma poética da implosão da cena.

Para tal, os procedimentos examinados ao longo deste estudo são organizados nos seguintes eixos operativos: *ação,* conduzida ao limite do paradoxo, com diálogos que, longe de fazerem progredir a curva do drama, criam obstáculos para que essa cumpra seu curso; *tempo,* indeterminado e de difícil captura; *espaço,* desfigurado e comprimido na geometria do palco; *personagem,* que deixa de ser vista como substância ou personificação e passa a figurar como um léxico no mundo da linguagem; e, por fim, *encenação* e *direção de atores* em suas formas inventivas e inusuais.

DUAS FACES DA DESORDEM

Como ponto de partida, compreende-se que tanto os princípios da implosão quanto os da explosão remetem a uma cartografia

---

6   T. Adorno, apud. M. Carlson, *Teorias do Teatro*, p. 411.
7   E. Cioran, op. cit., p. 64.

geral da *destruição* no teatro, cujo ápice estético-ideológico é atingido pelas vanguardas teatrais europeias na primeira metade do século xx. Mas, enquanto a explosão deriva do ataque às convenções sociais e artísticas, a implosão revela-se algo calculado, como se fosse insuficiente o mergulho no caos que expõe, de forma desordenada, a cena, o mundo, a linguagem e a representação. Os efeitos da explosão são lançados em uma dimensão vasta e incontrolada, cujo resultado é o da *terra arrasada*; com a implosão, atinge-se um campo circunscrito, em que os destroços podem ser manipulados e reorganizados.

Se é possível referir-se à explosão nas vanguardas europeias como um corpo de princípios – comum em alguns aspectos e desigual em outros[8] –, pode-se dizer que Beckett dele se afasta para criar um novo fazer artístico. Para Sánchez, a precariedade da situação pós-guerra obriga o teatro a radicalizar as tentativas de Tristan Tzara, Roger Vitrac e Eugène Ionesco, troca "o sentido de primitivismo da vanguarda e a palavra volta a ser útil enquanto o drama das formas parece um jogo de meninos confrontando o drama da destruição"[9]. Já não basta a explosão pura e simples de conceitos, temas, formas, estruturas; é necessário, agora, ordená-los rigorosa e minimamente, justapondo as antinomias: imobilidade e movimento, luz e escuridão, palavra e silêncio. Em meio a um conjunto perturbador de visualidades, o teatro mínimo de Beckett recupera o poder da palavra, levando ao extremo a decomposição da personagem dramática. Com isso, a cena beckettiana constrói um diálogo às avessas e desprende-se das taxonomias dos *ismos* do teatro da vanguarda europeia.

Mesmo reconhecendo-se a complementariedade dos termos *explosão* e *implosão*, colocar Beckett junto às vanguardas históricas não traduz a complexidade e originalidade da obra do dramaturgo, construtor de uma poética singular. Não por acaso, Jameson – em sintético e elucidativo ensaio sobre traços essenciais da pós-modernidade – põe Beckett ao lado de artistas pós-modernos como Bob Wilson, Andy Warhol, William

---

8 Sobre esse aspecto, cf. P. Bürger, *Teoria da Vanguarda*; e G. Telles, *Manifestos Vanguardistas*. Sobre a vanguarda europeia no teatro, em especial, ver S. Garcia, *As Trombetas de Jericó*.

9 J. Sánchez, *Dramaturgias de la Imagen*, p. 69.

Burroughs, e compara certas modalidades de textos narrativos do autor com a audição de uma música de John Cage[10]. Assim, se não é possível identificar no teatro do dramaturgo irlandês um caráter essencialmente programático, ou traduzido em manifestos, pode-se observar modos de operar nas trajetórias literária, dramatúrgica e cênica. Ao escrever e encenar seus textos, Beckett constrói um conjunto artístico, que influencia a cena teatral contemporânea, tornando possível pensar uma poética da implosão.

Esboçar a poética da implosão significa não adentrar no território ocupado por inúmeros estudos, exegeses, registros, sistematizações, fortunas críticas, biobibliografias, que resultam competentes e valiosas publicações, mas que não integram o objetivo desta pesquisa – quando muito, delas se há de servir enquanto apoio generoso às argumentações. Esse cuidado no *dizer* antecipa a noção de linguagem reconhecida neste trabalho, equivalente ao seu sentido verbal (oral ou escrito), com as implicações que decorrem da utilização; assim, busca-se aproximar da forma com que Beckett trata a linguagem em sua obra.

Para o autor irlandês, na impossibilidade de descartá-la de vez como instrumento de expressão, deve-se cavar buracos para atravessá-la e "fazê-la cair em desgraça"[11]. Falar seria também falhar e, por extensão, escrever. Quando se quiser especificar um modo de expressão tomado em sua especificidade, será adotado um qualificativo; por exemplo: linguagem musical, linguagem cinematográfica, linguagem cênica, linguagem corporal e assim por diante[12].

No que se refere às traduções, toma-se como base a respeitada versão inglesa das obras dramáticas de Samuel Beckett, *The Complete Dramatic Works*, publicada pela Faber and Faber, de Londres, em 1986, bem como os estudos sobre as peças; entre estes, os realizados por James Knowlson (ele é autor do livro

---

10 F. Jameson, Pós-Modernidade e Sociedade de Consumo, *Novos Estudos,* n. 12, p. 22.

11 S. Beckett, Three Dialogues, em R. Cohn (ed.), *Disjecta,* p. 52.

12 O esvaziamento da função da linguagem aproxima Beckett de uma das ideias de Heidegger: "Falamos sempre a partir da linguagem. Isso significa que somos sempre ultrapassados pelo que já nos deve ter envolvido e tomado para falarmos a seu respeito. Ou seja, falando sobre a linguagem, estamos sempre constritos a falar da linguagem de forma insuficiente." Cf. M. Heidegger, *A Caminho da Linguagem,* p. 138.

Damned to Fame: The Life of Samuel Beckett, que saiu pela Bloomsbury, de Londres, em 1996, sete anos após a morte do escritor irlandês). Incluem-se outras traduções – como a edição espanhola da Tusquets e as edições portuguesas da Estampa e da Arcadia – de forma a contemplar certa variedade de tons e matizes próximos a nossa língua. A tradução direta do original em inglês é feita pelo autor deste trabalho; quando isso não ocorre, são identificadas as fontes e os respectivos tradutores.

Os títulos das peças estão em português, ressalvando-se que, quando citados pela primeira vez, é feita referência ao original em inglês ou francês. No caso das peças que integram o espetáculo *Comédia do Fim* – uma das partes do livro –, segue-se a tradução feita pela escritora e dramaturga Cleise Mendes. Quanto aos diversos estudos sobre Beckett, editados em inglês, francês e espanhol, as traduções são de inteira responsabilidade do autor desta pesquisa, exceto aquelas já publicadas na língua portuguesa que têm seus autores identificados.

Na perspectiva da poética da implosão da cena, as peças teatrais de Beckett foram agrupadas em duas categorias: primeira e segunda fases, em que há alguma superposição cronológica, mas nem sempre, considerando-se o ano e a primeira língua em que foram escritas[13]. Os textos da primeira fase remetem a uma composição que subverte convenções, mas ainda guardam certos resíduos formais de referências à realidade objetiva: *Eleutheria* (1947); *Esperando Godot* (1948-1949); *Fim de Partida* (*Fin de partie*, 1954-1956); *A Última Gravação* (*Krapp's Last Tape*, 1958); *Dias Felizes* (*Happy Days*, 1960-1961). A segunda é constituída de peças curtas que radicalizam os procedimentos dramatúrgicos, influenciadas também pelo cinema, pelo rádio e pela televisão, especialmente os dramatículos – termo adotado por Beckett para nomeá-las: *Fragmento de Teatro I* (*Fragment de théâtre I*, 196-?); *Fragmento de Teatro II* (*Fragment de théâtre II*, 196-?); *Comédia* (*Play*, 1962-1963); *Vai e Vem* (*Come and Go*, 1965); *Respiração* (*Breath*, 1969); *Eu Não* (*Not I*, 1972); *Aquela Vez* (*That Time*, 1974-1975); *Passos* (*Footfalls*, 1975); *Solo* (*A Piece of Monologue*, 1979); *Cadeira de*

---

13 Após a essa primeira aparição, as peças serão citadas apenas por seus títulos em português. Nos casos em que não for possível ou necessária a tradução, cita-se pelo título original.

Balanço (*Rockaby*, 1980); *Improviso de Ohio* (*Ohio Impromptu,* 1981); *Catástrofe* (*Catastrophe*, 1982); *What Where* (1983). Para efeito dessa classificação, embora anteriores a 1960, incluem-se os dois mimodramas, por conta dos procedimentos e do tempo de duração: *Ato Sem Palavras I* (*Actes sans paroles I*, 1956); *Ato Sem Palavras II* (*Actes sans paroles II*, 1956)[14].

As peças para rádio e televisão – inclusive um roteiro para cinema – são mais assemelhadas às da segunda fase, em virtude dos procedimentos de construção, concisão e fragmentação que provocam mútuas influências entre as linguagens teatral e audiovisual. São as seguintes: *Todos Aqueles que Caem* (*All That Fall*, 1956); *Cinzas* (*Embers*, 1959); *Esboço Radiofônico I* (*Pochade radiophonique I*, 1961?); *Esboço Radiofônico II* (*Pochade radiophonique II*, 196-?); *Palavras e Música* (*Words and Music*, 1961); *Cascando* (1962); *Film* (1963); *The Old Tune* (1960); *Eh! Joe* (1965); *Ghost Trio* (1975); *...But the Clouds...* (1976); *Quad* (1980) e *Nacht und Träume* (1982)[15].

ORGANIZAÇÃO DO ITINERÁRIO

Falar de estratégias de encenação no teatro de Beckett passa necessariamente pelo exame da dramaturgia do autor irlandês, dada a importância que ele atribuía tanto ao texto quanto à cena. Por isso, o livro se estrutura em partes que contemplam, incialmente, um breve exame da dramaturgia beckettiana e, em especial, as categorias ação, espaço, tempo e personagem, que já expressam a materialidade cênica. A partir daí, concentra-se o foco nos modos de encenar e de atuar com depoimentos e entrevistas de diretores, pesquisadores, e no trabalho de Beckett como encenador de suas peças. Acrescente-se a esse conjunto a experiência do autor deste livro na direção de cinco dramatículos do escritor irlandês – *Eu Não, Improviso de Ohio, Fragmento de Teatro I, Comédia* e *Catástrofe* – e em dois experimentos cênicos feitos com base na peça radiofônica *Todos Aqueles que Caem* e nos romances *Molloy, Malone Morre* e *O Inominável*.

14 Ver Quadro I supra, p. XXXI.
15 Ver Quadro II supra, p. XXXII.

No primeiro capítulo, o binômio caos-ordem ajuda a configurar a poética da implosão ao lado das estratégias utilizadas pelo dramaturgo para estabelecer certas modalidades de ação. Como a linguagem se desdobra em múltiplas faces, a ação no teatro de Beckett se traveste em formas variadas que se negam e se afirmam por meio de: paródia de convenções; desmembramento; imperativo da fala; e das formas do silêncio. Tudo isso coloca em xeque a ideia de progressão dramática.

O espaço desfigurado e o tempo incapturável são o epicentro em torno do qual gravitam temporalidades e espacialidades da dramaturgia beckettiana no segundo capítulo. Com um itinerário às avessas – errância imóvel, encarceramento e imobilidade –, examina-se como o espaço perde as referências objetivas da realidade, absorve e se entrelaça nas dimensões acústica, corporal e cromática, subtraindo-se seguidamente até culminar no vazio. Mostra-se, também, a dificuldade de materializar o tempo no teatro, observando-se a repetição e a reedição como formas de escape, em um jogo contínuo de ocultamento e revelação. Embora espaço e tempo sejam vistos separadamente, trata-se de esforço esquemático que não impede de, em muitos momentos, trançarem-se.

No terceiro capítulo, examina-se o processo de (de)composição da personagem. Ao contrário das construções ilusionista, subjetiva e psicológica, apresentam-se traços característicos que aproximam a personagem beckettiana do *clown* e das estruturas de linguagem. Ao cumprir um itinerário de desintegração, a personagem deixa de ser mostrada como *ser de alma e substância* e passa a integrar o código da gramática teatral, enfrentando as contradições que a performance cênica traz para esse campo.

Os impasses e as estratégias de encenação diante da rigorosa dramaturgia beckettiana são discutidos no quarto capítulo. Primeiro, o confronto entre Beckett-dramaturgo e Beckett-encenador. Em seguida, métodos de encenação que buscam resolver ou assumir os impasses pelas práticas e reflexões de diretores brasileiros e estrangeiros. Por fim, o dramatículo *Catástrofe* é tomado como modelo para observar variadas estratégias de condução de trabalho com o ator, ora voltadas para a subjetividade, ora para uma forma objetiva de construção.

O quinto capítulo traz reflexões sobre o espetáculo *Comédia do Fim*, realizado com o Núcleo do Teatro Castro Alves, no ano de 2003, em Salvador (Bahia). É pontuada a experiência do grupo (e deste autor) na montagem de peças de Beckett – em que foram experimentados princípios e procedimentos da poética da implosão – e são examinados o percurso da encenação, a sintaxe visual, o trabalho de atuação e a construção da gramática da cena, além de uma reflexão crítica.

No sexto capítulo, apresentam-se nove procedimentos cênicos, vistos de forma espargida ao longo do livro, agora reunidos em um esforço teórico para configurar uma matriz artística, centrada nas experiências dos encenadores e nos exemplos de *Só, Só Beckett* e *Comédia do Fim*. Tal matriz relaciona-se com a poética da implosão da cena, na qual a linguagem se confronta com os signos que proliferam na sonoridade, na visualidade e na corporalidade do palco. Ao final, sublinha-se o jogo entre liberdade da encenação e rigor da escritura dramatúrgica beckettiana.

As discussões aqui tratadas derivam da tese de doutorado deste autor, *O Teatro de Beckett: Poética da Implosão e Estratégias de Encenação,* desenvolvida no Programa de Pós-Graduação em Artes Cênicas da Universidade Federal da Bahia, entre 2004 e 2007, com orientação da professora-doutora Cleise Mendes. Resultam, portanto, de um percurso próprio de pesquisa, da observação e da análise do *modus operandi* de Beckett e de diretores que encenaram as peças de autoria dele e da nossa prática artística, sem a apresentação de fórmulas ou receitas. Este trabalho é um modo de socializar e compartilhar estratégias de aproximações com a dramaturgia e a encenação no teatro de Beckett, mesmo sabendo-se, de antemão, que a experiência da obra de arte é fenômeno único e irrepetível.

Cabe reafirmar que não se pretende fazer exegese da cena beckettiana – por demais revelada e a revelar –, muito menos examinar vida e obra do autor, sempre pesquisadas, nunca exauridas. O que se apresenta é uma peça de respeito, sem submissão. Uma pequena incisão no infindável corpo da cena beckettiana, que permite ver um pedaço de um conjunto incômodo e de valor incalculável. Beckett é um artista que, ao marcar o teatro contemporâneo e açular controversas reflexões,

XXXI

O COMEÇO DO FIM

deixa intrigantes perguntas: o que veio depois de Beckett é o que se pode chamar de pós-Beckett? Ou não há mais nada depois de Beckett que não seja Beckett ou anti-Beckett? Ou, simplesmente, não há mais Beckett? "Resta pouco a dizer" – diria, se pudesse, o Leitor, da peça *Improviso de Ohio*. Mas, sem dúvida, o pouco é muito na poesia inesgotável do menos, que o artista irlandês deixou como legado.

Quadro I: *Textos de Beckett para Teatro*

Ano de criação	Título em português	Título original	Título traduzido (inglês ou francês)	1ª Publicação
1947	Eleutheria[16]	Eleutheria	Eleutheria	1995
1948-1949	Esperando Godot	En attendant Godot	Waiting for Godot	1952
1954-1956	Fim de Partida	Fin de partie	Endgame	1957
1956	Ato Sem Palavras I[17]	Actes sans paroles I	Acts Without Words I	1957
1958	A Última Gravação	Krapp's Last Tape	La Dernière bande	1958
1956	Ato Sem Palavras II	Actes sans paroles II	Acts Without Words II	1959
1960-1961	Dias Felizes	Happy Days	Oh! Les Beaux jours	1961
1962-1963	Comédia	Play	Comédie	1963
1965	Vai e Vem	Come and Go	Va et vien	1966
196-	Fragmento de Teatro I	Fragment de théâtre I	Rough for Theatre I	1976
196-	Fragmento de Teatro II	Fragment de théâtre II	Rough for Theatre II	1976
1969	Respiração	Breath	Souffle	1970
1972	Eu Não	Not I	Pas mois	1972
1974-1975	Aquela Vez	That Time	Cette fois	1976
1975	Passos	Footfalls	Pas	1976
1979	Solo	A Piece of Monologue	Solo	1979
1980	Cadeira de balanço	Rockaby	Berceuse	1982
1981	Improviso de Ohio	Ohio Impromptu	Ohio Impromptu	1982
1982	Catástrofe	Catastrophe	Catastrophe	1984
1983	What Where	What Where	Quoi où	1984

Fontes: S. Beckett, *The Complete Dramatic Works*; A. Simon, *Samuel Beckett*; C. Berrettini, *Samuel Beckett: Escritor Plural*; D. Bair, *Samuel Beckett*.

16 Apesar de escrita em 1947, *Eleutheria* só foi publicada em 1995, após a morte do autor, que não desejava incluí-la no rol de suas obras completas.

17 Conforme Knowlson, Beckett afirma que escreveu *Ato Sem Palavras I e II* em 1956, embora outros autores, como Simon, considerem 1957 e 1959, respectivamente, os anos de criação das citadas peças.

Quadro II: *Textos De Beckett Para Rádio, Televisão e Cinema*

Ano de criação	Título em português	Título original	Título traduzido (inglês ou francês)	1ª Publicação	Gênero
1956	Todos Aqueles que Caem	All That Fall	Tous ceux qui tombent	1957	Rádio
1959	Cinzas	Embers	Cendres	1959	Rádio
1961	Palavras e Música	Words and Music	Paroles et musique	1962	Rádio
1962	Cascando	Cascando	Cascando	1963	Rádio
1963	Film	Film	Film	1967	Cinema
1960	The Old Tune[18]	The Old Tune	The Old Tune	1963	Rádio
1965	Eh! Joe	Eh! Joe	Dis, Joe	1967	Televisão
1961?	Esboço Radiofônico I	Pochade radiophonique I	Rough for Radio I	1976	Rádio
196-	Esboço Radiofônico II	Pochade radiophonique II	Rough for Radio II	1976	Rádio
1975	Ghost Trio	Ghost Trio	Trio du fantôme	1976	Televisão
1976	... But the Clouds...	... But the Clouds...	... Que nuages...	1977	Televisão
1980	Quad	Quad	Quad	1984	Televisão
1982	Nacht und Träume	Nacht und Träume	Nacht und Träume	1984	Televisão

Fonte: S. Beckett, *The Complete Dramatic Works*.

18 Adaptação da peça de rádio La Manivelle, de Roger Pinget.

1. O Paradoxo da Ação no Teatro de Beckett

Absurdista, classicista, simbolista, tragicômico, não ilusionista, antiteatro, metateatro, drama estático, drama lírico, farsa metafísica – eis algumas formas de adjetivar o teatro de Beckett. Nenhuma resume a complexidade e a singularidade de sua obra. Quanto mais se mergulha, acha-se, mas também se perde. "A palavra-chave em minhas peças é talvez", diz Beckett[1], que afirma: "Eu não tenho ideias sobre teatro. Não sei nada disso. Não vou."[2] Entre o enigma e o desvelamento, linhas do abismo se alargam e ampliam o campo especulativo em torno do teatro produzido pelo dramaturgo, o que se deve não só à pluralidade da produção intelectual, mas principalmente à urdidura de seus escritos, marcados pela polifonia e quebra de fronteiras literárias e por envios e reenvios entre caos e ordem, linguagem e expressão.

O panorama se amplia quando se acresce à trajetória de Beckett as peças concebidas para rádio e televisão e a experiência como encenador dos próprios textos. Escrevendo em inglês para o rádio, o autor exercita o fascínio pela música ao

---

1   Apud D. McMillan; M. Fehsenfeld, *Beckett in the Theatre*, v. 1, p. 13.
2   Idem, Letter from Michel Polac, *The Letters of Samuel Beckett*, v. 2, p. 316.

trabalhar com uma linguagem que se revela em partituras de sons, ruídos e silêncios; a televisão e o cinema permitem a ele manipular elementos do universo audiovisual, que reverberam nas peças da segunda fase. Como encenador, legitima o rigor impresso nos textos, já traduzido em minuciosas rubricas, exercendo um controle sobre todos os elementos que integram a montagem no palco. Os motivos em sua obra se multiplicam e se referenciam em um vaivém entre as produções narrativa, lírica e dramática, que se nutrem mutuamente de inúmeras possibilidades e esgarçam, contraem e esvaziam significados quando denunciam a insuficiência do uso da linguagem como forma de expressão.

A (DES)ORDEM DA LINGUAGEM

Falar da inutilidade da linguagem e, ao mesmo tempo, utilizá-la para se exprimir é uma opção artística radical. O paradoxo é posto por Beckett da seguinte forma: "não há nada para expressar, nada com que expressar, nada a partir do qual se possa expressar, nenhum poder para expressar, nenhum desejo de expressar, mas é-se obrigado a expressar"[3]. Da constatação sobre a impossibilidade e a obrigatoriedade de expressão por meio da linguagem até a escolha de uma forma que acomode o caos, Beckett constrói um rico e complexo caminho de produção intelectual, como se tecesse uma malha esburacada em que vácuos e vazios reivindicam *status* de primeira grandeza. Ele se apropria dos *abismos* para investir contra a linguagem, afirmando-a e negando-a, em uma sucessão de autocancelamentos na qual a justaposição entre caos e ordem torna-se elemento de uma poética.

Em seus textos – ensaios, novelas, romances, peças teatrais, poemas –, a linguagem é ponto de partida e alvo de investida. Quando se refere ao romance *L'Innommable* (O Inominável), Beckett aponta o efeito da insuficiência da linguagem em sua escritura: "Ao fim do meu trabalho, não há nada para ser nomeado, exceto o pó. [...] Não há 'eu', nem 'ter', nem 'ser'.

---

3   Idem, *Three Dialogues*, em R. Cohn (ed.), *Disjecta*, p. 139.

O PARADOXO DA AÇÃO NO TEATRO DE BECKETT 3

Não há nominativo, nem acusativo, nem o verbo. Não há meio de prosseguir"[4]. De início, o ato de expressão é visto como possibilidade de se colocar diante da desordem da linguagem, como expõe em carta a Axel Kaun: "temos de nos contentar com muito pouco. Inicialmente, de um modo ou de outro, pode ser apenas uma questão de encontrar um método através do qual possamos representar uma atitude de derrisão em relação à palavra, mas por meio das próprias palavras"[5].

Em outros termos, na impossibilidade de destituir a linguagem, busca-se um modo de revelar sua incapacidade: investir contra a palavra, servindo-se da palavra. As primeiras peças de Beckett (*Eleutheria, Esperando Godot, Fim de Partida, A Última Gravação, Dias Felizes*) já revelam nas réplicas essa inadequação:

– Não posso fazer mais nada. (*Pausa.*) Dizer mais nada. (*Pausa.*) Mas devo dizer alguma coisa.
– Pergunto às palavras que ainda restam; dormir, despertar, manhã, noite. Elas não têm nada a dizer.
– Eu não me lembro exatamente do que disse, mas vocês podem ter certeza de que não havia uma palavra de verdade.[6]

Da articulação entre impossibilidade e obrigatoriedade de expressão, o artista se coloca na posição de impedimento ou em absoluta privação, como sinaliza Hesla ao tratar dos impasses e do lugar do caos na escritura beckettiana: "Se a relação entre a forma e o caos é o problema técnico que o artista deve resolver, o próprio caos é seu tema contínuo."[7]

No entanto, definir o caos como tema contínuo é, de certo modo, restritivo, é fechar e emoldurar uma obra plena de possibilidades, torná-la monotemática, ainda que se produza um esforço em traduzir caos como inadequação entre linguagem e expressão. À medida que Beckett sofistica os procedimentos da escritura, leva às últimas consequências sua desconfiança em

4 Apud I. Shenker, Moody Man of Letters..., *The New York Times*, 6 maio, 1956, republicado em L. Graver; R. Federman (eds.), *Samuel Beckett: The Critical Heritage*, p. 148.
5 Idem, German Letter of 1937, em R. Cohn (ed.), op. cit., p. 53.
6 Respectivamente, Winnie em *Dias Felizes*, Clov em *Fim de Partida*, Pozzo em *Esperando Godot*. Cf. S. Beckett, *The Complete Dramatic Works*, p. 166, 134, 132.
7 D. Hesla, *The Shape of Chaos*, p. 4.

BECKETT E A IMPLOSÃO DA CENA

relação à linguagem, mas aponta a possibilidade de acomodar a confusão em uma forma artística, sem que se dissolvam ou se anulem, como assinala em entrevista a Tom Driver:

esta forma será de um tipo que admite o caos e não tenta dizer que o caos é só alguma coisa a mais. A forma e o caos permanecem separados. Este último não se reduz à primeira. Isto é porque a forma não se torna ela própria uma preocupação, porque ela existe como um problema separado do material que acomoda. Encontrar uma forma que acomode o caos, esta é a tarefa do artista agora[8].

Veja-se: se antes o caos da linguagem colocava o artista na ambígua situação de impedimento e obrigatoriedade, agora se vislumbra a possibilidade de acomodá-lo em formas organizadas artisticamente. Um indicativo desse procedimento são as peças curtas e os dramatículos da segunda fase, em que a paisagem destroçada cede lugar à fragmentação do corpo e da palavra, separados, justapostos. Não basta mais a desordem avançar sobre a personagem, encobri-la parcialmente, como em *Dias Felizes*, é preciso agora destroçá-la em partes, desmembrá-la em gestos mínimos, vozes, ruídos, imobilizá-la, silenciá-la. A ação torna-se cada vez mais irreconhecível, tempo e espaço perdem referências figurativas. A personagem lentamente se decompõe e é implodida de variadas formas, esfacelando-se em discursos ininterruptos ou entrecortados, que separam o falar do ouvir. São restos de corpos sem comando, bocas que expulsam palavras, vozes que habitam rostos. Acolher o caos e organizá-lo é uma aposta na renovação: "A confusão não foi inventada por mim. Nós não podemos ouvir uma conversação por mais de cinco minutos sem cair na confusão. Ela está em torno de nós e nossa única chance agora é deixá-la entrar. A única chance de renovação é abrir nossos olhos e ver a confusão."[9]

Com essa perspectiva, Beckett revigora uma dramaturgia – fortemente influenciada pelo resultado de suas experiências como encenador, iniciadas em 1966 – em direção a uma cena subtraída, mínima em recursos. Ao implodir conceitos e formas do teatro, o autor põe em cena destroços para serem

---

8 Beckett by the Madeleine, *Columbia University Forum*, 4, republicado em L. Graver; R. Federman (eds.), op. cit., p. 219.

9 Ibidem, p. 218.

O PARADOXO DA AÇÃO NO TEATRO DE BECKETT 5

justapostos como efeito desse processo: ruínas de acontecimentos, pedaços de personagens, espaço contraído, fragmentos da memória, estilhaços de ação. Fica-se com o que resta: cabeça, rosto, boca, pés.

Esse momento é marcado, também, pela influência de sua produção para rádio, televisão e cinema na criação das peças curtas. A maioria delas, já nomeadas por Beckett de dramatículos, atinge altos pontos de contração, força imagética, economia e concisão em todos os elementos: texto (às vezes, uma página), palavras (só as necessárias, obrigatórias), espaço (quase não há, o palco é despossuído de elementos), objetos (raros, essenciais, quando existem), tempo de duração (dez, vinte, trinta minutos), personagens (uma ou duas, às vezes, quatro) e estrutura (o drama, tal como se conhece, esfacelou-se e se torna estertor inconcluso de seu próprio ápice).

Nos dramatículos, o binômio ordem-desordem tem abrigo certo. A ordem, em sua significação mais usual, pode ser entendida como um conjunto de leis e regras que estruturam determinadas partes dispersas no conjunto. O caos – sinônimo de confusão, desarrumação, desordem – inclui-se na dispersão e se instila nas escrituras dramatúrgica e cênica, do mesmo modo que as linhas de força da ordem. Ambos se tornam um modo de regular a cena, expondo o desajuste da linguagem. A lei dos homens – resquício da ordem social – ausenta-se como medida e referencial, revelando-se incapaz de impor sanção, recompensa ou castigo às supostas ações das personagens. Para Beckett, o pior de todos os atos já foi praticado: o nascimento. O que importa são a lei e a desordem da cena que ditam e regem falas e movimentos. Suas personagens não têm vida fora do palco, são resultado de uma invenção, erguidas por códigos linguísticos.

Nesse sentido, a ordem termina por revelar um estado de desordem instaurado pela linguagem. Diante do fracasso das ordens divina, social e humana, qualquer ação posta no palco demonstra apenas a sua fragilidade. Resta a organização da cena como uma possibilidade; cena que se decompõe e simultaneamente se organiza pela força de um conjunto de elementos constitutivos – ação, espaço, tempo, personagem, luz, musicalidade e sonoridade – que não anuncia uma reordenação fora do plano ficcional. Se Beckett quisesse tomar a obra dramática como

BECKETT E A IMPLOSÃO DA CENA

paradigma de uma nova ordem, no mínimo, o efeito comparador com a realidade seria imperioso, como se a cena fosse o reflexo especular de um mundo propositivo. Mas o espelho do teatro de Beckett é vazio. Não traduz nem reflete imagens reais ou ideais.

Assim, não se pode chegar a conclusões apressadas que oponham a ordem cênica à desordem da realidade, forçando a criação de significados entre cena e mundo, para dar um sentido à obra do dramaturgo. Se há certa ordem no teatro de Beckett, é para acentuar a confusão instaurada pela linguagem, como pode ser visto no dramatículo *Eu Não*, em que a personagem Boca, após setenta anos sem falar, descobre a palavra e conta sua *história* para um ouvinte silencioso, sem conseguir deter o fluxo caótico da fala. Criando uma dissociação entre pensamento e linguagem, Beckett faz a personagem adotar a terceira pessoa para falar de si:

percebeu que as palavras estavam vindo… imagine!… as palavras estavam vindo… uma voz que ela não reconheceu… logo de início… só muito depois de ouvi-la… e então finalmente teve que admitir… não podia ser outra senão… a sua própria voz… certos timbres vocálicos… ela nunca tinha escutado… a não ser… em sua própria boca… e as pessoas se espantavam… nas raras ocasiões… uma ou duas vezes por ano… quase sempre no inverno por alguma estranha razão… as pessoas olhavam para ela sem compreender… e agora essa torrente… um fluxo contínuo…[10]

No entanto, o que emerge das palavras da Boca é suspenso por um instante, para que o silêncio se instaure e o discurso caótico possa recomeçar, após uma reverência impotente do Ouvinte, mudo interlocutor. As rubricas indicam que há pausa suficiente para que se observem o silêncio e o gesto do Ouvinte, sem superposição de discursos; o fluxo desordenado das palavras e a gestualidade silenciosa se justapõem. Ao todo, são quatro pausas e quatro movimentos que interrompem a fala. A rubrica indica que o gesto do Ouvinte é progressivamente reduzido "até tornar-se quase imperceptível no terceiro. Há pausa suficiente para conter o movimento da Boca até que esta se recupere de sua *recusa veemente a renunciar à terceira pessoa*"[11].

---

10 S. Beckett, *Eu Não*, p. 1.
11 Idem, *The Complete Dramatic Works*, p. 375. Grifo nosso.

O exemplo mostra a alternância entre caos e organização, ambos configurados de forma que cada um dos dois elementos possa ser visto em sua inteireza. A relação se constrói pela autorremissão, não se deixando tutelar pela esfera da realidade, e desconhece outros códigos que não os do palco; estrutura-se, assim, um rigoroso conjunto de referências cênicas que vão das minuciosas rubricas às rígidas marcações de tempo, espaço e movimento. Se Beckett apenas proclamasse a ordem da cena, não deixaria de pé o paradoxo da representação, que assinala os impasses gerados pela confusão da linguagem e a implosão da forma dramática.

IMPLOSÃO NA ESCRITURA DRAMATÚRGICA

A radicalização dos procedimentos estéticos e formais que Beckett imprime nas peças implode noções consagradas de ação, espaço, tempo e personagem. São procedimentos que exaurem escritura cênica e práxis teatral e desmontam possibilidades de enquadramentos e significados fechados sobre o conjunto total da criação, ainda que o esforço hermenêutico seja inesgotável. Entre essas tentativas, situa-se o exame de Martin Esslin, que analisa a dramaturgia produzida no *entre* e no *após* das duas grandes guerras mundiais, ao mostrar o homem em frangalhos, pondo em xeque a linguagem e a capacidade de comunicação em um mundo desprovido de sentidos. É o que ele denomina Teatro do Absurdo, no qual inclui Adamov, Ionesco e Beckett[12].

Ainda que se possa discordar dessa classificação, é impossível ignorar o exaustivo trabalho de Esslin em que se pode reconhecer, aqui e ali, elementos frequentes na dramaturgia do escritor irlandês, especialmente a influência da tradição antiga, a exemplo do *mimus* romano – gênero que mistura dança, canto, malabarismo, improvisações, palhaços. Recombinando formas e variações, o Teatro do Absurdo se utiliza

---

12 Expoentes do Teatro do Absurdo reagiram à categorização de Esslin; para Ionesco, o termo era vago, "uma definição fácil de coisa 'alguma'". Adamov considerava-o incorreto e irritante: "A vida não é absurda, apenas difícil, dificílima." Cf. M. Carlson, *Teorias do Teatro*, p. 399.

8 BECKETT E A IMPLOSÃO DA CENA

desse gênero, mas para apor o corriqueiro e banal ao profundo, o sério ao zombeteiro[13]. De certo modo, Beckett apropria-se não só do *mimus*, mas dos *lazzi* da *Commedia dell'Arte*, do circo, do *clown* e do *clochard*[14], inserindo-os em meio a reflexões filosóficas, como as palhaçadas de Vladimir e Estragon em *Esperando Godot*, a caracterização clownesca do velho Krapp em *A Última Gravação* ou os mimodramas *Ato Sem Palavras* I e *Ato Sem Palavras* II.

Nesse viés, incluem-se as conexões com o cinema mudo dos anos de 1920-1930, especialmente os filmes de Buster Keaton, Charles Chaplin, Laurel e Hardy e dos Irmãos Marx, não só pelas reconhecidas e citadas influências do trabalho dos atores, especialmente Buster Keaton – com quem Beckett trabalhou no roteiro de *Film* –, mas pelas *gags*, indicações de figurinos, movimentos e maquiagem que remetem à estrutura e ao conteúdo da farsa. No exame dos princípios desse gênero no teatro, Bentley refere-se aos filmes dos irmãos Marx como uma legítima herança: "Coloquem no palco um ator da estirpe de Harpo Marx, e todas as aparências estarão em perigo. Para ele tudo que é revestimento existe para ser arrancado, tudo que é quebradiço para ser quebrado."[15] Esslin reforça a associação afirmando que a comédia muda é herdeira da palhaçada, da dança acrobática, do *music hall* e do *vaudeville* e acrescenta outras características:

tem a estranheza de sonho de um mundo visto pelo lado de fora, pelos olhos incrédulos de alguém desligado da realidade, bem como aquele aspecto do pesadelo que mostra um mundo em movimento constante e sem objetivo, e, muitas vezes, ilustra o profundo poder poético da ação sem palavras e sem sentido[16].

Com a inserção de elementos tais como a farsa, os *lazzi* da *Commedia dell'Arte*, o classicismo francês[17], as conquistas do

---

13 Cf. M. Esslin, *O Teatro do Absurdo*.

14 O *clochard*, presença constante nas primeiras peças de Beckett, é o "marginal social urbano, desempregado e solitário, que vaga errantemente pelas ruas da grande cidade". Cf. E. Hackler, Maeterlinck e Beckett: Correspondências, *Revista da Escola de Música e Artes Cênicas*, n. 8, p. 38.

15 E. Bentley, *A Experiência Viva do Teatro*, p. 220.

16 M. Esslin, op. cit., p. 285.

17 Para uma leitura que trata especificamente das relações entre a produção de Beckett e o classicismo francês, cf. V. Mercier, Classicism/Absurdism, *Beckett/Beckett*.

O PARADOXO DA AÇÃO NO TEATRO DE BECKETT 9

romance, do cinema, do rádio e da televisão, Beckett constrói uma dramaturgia que toma para si múltiplas formas e as insere em uma carpintaria teatral rigorosa, de difícil classificação. Qualquer categorização revela-se insuficiente. Avesso a explicar sua obra, o autor nega e desautoriza inúmeras interpretações, a exemplo das especulações sobre o significado de Godot, traduzido por comentadores e hermeneutas em variadas acepções: Deus, capitalismo, totalitarismo, nome de um ciclista francês (*Godeau*) ou de um comandante de avião e assim por diante. Disposto a dar fim às especulações, Beckett diz: "Se Godot fosse Deus, eu o teria chamado por esse nome." E mais: "Se eu soubesse quem era Godot, teria dito isto na peça."[18]

O percurso de Beckett é o do esgotamento, em um *continuum* literário produtivo. Após levar as possibilidades da narrativa ao depauperamento, parte para o teatro, o rádio, o cinema e a televisão, construindo um conjunto conexo no qual gêneros se combinam e se recombinam, nutrindo a criação teatral com formas que vão do simples ao complexo, do erudito ao popular, do arcaico ao moderno. Mais do que enquadrar ou classificar, o esforço é reconhecer a presença de elementos e variantes oriundos de diversos campos e linguagens. Os fios condutores se interconectam e minam estruturas do épico, do lírico e do dramático quando Beckett se apropria de certos elementos de cada gênero para erguer uma forma, já corroída nas bases. As conexões passam pela experiência do escritor com os idiomas inglês e a francês. O bilinguismo permite-lhe transitar em um vaivém como tradutor de seus textos, depurando-os em busca de uma linguagem, reduzida ao *mínimo dos mínimos*. De outro modo, Simon destaca o procedimento redutor que se aperfeiçoa nesse percurso, associando-o aos aspectos linguísticos e ao trânsito entre as linguagens escrita, sonora e visual: "À exceção de *Cascando* todos os textos de teatro, depois de 1956, são escritos em inglês por uma razão muito simples: ele [Beckett] cria obras breves para a cena, o rádio, a televisão e o cinema a pedido de amigos atores, realizadores, produtores, todos anglo-saxões."[19]

O certo é que Beckett encontra na estrutura da língua inglesa a possibilidade de uma gramática objetiva em oposição

18 Apud D. Bair, *Samuel Beckett*, p. 348.
19 A. Simon, *Samuel Beckett*, p. 21.

à característica emocionalizante da língua francesa, ao que Seide acrescenta: "A profundidade e riqueza da arte de Beckett, esta complexidade aliada a uma extrema privação, deve muito às suas limitações e embaraços em relação à língua francesa, à superposição dos extratos culturais de sua vida, irlandesa, inglesa e francesa."[20]

A conexão entre as escrituras literária, dramatúrgica e cênica, associada à busca pela depuração da linguagem, possibilita observar pequenas ambiguidades iniciais na abordagem das relações entre realidade e representação no teatro de Beckett. Ao analisar, por exemplo, os poemas e romances da primeira fase do autor irlandês, Andrade identifica um "tratamento ainda convencional de espaço, tempo e caracterização, mantendo-se, no texto, a ilusão de reprodução fiel da realidade"[21]. É o que sugere Adorno ao se perguntar se as obras de arte abstratas, nas quais inclui as de Beckett, não carregariam dentro de si os resquícios da objetividade que se quer expulsar por meio de seus materiais e organização visual. A seguir, identifica certa familiaridade entre as colinas de areia que soterram progressivamente o corpo de Winnie, em *Dias Felizes*, e as formações do Oeste americano[22].

Conexões entre ilusão e realidade são apontadas, também, por Williams[23] ao lembrar que o desejo da ilusão compartilhada sempre esteve na natureza da arte, mas que algumas obras do século XX, entre as quais inclui as de Beckett, tomam a ilusão como empréstimo para construir antiarte, antirromance, antiteatro. No entanto, é no domínio da linguagem que as dicotomias do escritor irlandês melhor se acomodam. Ao examinar a trilogia *Molloy, Malone Morre, e O Inominável* e a forma de "narração dramatizada" em *Fim de Partida*, Andrade afirma que não é pelas "hesitações psíquicas de uma consciência" que o drama beckettiano se desenvolve, mas pelo embate com as estruturas da linguagem[24].

---

20 S. Seide, Samuel, le françois et moi, *Théâtre Aujourd'hui*, Paris, n. 3, p. 80.
21 F.S. Andrade, *Samuel Beckett: O Silêncio Possível*, p. 17.
22 T. Adorno, *Teoria Estética*, p. 99.
23 R. Williams, *Tragédia Moderna*.
24 F.S. Andrade, op. cit., p 105.

O PARADOXO DA AÇÃO NO TEATRO DE BECKETT

Procedimentos como esses reforçam a ideia de que não se poderia esperar que Beckett, após esgotar padrões narrativos em romances e novelas e apropriar-se da linguagem teatral, reabilitasse a forma dramática na forma seminal, traduzindo-a em formato especular das relações intersubjetivas. Ainda que vestígios da realidade possam ser percebidos nas primeiras peças, a dramaturgia beckettiana se constitui plena de rupturas: monólogos disfarçados em diálogos, ação comprimida em espaço-tempo indeterminado, não linearidade de composição, fragmentação da narrativa, supressões da progressão dramática, acentuação da teatralidade. É marca na prosa de Beckett, e depois nas peças, a derrisão frente à linguagem. Esta, na tentativa de se instaurar como tal, hesita e, quando parece superar a hesitação, não assegura a confiabilidade das vozes que dela proliferam.

Com isso, a personagem vai perdendo a interlocução dramática, deixa de espelhar relações intersubjetivas e torna-se falante-compulsivo (ou ouvinte-silencioso), espécie de *narrador escapado das páginas do romance*. Mais do que narração na primeira pessoa, o que se vê são longos monólogos que sugerem traduzir o processo de construção da personagem e da linguagem no momento da fala, produzindo desvios e oscilações. Agindo assim, o dramaturgo dá vez às múltiplas personagens, em um carrossel polissêmico que, longe de representar a realidade por meio da linguagem, põe não só a linguagem, mas a própria representação em questão. A personagem beckettiana jorra palavras e longos monólogos interiores ou forja diálogos curtos e picados sobre trivialidades e cotidianidades que assumem ares de discussões metafísicas. É como se o dramaturgo, manipulando bem as convenções dos gêneros, pudesse dizer que a forma dramática está ali na *essência*, quando se trata da *aparência*: há diálogos, algumas falas e um interlocutor, assegurando supostamente a relação intersubjetiva – foco do drama –, mas sem a articulação dramática entre ação, espaço, tempo, enredo e personagens.

De modo geral, a implosão na escritura dramatúrgica de Beckett percorre o seguinte itinerário:

1. Os primeiros romances revelam o embrião de princípios que se desenvolvem e se aperfeiçoam posteriormente, a exemplo da circularidade, da repetição e da simetria;

12 BECKETT E A IMPLOSÃO DA CENA

2. As primeiras peças incorporam princípios já desenvolvidos nos romances, minando convenções dramáticas consagradas: ação, tempo e espaço;

3. Os textos escritos em inglês ajudam a aprofundar procedimentos como a contração e a subtração, influenciados por uma língua concisa e objetiva;

4. As peças para rádio e televisão (incluindo o roteiro cinematográfico de *Film*) proporcionam a experimentação de recursos que criam cenários acústicos, partitura de sons, ruídos, silêncios e espaços marcados por visualidades – operações próprias das linguagens audiovisuais;

5. Os dramatículos, textos curtos da última fase, absorvem as conquistas de linguagens tais como o romance, o teatro, o rádio, a televisão e o cinema, associam-se às experiências de Beckett-encenador e levam os procedimentos da implosão à exaustão, justapondo caos e ordem na materialidade da cena.

Com esse controle lógico, quase absoluto, Beckett poderia construir uma obra excessivamente fechada, prisioneira do formalismo. No entanto, pode-se dizer que, no momento em que o teatro moderno já havia experimentado inúmeras possibilidades da explosão da cena – como visto nas vanguardas europeias e nos movimentos subsequentes –, Beckett atinge um apurado aperfeiçoamento da dramaturgia, desnudando imperfeições e insuficiências dos meios de expressão. É o percurso em direção a uma linguagem desreferencializada e mediada pela cena – "Todos os caminhos, decerto, levam ao fato de que a primeira e verdadeira instância da 'pureza' na arte de Beckett é a linguagem", sustenta Kudielka[25] – que deriva modos diversos de uma ação mostrada pelo seu avesso.

A AÇÃO PELO REVERSO

A primeira peça escrita por Beckett, *Eleutheria*, é considerada uma declaração involuntária de princípios e um dos textos-chave para entender como a ação é modalizada na escritura

---

25 R. Kudielka, O Paradigma da Pintura Moderna na Poética de Beckett, *Novos Estudos*, n. 56, p. 71.

O PARADOXO DA AÇÃO NO TEATRO DE BECKETT

dramatúrgica[26]. Zombando das convenções teatrais, desde o drama aristotélico, passando pelo classicismo francês, o teatro de *boulevard*, o *vaudeville* até o teatro moderno, Beckett produz, nesse texto, o embrião de procedimentos que vão se desenvolver, de modo mais depurado, nos próximos. As situações nas quais se encontra Victor Krap, o protagonista de *Eleutheria*, sinalizam o paradoxo da ação, como no momento em que, indagado sobre a vida passiva e desinteressada que leva, responde:

> Sempre quis ser livre. Não sei por quê. Não sei também o que isto significa, ser livre. Mesmo que me arrancassem todas as unhas, ainda assim não saberia dizê-lo. Porém, longe das palavras, sei o que é isto. Eu sempre desejei isto. E ainda o desejo. É só o que desejo. Primeiro era prisioneiro dos outros. Então, abandonei-os. Logo, tornei-me prisioneiro de mim mesmo. Foi pior. Então me abandonei."[27]

A seguir, insiste em não fazer nada, ter uma vida vazia. Quando perguntado de que jeito o faria, responde: "Sendo o menos possível. Não me movendo, não pensando, não sonhando, não falando, não escutando, não percebendo, não sabendo, não querendo, não podendo e assim sucessivamente."[28] Esse conjunto de verbos, precedidos pela partícula negativa e conjugados no gerúndio, indicaria, por si só, a recusa a agir, já reafirmada anteriormente por ele. No entanto, as ideias expostas nesse trecho remetem a um questionamento de dupla natureza. Ao propor, por meio da renúncia de Victor Krap, o "menos possível", o autor expõe o desprezo pelo movimento e a predileção pela imobilidade quando aponta o caminho da redução, que será *pièce de résistance* do seu método criativo.

É impossível não lembrar, mais uma vez, a fala inicial de *Esperando Godot*, em que Estragon diz: "Nada a fazer", expressão que se repete em variadas situações, engrossando os comentários sobre a falta de ação como um problema dramatúrgico: "uma peça onde nada acontece em dois atos", sentenciou o crítico Walter Kerr[29]. À primeira vista, a falta de

---

26 Cf. D. McMillan; M. Fehsenfeld, op. cit., p. 29-30.
27 S. Beckett, *Eleutheria*, original inglês, p. 162-163.
28 Ibidem, p. 165.
29 Em 1953, em comentário publicado no *The New York Times*, o crítico teatral diz a respeito de *Esperando Godot*: "é uma peça onde nada acontece em dois

14 BECKETT E A IMPLOSÃO DA CENA

ação poderia dar o tom predominante do teatro de Beckett, já expresso ironicamente na réplica de sentido ambíguo proferida por Estragon: "Nada acontece, ninguém entra, ninguém sai, isto é terrível."[30]

No entanto, a ação não se encontra excluída da poética beckettiana, pois aparece em variadas formas e disfarces: a que finge começar (*Esperando Godot*), a que sugere extinguir-se, mas tende à infinitude (*Fim de Partida*), a que não tem começo nem fim (*Dias Felizes*) ou a que se afirma por meio da paródia (*Eleutheria*). Em *A Última Gravação*, a ação se confronta com o tempo (passado, presente e futuro), enquanto, em *Comédia*, é estilhaçada em jatos de palavras emitidos por cabeças-falantes. Em *Eu Não*, a ação se expõe pelo descontrole da fala, já em *Cadeira de Balanço* é dissociada do falante e do ouvinte, do visível e do invisível. Trata-se de engenhosos artifícios operados por Beckett que levam o leitor/espectador a um carrossel de microações físicas, traduzidas em gestos mínimos, movimentos tateantes, pequenos deslocamentos.

A palavra *ação* – do latim *agere*, empurrar – exprime algo que é, ao mesmo tempo, princípio, meio e fim de uma operação, que integra determinada unidade. Lalande observa que há, pelo menos, duas formas de ação: interior, ligada ao pensamento e à vontade, e exterior, traduzida em expressões e manifestações físicas[31]. O teatro, campo do visível, abre-se às possibilidades de manifestação da ação no espaço cênico. Não sem propósito, Aristóteles compara o drama com a epopeia e afirma que no primeiro "não é possível representar muitas partes da ação, que se desenvolvem ao mesmo tempo, mas tão somente aquela que na cena se desenvolve entre os atores"[32]. Além disso, pressupõe-se que a ação seja uma e que "todos os acontecimentos devem se suceder em conexão tal que, uma vez suprimido ou deslocado um deles, também se confunda ou

---

atos." Conforme relata Gerald Thomas, Kerr pediu demissão do jornal, 25 anos depois, por ter cometido o erro de análise e não ter identificado a importância de Beckett. O título do artigo de despedida, ainda segundo Thomas, é "Quantidade Desafia Qualidade Assim Como Tempo Desafia Talento." Cf. S. Fernandes, J. Guinsburg; G. Thomas, (orgs.), *Um Encenador de Si Mesmo*, p. 32-33.

30   S. Beckett, *The Complete Dramatic Works*, p. 41.
31   A. Lalande, *Vocabulário Técnico e Crítico da Filosofia*, p. 14.
32   Aristóteles, *Poética*, p. 127.

O PARADOXO DA AÇÃO NO TEATRO DE BECKETT

mude a ordem do todo"[33]. Com isso, o filósofo lança sementes do princípio da "unidade de ação", que adquire variados contornos na história do teatro ocidental, até se fortalecer na ideia de que a ação se organiza em torno de uma história principal, na qual as ações secundárias se associam e concorrem, de forma lógica, para assegurar unicidade e inter-relação entre os atos, no corpo da fábula.

Esse princípio, com variantes, é mostrado e dessacralizado na poética beckettiana em que a personagem é produto de uma dada situação cujo início não se conhece e cujo fim não é possível determinar por leis de unicidade ou progressão causal. "O fim é terrível", diz Hamm; "Prefiro o meio", completa Clov, em *Fim de Partida*[34]. – breve diálogo que sinaliza o estancamento das possibilidades sucessivas da ação. O interdito ocupa lugar privilegiado no teatro de Beckett, impedindo a ação de prosseguir adiante, quer pela derrisão, quer pela imobilidade; e tampouco a ação determina o caráter ou estimula o exercício da vontade. Enredada nas armadilhas da linguagem, a personagem beckettiana é mostrada por meio de diálogos zombeteiros, descrições, monólogos-contação ou em condições físicas tais que amputam as possibilidades do livre arbítrio, tornando-a prisioneira de circunstâncias inexplicáveis, em um *estar aí* lançado, indeterminado e inconcluso; o que faz com que se considere a noção de *situação* mais apropriada ao teatro de Beckett.

De modo geral, pressupõe-se que a situação deva estar contida na ação dramática, que tende a progredir, como destaca Souriau: "A ação deve levar à situação, e a situação deve conduzir à ação."[35] Contudo, no teatro beckettiano, a ação é contraída e contida de tal forma que a situação dela se apossa, sitiando-a, visto que não recebe os impulsos para se transformar. Em consequência, a ação é tutelada pela situação em uma órbita embaralhada de significados, na qual a imobilidade, o silêncio, o narrar, o dizer e o zombar *falam* mais do que o *agir,* assim como se entende no drama. Essa é uma das razões pelas quais certos comentadores relacionam o teatro de Beckett ao *drama*

33 Ibidem, p. 53.
34 S. Beckett, *The Complete Dramatic Works,* p. 115.
35 E. Souriau, *As Duzentas Mil Situações Dramáticas,* p. 35.

16 BECKETT E A IMPLOSÃO DA CENA

lírico (ou estático), aproximando-o da poesia e dos estados de inação, poética assemelhada ao simbolismo. Quando examina a capacidade de ação das personagens da peça *Os Cegos*, de Maeterlinck, Hackler vê analogia entre Beckett e os simbolistas de 1890 e conclui: "As *dramatis personae* não são mais 'agentes' do drama; degeneraram em mero objeto, despidas de qualquer existência individual."[36]

Decerto, sem compromisso com o princípio da unidade de ação, o teatro simbolista privilegia o texto e a imobilidade, entre outros traços característicos: ausência de conflito, nenhuma ou pouca caracterização das personagens e desprezo pela *catarse*. Por outro lado, a encenação simbolista é marcada por musicalidades textuais, silêncios, repetições, jogo de luzes e certa ênfase no lírico, para ressaltar o valor do texto[37] e perturbar a progressividade da ação, marcada por decisões. Se há algo característico no teatro de Beckett é a ausência de escolha deliberada de uma ação que possa ser identificada pelo percurso de opções e decisões. A ação corre sem uma razão reconhecível, deixando personagens soltas e indeterminadas, *agindo* como que sem motivação alguma. Não há desfechos provocados pela evolução de acontecimentos nem a força progressiva do *páthos* encontra os freios e obstáculos que promovam o deslocamento gradual e intensivo do drama. Em geral, a ação termina como se inicia, apenas e só começa ou sugere extinguir-se.

Ainda assim, em depoimento a Peter Brook, Beckett declara que, quando escreve uma peça, a vê como "uma série de tensões como se fossem cabos de aço retesados que ligam uma unidade à próxima"[38], confirmando a urdidura de conexão interna intencionalmente presente em seus textos, fio subterrâneo ordenador que sustenta a fragmentação exposta na superfície. Talvez por isso, Ramos, ao refletir sobre o princípio da unidade de ação na dramaturgia beckettiana, aposte na materialidade cênica, traduzida nas abundantes rubricas e diálogos entrecortados ou monologados, como formas de escoamento das ações concretas das personagens:

36 E. Hackler, op. cit., p. 21.
37 Cf. A. Balakian, *O Simbolismo*, p. 97-111.
38 Apud P. Brook, *Fios do Tempo*, p. 182.

O PARADOXO DA AÇÃO NO TEATRO DE BECKETT   17

a ação dramática não tem finalidade explícita, como recomenda a receita aristotélica, mas não deixa de percorrer um arco bem nítido. Se não há propriamente "unidade de ação", não deixa de haver uma vala comum bem delimitada, por onde ocorrem as ações específicas e concretas das personagens[39].

A argumentação procede; mas, quanto à motivação e às relações de causalidade da ação, a questão continua sem resposta. Mesmo nas primeiras peças, quando se notam rastros da construção clássica da personagem, as ações "específicas e concretas" não dão pistas suficientes para determinar razões pelas quais as personagens são dispostas nas situações-modelo das peças de Beckett: por que Winnie está soterrada? Quem a colocou ali? Por que Clov e Hamm estão confinados em uma casa? Por que Vladimir e Estragon não desistem de esperar se já sabem que Godot não virá? Soaria estranha a tentativa de formular perguntas homônimas para aplicá-las às peças da segunda fase em que personagens se encontram em situações-limite, desfiguradas, decompostas, meros artefatos da linguagem manipulados pelos artifícios da maquinaria teatral. O teatro beckettiano reivindica outro lugar para a ação, povoando-a de pausas, silêncios, sussurros, movimentos, falas, supressões e contrações: corpo subtraído, fala torrencial ou descontínua, movimento mínimo, espaço desfigurado. Soma-se a isso a condição das personagens: sem chance de sequer *entenderem* o drama em que estão confinadas, condenadas à espera por um fim que não chega, tornam-se instrumento da gramática da cena.

MODOS E DISFARCES DA AÇÃO

A ação no teatro de Beckett se manifesta em modalidades nem sempre facilmente reconhecíveis. Parodiando convenções do teatro aristotélico, do neoclassicismo, do teatro de *boulevard*, do realismo-naturalista, da *pièce-bien-faite*, entre outras, Beckett produz uma ação instigante que dialoga com variados expedientes. Entre esses, destacam-se a paródia, o desmembramento, o imperativo da fala e as formas do silêncio – mecanismos que,

---

39   L.F. Ramos, *O Parto de Godot e Outras Encenações Imaginárias*, p. 59.

18 BECKETT E A IMPLOSÃO DA CENA

quanto mais utilizados, afirmam a ação, mas denunciam sua ineficácia, produzindo uma sucessão de autocancelamentos.

O Esconde-Esconde

Sob efeito de um sofisticado jogo de ocultamento e revelação, a ação é metamorfoseada e convenções dramáticas são aplicadas e recontextualizadas de forma que não é simples reconhecê-las. Zomba-se da unidade de ação e, simultaneamente, busca-se mostrá-la através da paródia. A impressão é a de que o tecido dramático está inteiro, mas os buracos, as manchas, as dobras e o envelhecimento ali se evidenciam. Com isso, a ação se esvazia e é reduzida a movimentos simples e mecânicos; retira-se o *status* dos grandes gestos movidos por desejo e vontade no drama e o *fazer comezinho* adquire a grandeza de feitos heroicos; amarrar e desamarrar sapatos ou comer bananas teriam a mesma equivalência teatral a trair ou assassinar. Dessacralizada pela paródia, a ação se banaliza.

A intenção é clara: jogar com elementos conhecidos do espectador em relação à dramaturgia convencional, mais especialmente a intriga – o entrelaçamento de situações, conflitos e causalidades que constituem o núcleo dramático central[40]. O método consiste em apresentar uma ação permeada de aparentes conflitos, complicações e reviravoltas, de forma que seria possível desenvolvê-la, quando o objetivo é implodi-la por meio de recursos formais que implicam em banalização de gestos, micromovimentos, repetições ou imobilidade física. Assim, a noção convencionalmente aceita de progressão dramática deixa de ser conduzida pela intriga e passa a ser tutelada por outros mecanismos, como as evoluções física, rítmica ou musical. Isso contribui para que a zombaria das convenções, por meio de alusões a autores, encenadores e gêneros ou de citações diretas nos diálogos, assegurem o lugar de uma ação virada pelo avesso.

---

40 Ibidem, p. 59. Por sua vez, Cleise Mendes destaca que "a intriga tem como função estabelecer um sistema em uma cadeia de situações. A ação estabelece um sistema em relação à intriga; a intriga forma o núcleo da ação; as situações entram na ação por intermédio da intriga. A ação pode ser formada por uma ou várias intrigas". Cf. C. Mendes, *Teoria da Forma Dramática*, p. 5.

O PARADOXO DA AÇÃO NO TEATRO DE BECKETT 19

Ao insertar formas dramáticas consagradas ao longo da história do teatro em uma moldura artificial, Beckett zomba da eficácia dos procedimentos que as constituem, a exemplo das noções de enredo e argumento[41]. Se se pode resumir o argumento de *Esperando Godot* em uma frase – dois homens em uma estrada deserta esperam alguém chamado Godot, que nunca chega –, o enredo, ou seja, a organização dos eventos na sequência dramática, é desmontado por alguns expedientes: a espera é ação permanente, um fato-surpresa (a chegada de Pozzo e Lucky) não desenvolve a complicação, não há peripécia nem desfecho e a peça termina como começa. Tudo é amparado por um rigor de construção que manipula elementos clássicos do drama, como a expectativa da chegada de Godot ou das mensagens de um emissário, o Menino, ao fim de cada ato, além de questões que perturbam a lógica: a cegueira inexplicável de Pozzo, a árvore que subitamente aparece com folhas no segundo ato e o não desvelamento da identidade de Godot.

Por outro lado, referências ao circo, ao *music hall*, ao teatro de *boulevard* e ao cinema mudo estão presentes em quase todas as peças da primeira fase em forma de paródia, citação ou homenagem. Beckett nutria admiração por esses gêneros, nos quais personagens clownescas e situações burlescas são uma constante. No entanto, na segunda fase, o procedimento paródico ora se intensifica, ora se dissolve, de modo que a presença da ação ocorre pela forma com a qual o dramaturgo urde as convenções e citações em uma tessitura dramática esgarçada em que se reconhece o parentesco com determinado gênero, seguidamente desmontado. Um exemplo é *Comédia*, em que a ação formaria um todo organizado, com princípio, meio e

41 Dawson concorda com o uso mais comum do significado de argumento: "descrição seguida dos acontecimentos da peça (ou do romance), o que está abstraído, tanto quanto possível, do significado desses acontecimentos". Cf. S. Dawson, *O Drama e o Dramático*, p. 140. Já, em relação ao enredo, Bentley esclarece que se trata da "narrativa com 'retoques', algo que se lhe acrescenta, [...] uma redisposição dos incidentes na ordem mais calculada para gerar o efeito certo. O algo que se acrescenta é um princípio, em cujos termos os incidentes assumem um significado: até o princípio da causalidade converterá uma história num enredo. Como diz E.M. Forster, em *Aspects of Novel*, 'o rei morreu e depois morreu a rainha' é história; mas transforma-se num enredo se escrevermos: 'o rei morreu e depois a rainha morreu de dor'". Cf. E. Bentley, op.cit., p. 27.

20 BECKETT E A IMPLOSÃO DA CENA

fim, caso apresentada de forma sequencial: o tema remete a um triângulo amoroso, envolvendo um homem (H) e duas mulheres (M1 e M2) com características típicas do teatro de *boulevard*.

Contudo, a possibilidade de representação do gênero é negada nessa peça, pois as personagens, com o corpo imobilizado dentro de urnas funerárias, não se relacionam, não se tocam nem dialogam entre si. Um refletor, posicionado e direcionado para o rosto delas, é quem comanda o ato da fala. Ao contrário do *boulevard* – pleno de reviravoltas e golpes teatrais –, a ação em *Comédia* se mostra pela narração entrecortada, como se fossem monólogos autossupressivos, e pelo jogo entre luz e escuridão. O paradoxo é estabelecido. Há uma partitura dramática com enganos, coincidências, decepções, quiproquós e traições – motores mais do que detonadores da ação progressiva no drama; e há o encastelamento das personagens nas urnas, que encarceram a ação no fio da memória, retirando a força dramática e sucessiva dos acontecimentos. (Figura 1)

Nas peças mencionadas das duas fases (*Esperando Godot* e *Comédia*), por tratamentos diferentes, a ação aparece e desaparece, é afirmada e negada, torna-se oculta e visível, em um jogo de esconde-esconde entre convenções dramatúrgicas; um jogo que se mostra mais complexo quando se examina uma das peças tardias, *Aquela Vez*: um homem, em silêncio, com o corpo encoberto e o rosto recortado pela luz, ouve vozes. A rubrica inicial indica que as vozes A, B e C se revezam sem solução de continuidade e vêm de três fontes sonoras diferentes: lados esquerdo e direito do rosto e abaixo da cabeça. Há, portanto, uma personagem – que ouve as próprias vozes e apenas revela o rosto –, mas igualmente as vozes A, B e C são indicadas como *dramatis personae* nas rubricas. Não há referências ao lugar da ação, exceto a posição do rosto em relação ao palco e as indicações de movimentos de olho e respiração: "os olhos se fecham" ou "sua respiração é audível, lenta e regular"[42].

Assim, a ação em *Aquela Vez* pode estar no rosto do protagonista, com seu lento movimento de abrir e fechar os olhos, ou nas palavras enunciadas pelas três vozes. Trata-se tanto da ação física, através dos mínimos gestos e pequeníssimas expressões,

---

42 S. Beckett. *The Complete Dramatic Works*, p. 384-395.

Figura 1: As personagens-jarra de Comédia: *Luiz Pepeu, Ipojucan Dias e Marcos Machado.* Comédia do Fim. *Direção de Luiz Marfuz. Teatro Castro Alves, Salvador, Bahia, 2003. Foto: Adenor Gondim.*

quanto da ação verbal, que se expressa e se autocancela no discurso tripartido das vozes. Essas e outras oscilações estruturais e procedimentos paródicos criam um jogo de aparências e lançam suspeitas sobre a dramaturgia convencional, passando pela utilização de recursos como desmontagem dos significados, esvaziamento do conflito e proeminência da imobilidade. Ironizando as convenções, afirmando-as e negando-as simultaneamente, Beckett constrói uma estrutura que impede o desenvolvimento da intriga ao apostar no desmembramento da ação como procedimento igualmente desordenador da forma dramática.

Principal e Marginal

A ação, em *Eleutheria*, é dividida intencionalmente em duas: principal e marginal, assim nomeadas por Beckett para distingui-las em uma suposta hierarquia cênica. Essas ações (a principal na sala dos Krap e a marginal no quarto de Victor Krap) se desenvolvem em paralelo, mas demarcadas por uma linha imaginária. Beckett deixa claro o lugar delas: "A ação principal e a ação marginal não provocam interferência no espaço de cada

22 BECKETT E A IMPLOSÃO DA CENA

uma, mas apenas reconhecem e comentam a sua presença."[43]. Na primeira, personagens falam e se movimentam; na segunda, apenas Victor Krap se expressa por mímica ou frases breves.

Mais adiante, Beckett anuncia o fio tênue de separação que isola as personagens nas conchas de cada ação: "As personagens de ambos os lados estão limitadas em seus movimentos por uma linha que só elas veem. No entanto, isso não impede de, em algum momento, as personagens quase se tocarem."[44] O propósito seria realçar uma ação em detrimento de outra, a principal em relação à marginal; mas ocorre que a ação marginal vai invadindo o espaço da principal até esta última dominar completamente a primeira, esvaziada e expulsa literalmente do palco, no terceiro ato. Com isso, dissolvem-se as distinções iniciais entre o que é primário e secundário.

Ao ler as primeiras rubricas, uma relação poderia ser estabelecida com o princípio da ação simultânea no teatro, que pressupõe a coexistência de ações paralelas e possibilita ao espectador escolher aquela que mais deseja ver ou mais capture sua atenção. Em Beckett, no entanto, esse mecanismo resulta de escolha determinada que privilegia uma ação em relação à outra, hierarquizando-as e trocando-as de posição no mesmo eixo de forças da cena. Se o que molda a ação principal e garante-lhe a unidade é a evolução contínua, para a qual convergem ações secundárias; em *Eleutheria*, o que se vê é a destituição da importância da ação principal até a sua dissolução progressiva, o que subverte as possibilidades de aproximação com o princípio da unidade de ação.

Esse procedimento, no entanto, não se dá de modo explícito nas demais peças. Melhor: a antes nítida separação das ações em *Eleutheria* passa a aparecer de modo desfocado, sem campo demarcatório. Assim, pode-se considerar as intervenções de Pozzo e Lucky como ação marginal em torno da ação principal, conduzida por Vladimir e Estragon em *Esperando Godot*, sem que, entretanto, uma ocupe o lugar da outra ou, até mesmo, provoque interferências no curso dos acontecimentos. O mesmo se aplica a *Fim de Partida*, em que Hamm e Clov situam-se na ação

---

43 A descrição das rubricas deste trecho estão em S. Beckett, *Eleutheria*, trad. J. Sanchis Sinisterra, p. 18.
44 Ibidem.

O PARADOXO DA AÇÃO NO TEATRO DE BECKETT

principal e Nagg e Nell (os pais de Hamm, na lata de lixo), na marginal; e a *Dias Felizes*, em que Winnie ocupa a ação principal e Willie, que quase não aparece e pouco fala, escondido atrás do monte de terras, localiza-se na ação marginal.

Entretanto, esse reconhecimento nem sempre é possível, especialmente nas peças da segunda fase. Em *Cadeira de Balanço*, May seria a personagem visível na ação principal enquanto a Mãe, representada fisicamente por uma atriz no escuro, estaria na ação marginal. Só que a separação é enganosa, visto que o fato de a ação desenvolver-se na área iluminada não a qualifica como principal nem a que está oculta como secundária, dada a importância que o dramaturgo empresta à luz e à escuridão, situando-as na mesma linha de equivalência. O mesmo se pode dizer do Ouvinte e do Leitor em *Improviso de Ohio*, de Boca e Ouvinte em *Eu Não* ou do cego (A) e do aleijado (B) em *Fragmento de Teatro I*.

O procedimento aproxima cada vez mais a ação para o campo da linguagem, expressa em monólogos espiralados e diálogos enviesados. São exemplos: *Comédia* (falas entrecortadas e repetidas em sequências aleatórias); *Solo* (vozes, imagens e falhas da memória supostamente conduzem a ação, embaralhando-a) e *What Where* (personagens multiplicadas e assemelhadas se mostram por meio de diálogos supressivos como partes esfaceladas do uno). São aspectos formais que se inscrevem nos diálogos inconclusos e na ação que não se completa, formando mais um mosaico de pequenas situações do que um cordão central em torno do qual se enroscam os acontecimentos, como microssituações que giram em seu próprio eixo. Beckett mostra-se, assim, detentor de escritura rigorosa que dirige a atenção do leitor/espectador para as situações-modelo que pretende mostrar.

Falar e Falar

A fala em Beckett não se integra necessariamente à ação como recurso para progressão do diálogo nem tampouco se traduz em enunciado que legitime o enunciador. Isto é: não se pode tomar como verdadeiro aquilo que é pronunciado, pois a incerteza produzida nos discursos das personagens deixa a linguagem em um espaço de oscilação e deslocamento. A fala torna-se, então, produto de dada situação, espécie de fala-sitiada, que não expressa poder sobre o curso dos acontecimentos nem pode ser retirada da condição em que foi produzida. Ao ressaltar a dificuldade de empreender a análise dramatúrgica em certas peças contemporâneas, Ubersfeld destaca que são as condições do exercício (ou não exercício) da fala que determinam a enunciação do discurso teatral dentro do contexto do "discurso global do objeto-teatro endereçado ao espectador". A autora reforça a argumentação com o exemplo de *Fim de Partida*, em que as falas de Nagg e Nell, pais de Hamm, só podem ser analisadas na relação "fala-cesto", uma vez que as personagens *vivem* em cestos de lixo, situação de imobilidade que contextualiza a enunciação[45].

Esse aspecto se intensifica assim que a personagem – imobilizada ou com o movimento contraído – torna-se, progressivamente, joguete de situações que não controla e das quais emergem as falas: presa na jarra (*Comédia*), sentada e imobilizada na cadeira (*Cadeira de Balanço*) ou circunscrita no retângulo luminoso (*Passos*). De um lado, anula-se o enunciador e se lhe retira a autonomia; de outro, aumenta-se a polifonia do discurso. Esse é um dos motivos pelo qual, no teatro de Beckett, a fala reivindica o *status* de ação, ocupa o lugar do gesto e do movimento e põe abaixo a ideia de que "o diálogo de teatro se constrói com base em um *pressuposto* que o governa: um dos interlocutores, por exemplo, tem qualificação para impor a lei do diálogo", sinaliza Ubersfeld[46]. Ora, se no teatro de Beckett a personagem não se autogoverna e não estabelece relações intersubjetivas, não há motivo para sustentar a lei do diálogo nem legitimar o enunciador, dada a dificuldade de reconhecer, muitas vezes, se realmente quem fala é aquele que fala.

A modalidade de relação entre agir e falar tem notório exemplo em *Comédia*. A personagem M1 interroga: "Será alguma coisa que eu devo fazer com meu rosto, além de falar?"; e continua: "Devo cortar minha língua e engoli-la? Cuspi-la fora? Isso acalmaria você? Ah, minha cabeça não para de pensar!". Enfim, conclui: "Se ao menos eu pudesse pensar: não há mais

---

45 A. Ubersfeld, *Para Ler o Teatro*, p. 161.
46 Ibidem, p. 180.

O PARADOXO DA AÇÃO NO TEATRO DE BECKETT

sentido nisso... nada, nenhum sentido. Mas eu não posso."[47]
A seguir, continua a falar, pois a linguagem, o falar por falar,
ainda que não altere o curso dos acontecimentos, é o que mantém o falante na condição de continuidade. Não se trata mais
da linguagem que caracteriza ou está a serviço da ação, mas a
linguagem é, em si, a ação possível. Ela ganha autonomia em
relação à ação, substituindo o agir e torna-se, ao mesmo tempo,
um modo de agir pela fala.

A proeminência da linguagem é notada por Ryngaert ao
comentar o estatuto da palavra no teatro contemporâneo que,
para ele, seria "construído estritamente no terreno da fala,
como se as verdadeiras implicações estivessem nos desafios e
nas fragilidades de sua emergência, como se a fala fosse a única
coisa capaz de construir uma realidade teatral que desconfia
das convenções"[48]. Desse modo, reforça-se não só o papel constitutivo da linguagem na produção e caracterização da ação,
mas a sua função derrisória em relação ao teatro. Em *Eu Não*,
a personagem Boca fala incessantemente para um interlocutor
silencioso, o Ouvinte. Não se trata de diálogo dramático, pois
a função do ouvinte não é desenvolver ou movimentar a ação,
mas aparentar uma pseudoconversação, em que ouvir é apenas
condição para sustentar o discurso do falante[49].

Contudo, não se afirma que é um monólogo, no sentido
literal, pois há um interlocutor em cena, contrariando a tradição do gênero. A presença do ouvinte é o que conforta o falante,
mesmo quando nada se escute. A fala de Winnie a Willie, em
Dias Felizes, dá a medida dessa relação: "saber-te aí, capaz de
ouvires as minhas palavras, mesmo que na realidade as não
oiças é tudo o que eu preciso"[50]. O mesmo ocorre em *Fim de
Partida*, quando Nagg (dentro da lata de lixo) adverte o filho

---

47 Trechos retirados de S.Beckett, *Comédia*, p. 8-9.
48 J.-P. Ryngaert, *Ler o Teatro Contemporâneo*, p. 137.
49 Conferir a articulação entre falar e agir, sob outro aspecto, como posto por
    Heidegger: "Conhecemos a fala como verbalização articulada do pensamento
    por meio dos órgãos da fala. Mas falar é ao mesmo tempo escutar. É hábito
    contrapor a fala e a escuta: um fala e o outro escuta. Mas a escuta não apenas
    acompanha e envolve a fala que tem lugar na conversa. A simultaneidade da
    fala e escuta diz muito mais. Falar é, por si mesmo, escutar. Falar é escutar a
    linguagem que falamos." Cf. M. Heidegger, *A Caminho da Linguagem*, p. 203.
50 S. Beckett, *Dias Felizes*, p. 50.

BECKETT E A IMPLOSÃO DA CENA

Hamm, que lhe negara comida, e lança sobre ele a maldição da ausência do interlocutor, a pior das condições:

> Eu estava dormindo feliz, como um rei, e você me acordava para escutá-lo. Não era indispensável, não precisava de verdade que eu escutasse. Além disso, eu não o escutei mesmo. (*Pausa.*) Espero que chegue o dia em que realmente precise que eu escute você, e precise ouvir minha voz, qualquer voz. (*Pausa.*)[51]

Exemplos como esses reforçam o procedimento dramatúrgico que subverte regras básicas de progressão, na qual o diálogo movimentaria a ação. Sem isso, a ação se esvazia de significados e passa a girar em torno de uma espiral de impossibilidades que encontra na linguagem um campo fértil para operar as substituições e a ação passa a ser produzida por meio das palavras. Em consequência, a fala torna-se proeminente na estrutura dramática, como examina Ryngaert ao destacar o relevo da conversação como uma das vertentes do teatro contemporâneo, em que "as trocas e as circulações de palavras prevalecem sobre a força e o interesse das situações, um teatro em que nada ou quase nada é 'agido', em que a fala, e somente ela, é ação"[52].

Em *Dias Felizes*, há notável exemplo de transposição do movimento para a fala. Durante o primeiro ato, Winnie, mesmo enterrada até o tronco, pode manipular objetos ao redor e realizar ações físicas. Já no segundo, coberta até o pescoço e, impossibilitada de mover os braços, inventa-se pelo dizer, o que a faz permanecer na situação, enunciar o que vê ou tentar recordar o passado. Assim, a ação física se vai reduzindo e a fala se sobreleva. Os movimentos de Winnie ficam limitados enquanto a linguagem os substitui. De fato, a situação de imobilidade imposta à personagem revela o soerguimento do agir por meio da fala. Lembre-se o alerta que Winnie faz de si para si: "Pensa desde já no momento em que as palavras te vão abandonar [...]"[53] Ficar só com a própria voz é o mais terrível dos flagelos, como na peça radiofônica *Embers*, quando Ada

---

51 Idem, *Fim de Partida*, p. 111.
52 J.-P. Ryngaert, op. cit., p. 137.
53 S. Beckett, *Dias Felizes*, p. 55.

adverte Henry: "Virá o momento em que ninguém conversará com você, nem desconhecidos. (*Pausa.*) Você ficará sozinho com sua voz e não haverá no mundo outra voz além da sua."[54]

Com efeito, no momento em que há o interdito da palavra, ações físicas são acionadas não por necessidade, significado ou importância, mas por obrigação de preencher o tempo esvaziado pela supressão da fala. Quanto mais a personagem é impedida de agir, mais a linguagem se emancipa. Ao longo de sua trajetória dramatúrgica, a boca é a parte do corpo que Beckett não mutila, exceto quando ela cede lugar ao silêncio. Mesmo na escuridão, as palavras são pronunciadas, a exemplo dos longos monólogos de v, completamente invisível para o público, em *Passos*.

Porém, há outro aspecto da questão: tomar literalmente a equivalência entre palavra e ação poderia significar que a personagem beckettiana é sujeito da ação, uma vez que fala incessantemente para um ouvinte, cuja presença se imporia como necessidade do falante. Ocorre que a função do ouvinte não é desenvolver e movimentar a ação na contracena, visto que tanto ele quanto o falante estão reduzidos à gramática teatral. A fala é um modo de fazer dentro de uma estrutura que, simultaneamente, suporta e nega a ação. Ambos (falante e ouvinte) são produzidos pela linguagem, estilhaçada em monólogos ou diálogos de pura ineficácia progressiva e causal, até que sejam manipulados pelo silêncio.

Pistas do Silêncio

A ação, em seus múltiplos formatos, apresenta graus variados de atenção no teatro de Beckett: ora privilegia o movimento, ora a fala, ora o silêncio. Se não há gradação, ao menos determinadas modalidades são distinguidas em relação a outras. De certo modo, a ação vai sendo progressivamente reduzida à fala e ao silêncio. Quando o corpo é comprimido fisicamente em cena, a fala é dominante; se o espaço impede a movimentação e a enunciação da palavra, o silêncio se instala. O silêncio remete a *silens*,

---

54 Idem, *The Complete Dramatic Works*, p. 262.

ao que se cala, não faz ruído, está em repouso. Estar em silêncio, dormir, aquietar-se, embora nem sempre possível, são estádios primordiais e finais na poética beckettiana: "Nascer foi a sua morte"[55], sentencia o Speaker em *Solo;* "Os mesmos velhos vagidos e gemidos, do berço até o túmulo"[56], diz A em *Fragmento de Teatro I.* O silêncio é como se fosse o intervalo entre inspiração e expiração, nascimento e morte. Um corredor de passagem rumo ao pior. Contraposto à palavra, revela-se igualmente linguagem; tomado em condição final, garante seu caráter remissivo à origem. Dessa forma, é cíclico, primeiro e último, princípio e fim.

Orlandi assinala que o silêncio não poderia ser capturado e observado materialmente ao dizer que: "não é diretamente observável. Ele passa pelas palavras. Não dura. Só é possível vislumbrá-lo, de modo fugaz. Ele escorre por entre as tramas da fala."[57] Com efeito, há um esforço compensado de Beckett em mostrar essa dificuldade e ao mesmo tempo traduzir o silêncio por meio de pausas, gestos, abrir e fechar de olhos, intervalos cronometrados entre palavras. Fazer o silêncio falar, silenciar a fala, ouvir o silêncio – razões da recorrência a inúmeras personagens-ouvintes na dramaturgia beckettiana. O Ouvinte é pleno em seu silêncio, em um contraste com a fala desenfreada da Boca. O silêncio está ali para valorizar a palavra e esvaziá-la de conteúdo. Quando Winnie, em *Dias Felizes*, alerta para a possibilidade de que um dia não haverá mais palavras e lembra a importância delas, pode-se pensar no silêncio como condição que substitui a palavra e ocupa seu lugar, mas, de igual modo, reitera sua função autônoma em relação à fala.

Percebe-se essa preocupação desde a primeira peça radiofônica *Todos Aqueles que Caem*, quando palavras, ruídos e pausas criam estados de silêncio no ouvinte, como nesta réplica de Mrs. Rooney:

Tudo quieto. Não se vê viva alma. Ninguém a quem perguntar. O mundo se alimenta. O vento (*breve lufada*) agita de leve as folhas e os pássaros (*breve chilreio*) cantam exauridos. As vacas (*breve mugido*) e os carneiros (*breve balido*) ruminam em silêncio. Os cães (*breve latido*)

---

55 Ibidem, p. 425.
56 Idem, *Fragmento de Teatro I*, p. 5.
57 E. Orlandi, *As Formas do Silêncio*, p. 34.

O PARADOXO DA AÇÃO NO TEATRO DE BECKETT

mergulharam no sono e as galinhas (*breve cacarejar*) adormeceram esparramadas na poeira. Estamos sós. Ninguém a quem perguntar. (*Silêncio.*)[58]

Além de experimentar um sem-número de possibilidades de materialização do silêncio nas linguagens teatral e audiovisual, Beckett incorpora esse procedimento no seu último romance, *Como É*, mostrando mais uma vez a articulação entre gêneros, e traz para a prosa as conquistas e rupturas obtidas no teatro. *Como É* está organizada em blocos de textos sem nenhuma pontuação, separados por espaços em branco, lacunares, que se equivalem às palavras:

> tudo isso quase branco nada a sair disso quase nada nada a introduzir eis o mais triste a imaginação em declínio tendo atingido o fundo o que se chama afundar é uma tentação
>
> ou ascender céu afinal nenhum lugar como ele no fim
>
> ou não se mexer isto também isto é defensável metade na lama metade fora[59]

A forma de silêncio revelado por lacunas textuais abre-se para que se possa ver outra possibilidade em relação à fala: o silêncio como fenda entreaberta que se mostra tanto para quem nele se aloja como para quem apenas observa. É nesse estado de mudez contemplativa que são colocadas as personagens de *Fragmento de Teatro I* (Figura 2), quando o cego (A) se imobiliza e fica a ouvir um som imaginário. Mas a quietude e a imobilidade são logo perturbadas pelas palavras ásperas e a movimentação nervosa do aleijado (B):

> B: Você vai ficar assim por quanto tempo?
> A: Eu posso ficar durante horas escutando todos os sons. (*Eles ficam escutando.*)
> B: Que sons?
> A: Eu não sei o que eles são. (*Eles ficam escutando.*)
> B: Eu posso vê-lo. (*Pausa.*) Eu posso.
> A (*implorando*): Você não pode ficar quieto?[60]

---

58 S. Beckett, Todos Aqueles que Caem, *Cadernos de Teatro*, n. 121, p. 34.
59 Idem, *Como É*, p. 116
60 Idem, *Fragmento de Teatro I*, p. 7-8.

Figura 2: Fragmento de Teatro I, *Frieda Gutmann e Zeca de Abreu.* Comédia do Fim. *Foto: Adenor Gondim.*

Trata-se de uma relação dialógica entre fala e silêncio, ação e pausa, marcada por intervalos definidos e acentuada pelo contraste entre as personagens A e B, interligadas, cada uma a seu modo, pelo *ato de escutar* o silêncio. Esses intervalos criam necessariamente uma musicalidade particular em cada peça que se define por uma estrutura rítmica e uma pulsação musical, controladas pelo autor nas rubricas e nas medições do tempo-ritmo. O lugar do silêncio é destacado na dramaturgia da cena em exemplos que se multiplicam: três segundos, cinco segundos, pausa, silêncio, fala ininterrupta, passos contados até dez, repetições em intervalos iguais – procedimentos, por certo, inspirados nas estruturas musicais.

Muito embora se note o cuidado com a inserção de pausas, silêncios e indicações rítmicas nas primeiras peças, tal maneira de proceder é radicalizada na segunda fase, que sofre influência das experiências de Beckett com a televisão e, especialmente, com o rádio. A linguagem radiofônica, por natureza, suprime a imagem e cede lugar à voz, ao silêncio, aos sons e à música: falar e não ser visto; nenhum objeto visível; nem espaço para se deslocar. Sem a visualidade, a expressão privilegia o som que se produz (passos, objetos, ruídos, respiração) ou que se deixa

O PARADOXO DA AÇÃO NO TEATRO DE BECKETT 31

de produzir para criar uma estrutura sonora e excitar a imaginação do ouvinte. Propositalmente, três personagens de duas peças radiofônicas de Beckett, *Words and Music* e *Cascando*, são chamadas de Falante, Ouvinte e Música, justapondo-se, assim, fala, silêncio e musicalidade. A fala não se superpõe ao silêncio nem o silêncio se sobrepõe à fala, o mesmo ocorrendo com a música. Eles estão separados, como em uma partitura, em que intervalos são valorizados, pausas asseguradas, o som ressalta a ausência e vice-versa.

Em *Words and Music,* há o Ouvinte (Croak), a personagem Palavras (também chamada de Croak, o Falante) e a personagem Música, interpretada por uma pequena orquestra que acompanha a ação. Dá-se um estranho embate entre as três que culmina com a vitória da música sobre as palavras[61] e é observado no trecho final, em que a personagem Palavras suplica à Música que não a deixe extinguir-se:

Palavras: De novo. (*Pausa. Implorando.*) De novo.
Música: Repete a música anterior com pequenas variações ou sem variação alguma.
(*Pausa.*)
Palavras: Suspiro profundo.[62]

Vale, então, indagar sobre o grau de importância de cada uma das categorias (fala e silêncio) na poética beckettiana. Por exemplo, se o mais relevante em *Dias Felizes* é a fala de Winnie ou o silêncio de Willie; as vozes enunciadas ou o silêncio da personagem em *Aquela Vez*. Até mesmo saber se quem está no primeiro plano em *Eu Não* é a Boca (o falante) ou o Ouvinte (silencioso). A ambiguidade deixa pistas para que se aposte se é o silêncio que antecede a fala e não o contrário; é figura e não fundo; porque ele é estruturante, como assinala Peter Brook ao relacionar silêncio e ação: "Na busca pelo indefinível, a primeira condição é o silêncio; o silêncio como o oposto equivalente à atividade, o silêncio que nem se opõe à ação e nem a rejeita"[63];

---

61 Cf. J. Kalb, The Mediated Quixote, em J. Pilling (ed.), *The Cambridge Companion to Beckett*, p. 132.
62 S. Beckett, *The Complete Dramatic Works*, p. 294.
63 P. Brook, op.cit., p. 170.

32 BECKETT E A IMPLOSÃO DA CENA

aquele que se apresenta não como falta ou substitutivo da ação e, sim, como um componente estrutural.

A dramaturgia de Beckett traz várias referências a essa condição: "Se puder me calar, e ficar em paz, estará acabado, todo som, todo movimento"[64], diz Hamm em *Fim de Partida*; "Em breve tudo vai dormir em paz"[65], Krapp em *A Última Gravação*; "Silêncio e escuridão foi tudo o que desejei"[66], fala M1, em *Comédia*. Além disso, as inúmeras indicações de silêncios, *blackouts* e pausas com recomendações precisas de duração, a exemplo de *Comédia: "Blackout*. Cinco segundos. Focos intensos ao mesmo tempo nos três rostos. Três segundos."[67] Ou, então, a frequência das pausas intercalando as palavras, reivindicando sua importância na ação, como em *Dias Felizes*:

> Eu dantes transpirava muito. (*Pausa.*) Noutros tempos. (*Pausa.*) Agora não. (*Pausa.*) Quase nada. (*Pausa.*) O calor aumentou. (*Pausa.*) A transpiração diminuiu. (*Pausa.*) Isso é que é maravilhoso. (*Pausa.*) A maneira como o homem se adapta. (*Pausa.*) Quando as condições variam."[68]

No entanto, uma das experiências mais radicais de Beckett no território do silêncio é *Respiração*, que se resume a palco coberto de detritos, luz débil, som gravado de vagido de recém-nascido, uma única inspiração, uma única expiração e pausas controladas. A duração total da peça chega a 35 segundos. Não há personagens no palco, exceto detritos. A última indicação é: "Silêncio, manter por cinco segundos."[69] O silêncio é início e fim, único, incomparável. Assim, acentua-se a máxima de Simon ao dizer que Beckett "reduz as palavras ao silêncio e obriga o silêncio a dizer sua última palavra"[70].

Esses modos de disfarce de ação, vistos brevemente dentro de uma forma dramática corroída e implodida, não esgotam possibilidades de outras nem mesmo podem ser vistas separadas, principalmente em relação às categorias espaço e

---

64 S. Beckett, *Fim de Partida*, p. 129.
65 Idem, *Teatro de Samuel Beckett*, p. 232.
66 Idem, *Comédia*, p. 2.
67 Ibidem, p. 13.
68 Idem, *Dias Felizes*, p. 58.
69 Idem, *The Complete Dramatic Works*, p. 371.
70 A. Simon, op. cit., p. 13.

tempo. Como se observa, a ação não se mostra de modo completo (nem no formato clássico, nem no moderno), mas cava buracos que denunciam sua própria ineficácia, embutindo-se nas brechas da situação, no sentido de que essa melhor traduz a condição em que se circunscreve uma cena às avessas. Para reinventar continuamente o teatro, o dramaturgo irlandês passa pela experiência da encenação e enriquece seus textos com experimentos e aprendizados que derivam da materialidade do palco: atores, cenário, objetos, luz, música, maquiagem, ruídos e demais signos teatrais. Tudo isso oferece um conjunto pleno de beleza e estranheza que se ilumina por *spots* de variadas cores e matizes e entrelaça a ação com o espaço e o tempo na poética beckettiana.

2. Desfiguração do Espaço e o Tempo Incapturável

O ESPAÇO DESFIGURADO

Monte de terras, árvore, quarto, janela, mesa, gravador, corpo, pedaço de corpo, voz, palco, nada. O espaço no teatro de Beckett sofre redução progressiva que confina personagens, subtraindo-lhes o que resta, em uma ordem cênica demarcada por polaridades e organizada em uma sintaxe visual que tem na indeterminação o *locus* predileto. Na dramaturgia da primeira fase, ainda é possível encontrar elementos que trazem alguma referência objetiva do cotidiano; já na segunda, a figuração se dilui, o espaço se elide, os discursos se fragmentam. Não basta falar do corpo e da linguagem destroçados. É preciso mostrá--los fisicamente no palco: o rosto que resta, em *Aquela Vez*; as ruínas da memória, em *Solo*. O todo é reduzido a partículas, um caminho espacial que torna a redução e a contração procedimentos por excelência.

36 BECKETT E A IMPLOSÃO DA CENA

Errância, Encarceramento e Imobilidade

Da separação das zonas de atuação na casa dos Krap, em *Eleutheria*, passando pela estrada indefinida de *Esperando Godot*, o interior sem mobília de *Fim de Partida*, ao deserto em *Dias Felizes* e à mesa do velho Krapp, em *A Última Gravação*, há vasto campo de experimentação de possibilidades espaciais que, nas demais peças, tendem ao vazio do palco. Ao invés de exibir o lugar físico devorando a personagem, como em *Dias Felizes*, Beckett mostra o espaço da linguagem, implodida nos discursos e no recorte do corpo em processos operativos de disjunções: corpo-fala, imobilidade-movimento, luz-escuridão. Em *Esperando Godot*, a paisagem deserta é o que há; em *Fim de Partida*, sobrevivem elementos do quarto-refúgio (janelas, cadeira de rodas, latas de lixo) que anunciam o fim do começo; em *Dias Felizes*, é a terra que avança sobre Winnie, solapa o ato de tocar e a deixa sozinha com a voz; em *A Última Gravação*, a casa de Krapp é recortada pela lâmina afiada da luz e da escuridão.

O itinerário da dramaturgia da primeira fase é examinado por Simon[1] à luz de três eixos: errância imóvel, encarceramento e imobilidade, traduzidos, respectivamente, nas peças *Esperando Godot* (personagens vagueiam sem saída na estrada vazia), *Fim de Partida* (o confinamento de Hamm e Clov) e *Dias Felizes* (imobilizada, Winnie torna-se parte da paisagem, metade-personagem, metade-espaço). O mesmo pode ser transposto para o conjunto da obra dramática, ainda que não se verifique um esquema rigorosamente regressivo. A personagem errante, prisioneira da linguagem e contraída pelo espaço, é presente não só em *Esperando Godot*, mas em *Passos*, em que May tem trajeto determinado e restringido pelo retângulo iluminado. O encarceramento se impõe como lugar de confinamento em *A Última Gravação*, mas, de igual modo, em *Ato Sem Palavras* i, na qual a personagem se encontra inexplicavelmente sitiada no palco. Já a imobilidade é traço central na segunda fase, em que controle de movimentos e contração de gestos são determinados pela máquina da cena; ocorre assim

---

1 A. Simon, *Samuel Beckett*, p. 42.

em *Cadeira de Balanço, Comédia, Solo* e *Aquela Vez*. Mas, na maioria das peças, os três eixos se interpenetram, o que não permite distingui-los claramente, como em *Fragmento de Teatro I*: personagens terminais, encarceradas em lugar indeterminado, em uma errância sem fim e prisioneiras do que dizem e do que fazem.

O fio que perpassa esse trajeto espacial enrosca-se no binômio caos-ordem, até atingir o máximo da depuração nas últimas peças, em que o vazio é o espaço almejado. As linhas da ordenação da poética beckettiana são desenhadas com as tintas da decomposição, a exemplo do contraste entre as grotescas cabeças falantes de *Comédia* e o rigoroso controle de movimento da fala e da luz, que emprestam estranha beleza à peça. É o ponto fulcral entre criação e destruição, ordem e desordem. O espaço, que configura a cena, cria a moldura para acomodar a confusão da linguagem. E, uma vez que o caos não pode romper a moldura, projeta situações que ajudam a compor uma gramática (des)ordenada de imagens, palavras e silêncio.

A ordem espacial se revela em alguns procedimentos, já anunciados nos textos e intensificados nas encenações, a exemplo da simetria e do equilíbrio, que remetem a uma determinada geometria pictórica. A cena é estruturada com linhas de oposição ou convergência e com recursos estilísticos que definem um rigor no campo de força do palco. Em *Eleutheria*, vê-se claramente a preocupação em separar o ordenado do caótico por meio de espaços que isolam as ações principal e marginal (respectivamente, sala matinal da família Krap e quarto de Victor), mas que, depois, são invertidos: o sujo invade o limpo, impondo-se sobre o organizado, como descrito no terceiro ato, quando o quarto de Victor termina por se interpenetrar na sala dos Krap até não haver mais distinção. A desordem expulsa lentamente o organizado do palco até fazê-lo desaparecer por completo. Resta o quarto de Victor, reinando absoluto, impondo-se sobre a ordem da casa e, literalmente, da cena[2].

Já em *Esperando Godot*, a ordem espacial se traduz no silêncio, na pausa, na espera, no *nada a fazer*, que pontuam a estrada deserta e a errância de Vladimir e Estragon até a entrada de

2 Cf. S. Beckett, *Eleutheria*, or. inglês.

Pozzo e Lucky, com discursos nervosos e ações descontroladas; é o triunfo da *bagunça da palavra* sobre a paisagem, como expresso na fala de Lucky, que transborda um conjunto de frases desconexas, porta-voz da uma linguagem agônica:

> Dada a existência, tal como se depreende dos recentes trabalhos públicos de Poinçon e Wattmann de um Deus pessoal quaquaquaqua de barba branca quaqua fora do tempo do espaço que do alto de sua divina apatia sua divina athambia sua divina afasia nos ama a todos com algumas poucas exceções não se sabe por que mas o tempo dirá e sofre o exemplo da divina Miranda com aqueles que estão não se sabe por que mas o tempo dirá atormentados atirados ao fogo às flamas às labaredas.[3]

Em *Fim de Partida*, "é o fim" é a fala de Clov que abre a peça. Interior sem móveis, duas janelas, quadro velho e cadeira de rodas emolduram o encarceramento de Hamm (cego e paralítico), do companheiro Clov e de dois velhos em uma lata de lixo (pais de Hamm). Lá fora, a devastação. Não há possibilidade de vida; se houver, extermina-se; e as palavras que restam devem-se usá-las, enquanto existam. Antes do fim, há pouco a fazer. Aqui e ali arrumar o quarto, contar piadas, pôr um pouco de ordem nas coisas domésticas: "A natureza esqueceu-se de nós!"[4], constata Hamm. Sobra a tarefa de organizar insignificantes coisas, Clov começa a recolher objetos do chão: "Estabeleço a ordem. (*Com ênfase.*) Vou limpar tudo!" E faz ingênua declaração de princípios: "Adoro a ordem. É o meu sonho. Um mundo onde tudo seria silencioso e imóvel, e cada coisa estivesse em seu último lugar, sob a última poeira!" Recomeça a apanhar tudo e Hamm o repreende: "Que que é que tu estás a fazer?" Ao que responde Clov: "Tento fazer um pouco de ordem." Mas, atendendo o comando de Hamm, Clov larga os objetos no chão e diz: "No fim de contas, tanto faz aqui como ali." Nesse fragmento, a ordem aparece como um consolo, em que o *fazer comezinho* poderia ser um modo de organização (e de se organizar) diante da confusão e do impedimento.

---

3   Idem, *Esperando Godot*, Trad. F.S. Andrade, p. 85.
4   Essa e as demais réplicas citadas neste trecho foram retiradas de S. Beckett, *Teatro de Samuel Beckett,* p. 196-197.

DESFIGURAÇÃO DO ESPAÇO E O TEMPO INCAPTURÁVEL   39

É essa a aposta ilusória de Winnie em *Dias Felizes*: coberta até o tronco por escombros, reza, escova os dentes, fala, canta, manipula objetos, louva os dias. O cenário em sua volta: "Um campo de erva queimada; ao centro, uma pequena elevação de terreno. Declives moderados à esquerda, à direita e à frente. Do lado de trás, declive abrupto. O máximo de simplicidade e simetria."[5] Winnie tenta estabelecer uma ordem doméstica, como se a controlasse com as mãos, a fala e o olhar, ressoando, de certa forma, a simetria expressa nas rubricas. Ela organiza os objetos em volta, ajeita a bolsa, faz orações. No segundo ato, Winnie está enterrada até o pescoço. O movimento anterior, agora interditado, desloca-se para as palavras. A ordenação possível é nomear os objetos e a si mesma: ver o que resta. Longe de ser forma de expressão, a linguagem é, em *Dias Felizes*, tentativa de ordenação de um mundo que desaparece; na observação de Lawley, é a única disponibilidade concreta para organizar a inútil tarefa de sobreviver[6]. Winnie tenta ordenar-se pela linguagem, dominá-la, mas o silêncio e o movimento deixam-na inconclusa, anunciando, a cada momento, a possibilidade de extinção.

Amparado por suposta organização e falso controle, também se move o velho Krapp, personagem de *A Última Gravação*: um homem de 69 anos ouve sua própria voz, gravada em fitas que contam passagens de sua vida, quando tinha 39 anos. A luz forte, crua e denunciadora recorta mesa, armários, cofres e as gravações do passado – classificadas, rotuladas, ordenadas em números e caixas. Krapp as aciona do mesmo jeito que se retira a ficha de um arquivo, lê-se e depois se guarda, mecanicamente. Há, nitidamente, dois modos de enunciação: a dita pelo velho Krapp e a gravada, no registro do *jovem* Krapp. A fala e o áudio se juntam às polaridades da luz (o quarto-escritório organizado) e da escuridão (o fundo do palco, o desconhecido) em duas funções contrastantes: a primeira permite a Krapp selecionar e ouvir as fitas – é o lugar da revelação, da exposição, das constatações; a segunda possibilita-o realizar atos interditos, privando o espectador da visão deste lugar,

5   S. Beckett, *Dias Felizes*, p. 33.
6   P. Lawley, Stages of Identity, em J. Pilling (ed.), *The Cambridge Companion to Beckett*, p. 94.

onde, às vezes, Krapp desaparece e do qual só se ouve o som de copos e garrafas.

Nesses quatro textos, identificam-se procedimentos em relação à ordenação do espaço cênico que vão ser desdobrados na maioria das peças da segunda fase, em que Beckett reforça a imobilidade e cria os *tableaux vivants*; uma imagem é definidora da situação-chave (*Eu Não, Aquela Vez, Solo, Passos*). Acertado seria nomeá-las *tableaux morts* – quadros de uma paisagem desfigurada, ressecada, depauperada. Isso se deve tanto à experiência de Beckett como encenador e criador de textos radiofônicos e televisuais quanto a sua relação com as artes plásticas. Admirador dos pintores Mondrian, Kandínski, Pollock e dos irmãos holandeses van Velde, Beckett vê nessa linguagem das artes uma possibilidade de aproximação com o teatro. O resultado é uma poética visual *minimalista*, osso da experiência teatral.

O Visível e o Não Visível

A relação da poética beckettiana com a pintura conforma uma topografia visual da cena e aproxima o artista irlandês da arte abstrata, não figurativa, cujos respingos se estendem na dramaturgia e na encenação e nas imagens definidoras das peças da segunda fase. Beckett afirma que, em algumas delas, a imagem é concepção central, a exemplo de *Passos*: "O texto, as palavras foram construídos exclusivamente em função dessa imagem… [uma mulher velha, cabelos grisalhos em desalinho, com os pés ocultos, arrasta-se pelo solo, contando os passos de uma lenta caminhada por sobre um retângulo iluminado] Isto é o centro da peça; tudo o mais é secundário."[7] Mas, antes, ao escrever sobre os pintores Pierre Tal Coat, André Masson e Bram van Velde, Beckett afirmava sua admiração por Mondrian, reconhecendo que nenhuma pintura é tão repleta como a dele.[8]

Já no ensaio *O Mundo e a Calça*, Beckett trata dos impasses da representação na pintura e da relação entre palavra e imagem:

---

7   S. Beckett, apud J. Knowlson, Footfalls, em S.E. Gontarski (ed.), *On Beckett*, p. 350.

8   Idem, Three Dialogues, em R. Cohn (ed.), *Disjecta*, p. 144.

DESFIGURAÇÃO DO ESPAÇO E O TEMPO INCAPTURÁVEL

"escrever uma percepção puramente visual é escrever uma frase desprovida de sentido"[9] – tarefa que seria, para o escritor, mais complexa do que a do pintor, pois as palavras carregam significados e desfazer-se deles por meio da linguagem é uma busca incessante, nem sempre recompensada. Worth destaca a ligação de Beckett com as artes plásticas e estabelece paralelo entre a escultura e o fazer teatral, ressaltando a forma de o dramaturgo manipular as indicações cênicas como "um escultor usa os instrumentos para criar relações dinâmicas entre áreas visíveis e não visíveis do palco, fazendo do não visto um elemento vital na experiência dramática. Nas últimas peças, a luz é a ferramenta-chave para criar esta sensação do espaço duplo"[10]. Nesse lugar, Beckett vai desenhar a ação, decalcar movimentos, medir passos, contar segundos e pausas, sugerir deslocamentos em círculos e arcos, como forma de esculpir a cena.

Uma correlação entre as estruturas dramática e pictórica é desenvolvida por Andrade, ao comparar a visualidade da cena beckettiana com as "imagens acabadas" da pintura, o que abre para o espectador um campo de contemplação da obra, tal como se dá na fruição estética das artes plásticas:

o teatro foi progressivamente perdendo sua característica maior, a apresentação de destinos em movimento, corporificados na ação, em nome de uma maior atenção às imagens acabadas, de caráter quase pictórico, quadros que pedem contemplação em si, independentes do encadeamento e sucessão de episódios, descolando-se do processo para constituírem-se enquanto totalidades expressivas em si[11].

Nesse sentido – o de colocar o espectador diante de um quadro a contemplar imagens justapostas e "totalidades expressivas" –, o palco italiano, longe de representar subserviência à tradição teatral ilusionista, é o que melhor serve ao teatro beckettiano, mas por outras razões. Uma vez que aposta na contração e compressão do corpo e do objeto no espaço, Beckett tem na moldura, nos dispositivos técnicos e no vazio do palco italiano os elementos que estabelecem os limites desejados para

9   Idem, El Mundo y el Pantalón, *Manchas en el Silencio*, p. 38-39.
10 K. Worth, Space and Sound in Beckett's Theatre, *Beckett the Shape Changer*, p. 185.
11 F.S. Andrade, *Samuel Beckett: O Silêncio Possível*, p. 105.

materializar formas diversas de espacialidade. Ao tecer analogias entre as artes plásticas e as concepções do palco italiano, Roubine reconhece que esse espaço é o que mais se ajusta às convenções teatrais dos fins do século xix e início do século xx, tanto às do realismo-naturalista quanto às do simbolismo, duas correntes opostas que marcam o surgimento da encenação moderna, por motivos e princípios estéticos diferentes: "a posição fixa do espectador, no seu face a face com o espetáculo, reproduz aproximadamente a atitude de quem contempla uma pintura", argumenta Roubine[12].

Todavia, na perspectiva de Beckett, o palco italiano não é subserviente ao ilusionismo teatral; é palco reinventado, até mesmo autorreferente em algumas peças: "Tem certeza de que é aqui?"[13], pergunta Vladimir a Estragon em *Esperando Godot*, em um duplo sentido espacial: *aqui*, na estrada, para esperar Godot junto à árvore (lugar da ação), e *aqui*, agora, no palco visível para o espectador (o lugar teatral). O propósito do dramaturgo é outro: ordenar rigorosamente não só o espaço, mas também a representação; tentativa de arrastar e emoldurar a linguagem para a materialidade da cena. Distingue-se, assim, do ideal artaudiano e da visão dialética do teatro brechtiano, só para usar duas referências modelares do teatro contemporâneo.

Enquanto Artaud propõe espaços alternativos (palcos circulares, porões, galpão, usinas abandonadas, cadeiras giratórias) e despreza a base ilusionista do palco italiano, Brecht usa esse mesmo palco para desvelá-lo, expor truques, artifícios e dispositivos cenotécnicos e, assim, mostrar as contradições históricas, como metáfora da sociedade. Beckett não rejeita o palco italiano, como Artaud, e, ao contrário de Brecht[14], apodera-se dele para construir um espaço *a-histórico*, esculpido por linhas, cores, formas, ritmos, movimentos, palavras e silêncios e dar-lhe dupla função: pelo que mostra e pelo que oculta, como se as

---

12 J.-J. Roubine, *A Linguagem da Encenação Teatral*, p. 82.
13 S. Beckett, *The Complete Dramatic Works*, p. 15.
14 Brecht, quando leu *Esperando Godot*, em 1953, tentou fazer uma adaptação, segundo uma ótica muito própria do teatro em voga: Estragon como um proletário; Vladimir como um intelectual; Lucky como uma espécie de "burro" ou "asno" e Pozzo como o proprietário. No entanto, Brecht não concretizou seu intento. Essa escolha é considerada um tipo de redução própria do teatro progressista dos anos 1950, de acordo com A. Simon, op. cit, p. 42.

DESFIGURAÇÃO DO ESPAÇO E O TEMPO INCAPTURÁVEL   43

personagens estivessem aprisionadas em uma pintura recortada pela tela, da qual não podem escapar. Sair do quadro, das linhas divisórias da caixa cênica é desaparecer. O palco italiano presta--se como moldura do jogo entre opacidade e transparência, em que linhas pictóricas desenham gestos e decalcam movimentos, sombreiam e cintilam objetos, traduzindo concretamente as polaridades na composição do quadro[15].

Em outra perspectiva e, em um esforço comparativo para associar os movimentos de introjeção e expulsão no palco, Simon sugere que a cena beckettiana assemelha-se mais a "uma caixa craniana, máquina de gerar fantasmas, do que ao útero, máquina de expulsar"[16], posição compartilhada por Bruzzo, relacionando-a à trilogia *Molloy, Malone Morre* e *O Inominável*: "é como se a cena teatral nos fizesse entrar no crânio de um indivíduo que não seria outro que não o 'eu' ou o 'inominável' da trilogia: as trocas entre as diferentes personagens fazem surgir uma atomização do monólogo [...]"[17] A analogia, longe de remeter a uma concepção figurativa da realidade, faz pensar em outra forma de materialidade: é como se o crânio fosse a máquina de cena que processa e traduz, a seu modo, a linguagem, ordenando-a e a desordenando no refúgio pictórico seguro: o palco. É nele que as espacialidades se alojam, confrangendo-se entre duas extremidades: o lugar-visível – onde as personagens se movimentam ou se imobilizam – e o lugar--invisível, o *offstage*, o que está fora da caixa cênica, separado por uma moldura que debrua a cena, mas que não se confunde com a quarta parede do realismo-naturalista, intensificadora da ilusão da realidade.

No palco beckettiano, romper a moldura é confrontar o desconhecido, o informe, o não criado, aquilo que a linguagem não protege nem nomeia. Em *Esperando Godot*, nas poucas

---

15 Bem verdade, os textos de Beckett são concebidos para serem representados na caixa à italiana. Contudo, registram-se inúmeras encenações fora desse espaço, a exemplo de três montagens de *Esperando Godot*: na California's San Quentin State Prision (1987-1988), dirigida pelo sueco Jan Jönson; em frente ao Palais des Papes, em Avignon (1978-1979), sob direção do tcheco Otomar Kreiča, e no Espaço Cultural Banco do Brasil (2001), com direção do brasileiro José Celso Martinez Corrêa, que transforma o palco em um simulacro do corredor do Teatro Oficina.

16 A. Simon, op. cit., p. 44.

17 F. Bruzzo, *Samuel Beckett*, p. 16.

vezes em que Estragon sai do palco, retorna machucado e não se sabe por que ou por quem; já Clov, em *Fim de Partida,* não se atreve a sair, apenas olha o extracênico pelo binóculo ou pela janela. Com efeito, tanto a entrada quanto a saída de objetos, movimentos ou personagens, quando raramente ocorrem, não modificam o curso da ação. "Nada acontece, ninguém entra, ninguém sai, isto é terrível"[18], queixa-se Estragon em *Esperando Godot.* As personagens estão confinadas no refúgio pictórico da caixa cênica, impossibilitadas de avançar sobre os bastidores ou a sala e se defendem da ameaça do inexplicável, o *offstage,* que na visão de Worth[19] não é uma extensão do palco visto pelo espectador, mas o limite, o desconhecido.

Já Lyons sugere que o jogo de luz e escuridão proposto pelo dramaturgo, especialmente em *A Última Gravação,* insinua outra separação: "As personagens de Beckett frequentemente confrontam duas diferentes formas de escuridão: a externa, a condição potencial do mundo [...] e a interna, o silêncio [...]"[20] Com isso, o palco torna-se lugar da justaposição do fulgor e da sombra, que faz distinguir, por exemplo, o falante do ouvinte, em *Eu Não,* ou o rosto das vozes, em *Aquela Vez.* Na maioria das últimas peças, o palco aprisiona literalmente o corpo, impedindo-o de se mover e romper a moldura. Desse modo, no palco à italiana, Beckett exibe as linhas agonizantes da ação que criou para o trânsito limitado ou estancado das personagens. Dentro dele, a noção de espaço se despedaça em formas e combinações com outros elementos, adquirindo variantes corporais, monocromáticas e sonoras, reduzindo-se a objetos, partes do corpo, som, fala e silêncio.

Formas como essas criam uma sintaxe visual para a cena em que divisão e subtração adquirem mais relevo do que soma e multiplicação. "A criatura beckettiana se diverte e se consola com algarismos", lembra Janvier, apostando em duas razões para isso: a impossibilidade da certeza sobre os acontecimentos e o empenho maníaco do pensamento a calcular possibilidades e probabilidades como forma de acalmar o espírito[21].

18 S. Beckett, *The Complete Dramatic Works,* p. 41.
19 K. Worth, op. cit., p. 189.
20 C. Lyons, *Samuel Beckett,* p. 106.
21 L. Janvier, *Beckett,* p. 44.

DESFIGURAÇÃO DO ESPAÇO E O TEMPO INCAPTURÁVEL   45

É, então, na base da incerteza e da impotência, que se ergue a poesia da cena beckettiana, passa pelo crivo da linguagem e dá a medida certa do impedimento, bem expresso na fala de Winnie: "Se não estivesse presa. (*Gesto.*) Desta maneira... era capaz de flutuar lá em cima... em pleno céu azul."[22]

Espacialidades do Mínimo

No teatro de Beckett, o espaço cênico (visível ao espectador) emoldura situações e perfaz o caminho da compressão; o extra-cênico (nomeado e evocado nas falas) traz referências visuais que não se traduzem, necessariamente, na materialidade da cena. E, à medida que vai sendo comprimida e reduzida, a cenografia dá lugar a outros elementos e dispositivos – corpo, som, luz, cor, palavra. Com isso, os destroços são acomodados entre os signos da cena e a paisagem física é praticamente varrida do palco. Não basta mais avançar sobre a personagem, subtrair-lhe o corpo; é preciso destroçá-la em fragmentos; e a linguagem, depauperada por falhas e insuficiências, rumoreja de variadas formas, nem sempre reconhecíveis, modulada por discursos ininterruptos, diálogos entrecortados, corpos fragmentados.

O ponto comum que cruza boa parte dessa composição visual é a indeterminação, que intensifica a errância, o encarceramento e a imobilidade. São espaços exíguos nas referências do cotidiano, mínimos, que sitiam movimentos de personagens, controlados por mecanismos que intensificam a impossibilidade de se mover ou de sair da situação. Agora, os dispositivos cênicos são postos mais a serviço desse princípio, como máquina de controle. Note-se: May confina-se na área limitada pela luz, contando seus passos, enquanto a mãe está imóvel na escuridão, da qual só se ouve a voz (*Passos*); Vi, Flo e Ru saem e voltam do banco, do qual não se conseguem desprender (*Vai e Vem*); em *Ato Sem Palavras i*, um homem impotente queda-se imóvel sem saber por que as coisas descem e sobem, aparecem e desaparecem do palco. O espaço torna-se um vazio privilegiado em que a linguagem determina as linhas

22 S. Beckett, *Dias Felizes*, p. 56.

de forças da cena, ampliam e multiplicam possibilidades de construção das espacialidades, explorando o objeto mínimo, o monocromatismo, a sonoridade, a palavra e o corpo – lugares contraídos e reduzidos. Em *Cadeira de Balanço*, uma mulher (w) de cabelos grisalhos, precocemente envelhecida, com seu inexpressivo rosto branco, está sentada na cadeira, que a embala. Com as mãos embranquecidas, ouve sua voz gravada. Nessa peça, o espaço é reduzido ao essencial: uma cadeira de balanço, quarto anulado pela luz, uma voz.

O uso repetitivo da cor mostra outras formas de espacialidade: monocromatismo e contraste. Em *Solo*, a rubrica apresenta a personagem Speaker com cabeleira, meias e camisolão brancos. Uma luz em forma de globo, também branca, do tamanho de uma cabeça, completa a órbita visual. O rosto, máscara mortuária recortada pela luz, e imagens extracênicas chegam por meio das palavras que evocam um inventário funesto de visualidades. A imagem do homem branco de *Solo* remete à série *Branco sobre Branco*, refletida no quadro *Pintura Suprematista* (1917-1918), de Kazímir Malévitch, mesmo procedimento que se aplica ao *Quadrado Preto* (1929), do próprio artista (Figura 3).

Figura 3: Branco Sobre Branco, *Malévitch, 1917-1918* (à esquerda); Quadrado Preto, *Malévitch, 1929* (à direita).

Exemplos como esses sustentam as aproximações entre o teatral e o pictórico em Beckett por meio das peças monocromáticas ou do contraste entre branco e preto, como indicado nas rubricas de *Improviso de Ohio*: mesa branca, duas cadeiras brancas, longo casaco negro, longos cabelos brancos; *Catástrofe*: cubo negro, blusa branca, chapéu preto; *Cadeira de Balanço*: rosto branco, vestido preto, mãos brancas[23].

Outra forma espacial liga-se à sonoridade, criando intercâmbio notável entre som e espaço, que se interpenetram e se dissolvem em uma categoria, já chamada por Honzl de cenário acústico. Quando analisa a mobilidade do signo teatral (possibilidade de substituir um signo por outro), Honzl propõe que determinados elementos cênicos e partituras sejam substitutivos entre si, incluindo a sonoridade[24]. Isso é observado nas peças de Beckett que justapõem voz e palco vazio, criando uma dimensão acústico-espacial, em que o som se verte em espaço e este incorpora a dimensão sonora. Novamente, nota-se a presença da linguagem radiofônica que, dessa vez, interage com as artes plásticas. Nesse domínio, destaca-se o dramatículo *Eu Não*: o imenso palco ocupado pela diminuta boca passa a ter proporções acústicas. A paisagem nervosa do caos entra nas malhas da linguagem, separando o suposto *eu-que-fala* do *eu- -de-quem-se-fala*, sendo os dois um só. No palco, a cena se divide: ao fundo, à direita, na plataforma de três metros de altura, situa-se a Boca, o falante; à frente, na diagonal, sentado, quase imóvel, atenção total à Boca, está o Ouvinte; ambos envoltos pela sonoridade que ressoa no palco.

Em *Improviso de Ohio*, o espaço sonoro é formado pelo triângulo de forças entre a mesa (o pictórico), a fala do Leitor (a linguagem) e as batidas da mão do Ouvinte sobre a mesa (o acústico) que determinam o prosseguir, o estancar ou o retroceder da leitura do livro. Duas personagens, Leitor e Ouvinte, tão semelhantes quanto possível, relembram uma velha história, recontada todas as noites: "Leitor (*lendo*) – Resta pouco a dizer. Em uma última – (*Ouvinte bate com a mão esquerda sobre a mesa.*) Resta pouco a dizer. (*Pausa. Batida*)"[25]. Por meio das

---

23   Essa aproximação com o artista russo é feita, também, por Haroldo de Campos em relação à poesia beckettiana, especialmente *Ping*, traduzida por ele: "Desde logo *Ping* parecia-me um necrológio suprematista, à maneira do *Quadrado Branco Sobre Fundo Branco* de Maliévitch..." Cf. H. Campos, O Sentido à Beira do Não Sentido, *Folha de S. Paulo*, 8 set. 2006, p. 6.

24   J. Honzl, A Mobilidade do Signo Teatral, em J. Guinsburg; J. Coelho Netto; R. Cardoso (orgs.), *Semiologia do Teatro*, p 129.

25   S. Beckett, *Improviso de Ohio*, p. 1.

alternâncias entre fala, pausa, batida e silêncio, constroem-se partituras acústica e visual, que garantem uma espacialidade na qual o contraponto do silêncio acentua os demais elementos e instaura atmosfera de aguda plasticidade.

No campo da partitura, a peça televisiva *Quad* – composta para 4 atores, luz e percussão, sem palavras – sintetiza a relação entre espaço, sonoridade e musicalidade. Os atores, vestidos até os pés, com capuzes encobrindo o rosto, passam por um quadrado delimitado no palco, como área de representação, e realizam trajetos ordenados, a passos medidos. Cada um deles porta um tipo de percussão (Beckett sugere 1 tambor, 2 gongos, 3 triângulos e 4 caixas chinesas, permitindo combinações entre sons, passos e luzes), mas cada ator mantém sua sonoridade particular. A repetição de movimentos e sons é uma constante. Detalhe: no quadrado que integra as indicações cênicas do texto, há uma área central (E) que deve ser evitada pelos atores. É a zona de perigo, como diz a rubrica. Dessa forma, o espaço-ameaça não se encontra no *offstage* e, sim, no centro da representação, como expresso na Figura 4, a seguir:

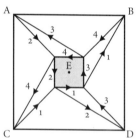

Figura 4: Diagrama desenhado por Beckett para indicar a movimentação dos atores, com a zona de perigo (E), ao centro, na peça Quad.

A relação entre dispositivos cênicos e espacialidade se torna mais complexa quando o espaço é corporificado e a fala é dissociada do enunciador, como em *Aquela Vez*: um homem, com o rosto recortado pela luz, ouve vozes (A, B e C). O texto remete a um moto contínuo: "aquela vez em que você voltou, aquela última vez para ver se a ruína ainda estava lá onde você se escondia como uma criança"[26]. As palavras são ditas e

---

26 Idem, *The Complete Dramatic Works*, p. 388.

ouvidas, mas destituídas da primeira pessoa (o "eu" torna-se "você"), ato de dissolução da subjetividade do falante – procedimento já adotado por Beckett em *Eu Não* e retomado depois em *Solo* e *Cadeira de Balanço*. Em *Aquela Vez*, a desordem é expressa pela fragmentação das vozes, mas há uma ordenação das fontes sonoras que não se sobrepõem nem se misturam. Segundo Lyons, com esse procedimento, Beckett elimina a noção de espaço cênico, pois não há um lugar literalmente definido: "A divisão espacial entre rosto [...] e voz marca a separação entre funções físicas [...]"[27] Ainda segundo Lyons, essa demarcação estabelece uma relação arbitrária entre o que se ouve e o que é dito, resultando em uma imagem espacial da ação. A rígida coreografia entre vozes e movimentos dos olhos do Speaker alterna-se até o final, quando sobra o silêncio, e ele é obrigado a sorrir e a revelar a boca desdentada; grotesco e crueldade da última das indicações.

Essas e outras formas de espacialidade giram em torno de um princípio motor: a contração, que invade o espaço beckettiano, torna-o diminuto e obriga personagens a se moverem entre o ponto e o infinito, como define Adorno: "Indiferente ao *cliché* dominante do progresso, Beckett toma como tarefa mover-se num espaço infinitamente pequeno, num ponto sem dimensões."[28] Contraído e subtraído, o espaço dissolve original e cópia, indetermina-se e toma o corpo como lugar de excelência, fragmentando-se nas linhas de força da gramática visual do palco e nas dimensões do oculto e do visível.

Contudo, essa geometria de formas, cores, contrastes e volumes, que repousa sobre o espaço, não atrela a espacialidade aos significados psicológicos, ontológicos ou metafísicos. Beckett, por certo, não se perde nesse emaranhado. A cena se constrói por meio de um jogo espacial imaginoso entre organização e desordem, extremos que habitam, cada um com sua intensidade, a arena da linguagem que se emancipa da cadeia de significados unívocos e fechados; o que se vê é a ação que se esvazia, o espaço que se desfigura e o tempo que escapa por entre os abismos da fala que tenta nomeá-lo e capturá-lo.

---

27   C. Lyons, op. cit., p. 161.
28   T. Adorno, *Teoria Estética*, p. 252.

NA CAPTURA DO TEMPO

De modo geral, reconhecem-se duas temporalidades no teatro: a da ação (inscrita no texto dramático) e a cênica (que escorre durante a representação, o tempo do relógio). Há ainda o tempo histórico, aquele que situa a ação em determinado período, mesmo quando promove saltos cronológicos, como a maioria das peças de Bertolt Brecht, que se organizam em quadros e promovem uma ruptura na unidade de tempo, com intervalos historicamente determinados. É o que se vê em *Mãe Coragem e Seus Filhos* (1939), texto dividido em doze quadros, que atravessam o período de 1624 a 1636. Cada um dos quadros imprime um salto temporal em relação ao anterior, acentuando, assim, o corte histórico da ação.

No teatro de Beckett, desconhece-se o tempo histórico. A ação é circunscrita na condição atemporal, portanto *a-histórica*; não é um tempo contínuo, em face de não progressividade, nem totalmente descontínuo, já que a noção de descontinuidade pressupõe que se poderia presentificar cenas do passado (*flashbacks*), recurso praticamente ignorado por Beckett. É um tempo, então, que sugere fragmentação, dissolução, não sendo possível identificar a exata dimensão do início e fim das temporalidades. Para usar um termo de Ubersfeld, ao comentar o teatro de Beckett, é um tempo do *impossível teatral*, aquele que *passa e não passa*[29], uma duração repetitiva e destruidora. Tal ideia sugere que tempo, mais do que categoria, é condição a vencer, nunca alcançada; dimensão que não avança nem retrocede, mas se dissolve em temporalidades difíceis de serem capturadas e que se disfarçam em artifícios.

Resta Pouco a Fazer

Sem conhecer nada além de si, o tempo imprime lentamente cicatrizes do "ontem" no "hoje", que já prenuncia um "amanhã" inexorável, rumo ao pior. Não há o que esperar. E se ação e personagens são produzidas na indefinida dimensão do tempo

---

29   A. Ubersfeld, *Para Ler o Teatro*, p. 136.

teatral, é por conta de uma linguagem que se fratura na tentativa de vencê-lo. Cada situação se materializa em frações temporais indeterminadas e aumenta a condição do *estar-aí*, só mantida porque ainda se tem *algo a inventar* ou *nada a fazer*: Winnie está enterrada até à cintura e depois até o pescoço, aguardando um momento que nunca chega; e as três mulheres de *Vai e Vem* deslocam-se do banco para o *offstage*, somem, sem nenhuma explicação, na escuridão, e retornam para continuar à espera de...

É um tempo que ressoa na materialidade da cena o esvaziamento da ação. Melhor: para preencher o tempo, personagens desdobram-se em pequenas ações insignificantes (amarrar e desamarrar sapatos, escovar dentes, limpar chapéu, pentear-se) que não progridem em direção ao devir nem insistem em significar algo no presente. Beckett expressa essa relação com o tempo em seu ensaio sobre Proust, associando passado, presente e futuro com o tédio:

> Não há como fugir das horas e dos dias. Nem de amanhã, nem de ontem. Não há como fugir de ontem porque ontem nos deformou ou foi por nós deformado. O estado emocional é irrelevante. Sobreveio uma deformação. Ontem não é um marco de estrada ultrapassado, mas um diamante na estrada batida dos anos e irremediavelmente parte de nós, dentro de nós, pesado e perigoso. Não estamos meramente mais cansados por causa de ontem, somos outros, não mais o que éramos antes da calamidade de ontem[30].

Na luta contra o tédio das horas, o tempo anuncia a decomposição e prepara o caminho em direção ao inevitável: o fim. O ontem é um conforto que ajuda a suportar o presente. O futuro é a certeza da impossibilidade, cujo presente pode ser preenchido pelos labirintos da linguagem. Quando esta falha, ainda é possível pensar que se vence o tempo por meio da banalidade do cotidiano, como sugere Winnie em *Dias Felizes*:

> As palavras abandonam-nos, há alturas em que as palavras nos abandonam. Até elas... (*Voltando-se um tanto para Willie.*) Não é verdade, Willie? (*Pausa. Voltando-se mais. Mais forte.*) E o que havemos nós de fazer, então... até que elas voltem? Pentearmo-nos se ainda o

---

30 S. Beckett, *Proust*, p. 11

52 BECKETT E A IMPLOSÃO DA CENA

não fizemos, ou se não temos a certeza... cortar as unhas se elas preci-
sarem de ser cortadas... É assim que se vence o tempo.[31]

Na maioria das peças de Beckett, o tempo se enrosca nos
fios das histórias que se procura inutilmente contar, pois é a
memória (e seu avesso) que tentam capturá-lo, permitindo um
ponto de vista relativo por parte do observador. Em *Esperando
Godot*, Vladimir reforça a relatividade temporal quando diz "O
tempo parou"[32] e depois ao concluir, admirado: "o tempo passa
quando a gente se diverte!"[33] Ora, se antes o tempo da ação para
e, logo depois, passa, então está-se diante de uma dimensão
incapturável, traduzida no enunciado de Janvier, ao especular sobre a ação do tempo no teatro de Beckett: "o mundo só
avança ilusoriamente"[34].

Tudo isso remete à ideia de um tempo marcado por repetições e movimentos mecânicos com o objetivo de esvaziar
os significados da ação, mesmo quando pistas indicam supostas passagens de tempo. As folhas da árvore que aparecem no
segundo ato de *Esperando Godot* sugerem que houve alguma
mudança, mas a ação não evolui nesse sentido. No segundo ato
de *Dias Felizes*, a terra que encobre pescoço e mãos de Winnie,
que estavam livres e descobertos no primeiro, parece indicar
uma ação do tempo, mas só parece, porque não há explicação
para tal. Em ambos os exemplos, o que importa não é a causalidade das situações, e sim a incidência da repetição: segundos,
minutos, horas, dias, semanas, meses, estações, anos.

Veja-se: de um lado, o presente não faz correr a ação, exceto
no decorrer dos ponteiros do relógio, momento que coincide
com o tempo do espectador; de outro, o passado não ajuda a
explicar nada; nem o futuro é mola propulsora, obstáculo a
superar ou algo a atingir, quer historicamente, quer psicolo-
gicamente, por meio de qualquer força ou motivação. É um
tempo suspenso, de transição, de *não-estar-no-mundo* e *não-
-estar-no-corpo*; um corpo que é estranho às personagens, só
reconhecidas nas instâncias da linguagem. Quando a atriz Billie

31 Idem, *Dias Felizes*, p. 47.
32 Idem, *Esperando Godot*, trad. F.S. Andrade, p. 73.
33 Ibidem, p. 151.
34 L. Janvier, op. cit., p. 79.

Whitelaw pergunta a Beckett, em pleno ensaio, se a personagem Mother (v), de *Passos*, está viva ou morta, ele responde: "Digamos que você não está muito presente"[35], isso remete à ideia da suspensão do tempo: nem passado, nem presente, nem futuro; nem vida, nem morte.

What Where, a última peça de Beckett escrita para o palco e depois adaptada para a televisão, explicita os procedimentos para experimentar a circularidade do tempo por meio da repetição das perguntas e respostas recorrentes: três personagens (Bem, Bim e Bom), dispostas em áreas definidas do palco, são submetidas a um interrogatório por Bam (ora fisicamente presente, ora por meio da voz que sai de um megafone/gravador visível, à esquerda do palco). O foco das perguntas do inquiridor é sempre o mesmo: *o que? onde?*, remetendo ao enigmático título da peça. A ação em *What Where* é marcada pelas entradas e saídas exatas, a repetição de movimentos e a colocação precisa das personagens no retângulo da representação. Ao final, o interrogatório se esvazia, perguntas não são respondidas, os interrogados abandonam a cena, tudo fica inconcluso; e Bam, o inquiridor, ocupa sozinho o espaço da representação para, enfim, constatar:

> Muito bem.
> Estou só.
> Calo-me agora como antes.
> É inverno.
> Nada prossegue.
> O tempo passa.
> Isto é tudo.
> Dê algum sentido quem puder.
> Eu desligo.[36]

A repetição das palavras, especialmente a reafirmação de uma expressão constante: "o tempo passa" –, e a reiteração de perguntas mostra a circularidade de um tempo que não se esgota. Em peças como essa, as linhas do tempo e as da ação agonizam, tal como exposto exemplarmente na réplica de

---

35 Beckett citado no programa *Teatro de Todos os Tempos*, retransmitido pela TV Cultura, original da BBC Londres.

36 S. Beckett, *The Complete Dramatic Works*, p. 476.

Pozzo, em *Esperando Godot*, que responde, irritado, a uma pergunta insistente de Vladimir, desejoso de saber quando começou a mudez de Lucky:

> Não vão parar de me envenenar com essas histórias de tempo? É abominável! Quando! Quando! Um dia, não é o bastante para vocês, um dia como os outros, ficou mudo, um dia, fiquei cego, um dia, ficaremos todos surdos, um dia, nascemos, um dia, morremos, no mesmo dia, no mesmo instante, não basta para vocês?[37]

A temporalidade é, então, evocada nas falas (tempo extracênico) e em vários momentos entrelaçam as teias da memória e do esquecimento, embaralham as situações ou aludem a ambíguas referências. No momento em que Pozzo, em *Esperando Godot*, dirige-se a Vladimir e Estragon e se pergunta o que pode fazer para que o tempo não lhes pareça tão longo[38], denuncia a insuficiência de duas temporalidades: a da ação, que precisa ser preenchida por qualquer artifício, e a do espaço, uma vez que a pergunta remete, por alusão, ao espectador, chamado, naquele instante, à condição de joguete do tempo, na relação palco e plateia. Em outro trecho dessa mesma peça, Beckett explicita a dificuldade de materialização do tempo em cena, no momento em que tentam, confusamente, confirmar dia e hora do encontro marcado com Godot:

> ESTRAGON: Tem certeza de que era hoje à tarde?
> VLADIMIR: O quê?
> ESTRAGON: Que era para esperar.
> VLADIMIR: Ele disse sábado. (*Pausa.*) Acho.
> ESTRAGON: Depois do batente.
> VLADIMIR: Devo ter anotado. (*Procura nos bolsos, repletos de porcarias de todo tipo.*)
> ESTRAGON: Mas que sábado? E hoje é sábado? Não seria domingo? Ou segunda? Ou sexta?
> VLADIMIR (*olhando pressuroso ao redor, como se a data pudesse estar inscrita na paisagem*) – Não é possível.[39]

---

37   Idem, *Esperando Godot*, trad. F.S. Andrade, p.183
38   Idem, *Esperando Godot*, trad. F. Rangel, p. 67.
39   Idem, *Esperando Godot*, trad. F.S. Andrade, p. 30-31. Grifo Nosso.

Na última réplica, mostra-se o esforço em relacionar tempo (o dia supostamente determinado por Godot) e espaço (a estrada deserta) e, simultaneamente, zombar da tentativa inútil de se materializar o tempo em algo concreto, como a inscrição na paisagem. Apesar disso, mesmo reconhecendo essas e outras dificuldades, é possível observar o esforço de Beckett para associar o tempo à concretude teatral, até mesmo para dizer das impossibilidades; e mais uma vez a linguagem, com suas limitações e insuficiências, é um meio que possibilita tal abordagem.

Tempos Mortos

Sob outra forma, o tempo se arma no espaço como um tabuleiro de peças, cujo jogo poderia ser supostamente manipulado, editado, revivido. A ação, além de ser mostrada, é narrada por vozes situadas em outras dimensões temporais. Em *A Última Gravação*, o velho Krapp, de 69 anos, guarda rolos de fitas sobre passagens de sua vida e relembra seus 39 anos. Ele ouve, retrocede, interrompe e avança as gravações, como se pudesse editar o tempo. Nesse monólogo, retroceder (*Rew*) é a inútil tentativa de retorno ao passado e a maneira de impedir a ação de prosperar, como acontece sempre que o protagonista retorna a momentos já conhecidos do espectador, a exemplo do trecho: "desliga o aparelho, atira com um gesto violento caixas e arquivo para o chão, torna a pôr a fita no ponto de partida, volta a ligar o aparelho, retoma a posição anterior"[40]; já interromper (*Stop*) é a possibilidade de suspender o tempo, fracioná-lo: "Krapp desliga o aparelho, devaneia, torna a ligar o aparelho." Todavia, quando é posto em curso o procedimento de avançar (*FF*), suprime-se o desenvolvimento da ação e sonegam-se ao espectador partes do passado do jovem Krapp, coisas que o velho Krapp, por certo, não gostaria de lembrar: "Krapp desliga o aparelho com impaciência, faz avançar a fita, torna a ligar o aparelho."

---

40   As réplicas que se seguem, referentes à peça *A Última Gravação*, constam em S. Beckett, *Teatro de Samuel Beckett*, p. 224-233.

Há ainda outro mecanismo que tenta superpor o passado e o presente, quando o velho Krapp reúne-se à voz ou à risada da gravação da voz do jovem Krapp, como na passagem: "Jesus! E aquelas aspirações (*Risada breve que se junta à Krapp*). E aquelas resoluções! (*Risada breve que se junta à Krapp*)"[41]. Transitando em extremos, o velho Krapp tenta esmagar o jovem Krapp da gravação. A voz do presente pretende destruir a do passado: "Acabei de ouvir este cretinoide por quem me tomava há trinta anos, custa a acreditar que já tenha sido bandalho a tal ponto. Ao menos isto acabou, graças a Deus". Mas, já não é possível. Resta retornar a fita e ouvir inutilmente a própria voz:

> Aqui terminou esta fita. Caixa – (*pausa*) – três, rolo – (*pausa*) – ... cinco. (*Pausa.*) Possivelmente os meus melhores anos já passaram. Quando havia ainda uma oportunidade de felicidade. Mas agora já não quero! Agora que tenho este fogo dentro de mim. Não, agora já não quero. (*Krapp fica imóvel, olhos fitos no vazio. A fita continua a desenrolar-se em silêncio.*)

O confronto das duas dimensões temporais (o passado na gravação e o presente na audição) só pode realizar-se artificialmente, por meio do controle mecânico do gravador e da repetição. Aliás, o trecho de maior intensidade da gravação é repetido três vezes: a passagem sobre a desistência de Krapp de viver o único instante de amor: "o rosto entre seus seios e as mãos por cima dela. Ali ficamos, deitados, sem nos mexermos. Mas, debaixo de nós, tudo estremecia e nos estremecia, docemente, de alto a baixo, e de lá para cá". Ao tentar editar o tempo, o velho Krapp torna-se refém do próprio procedimento e retorna ao silêncio ("olhos fitos no vazio") – elemento que se sobrepõe à dupla fala (gravada e dita) e se impõe como condição primeira e última. O tempo-morto das gravações revela-se mais poderoso e o presente se esvai na evocação do tempo extracênico.

Essa relação se mostra mais sofisticada quando se examina o dramatículo *Comédia*, em que um homem (H) e duas mulheres (M1 e M2) contam a história de seu triângulo amoroso. As personagens estão isoladas em urnas funerárias, enterradas até o pescoço, tamanhos iguais, rostos iguais. O espaço-catacumba

---

41 Ibidem.

é o lugar do corpo. Apenas se veem as cabeças e os rostos desfigurados, sem idade, enquanto a fisionomia parece ser uma extensão das jarras. As personagens-títeres são convocadas para reviver um tempo passado, reeditado no presente, sob tutela de uma luz inquisidora no centro do proscênio, e só podem enunciar as falas quando o refletor, acusativo, incidir sobre seus rostos. O tempo teatral, em *Comédia*, é rigorosamente manipulado. Beckett indica que a peça deve ser repetida após a última réplica, voltando ao ponto inicial, deixando livre para o encenador reeditar as falas das personagens, quando sugere alterar a sequência das réplicas de H, M1 e M2.

No entanto, tudo isso é um ardil, pois, logo a seguir, o autor acrescenta que a ordem das falas pode ser alterada, desde que não se modifique o percurso sequencial da enunciação de cada personagem. Em consequência, a modificação não contribui para elucidar a história embaralhada nas dimensões do tempo, uma vez que os relatos individuais permanecem como monólogos sem interlocução e as condições de imobilidade e o controle do refletor sobre as falas continuam inabaláveis. *Comédia* é exumação viva, um desenterrar de personagens-cadáveres, só reconhecíveis por letras ou por uma convenção letra-número: H, M1 e M2. À medida que o espaço-objeto (as jarras) impede a movimentação e a luz imprime obrigatoriedade à fala, a noção de tempo é emaranhada e a história entrelaça um falso presente na narrativa do passado.

Para acentuar essa dissociação, as personagens não se olham, não sabem se estão sendo ouvidas ou se ouvem o que as outras dizem: "Será que você está me ouvindo? Será que alguém está me ouvindo? Será que alguém está olhando para mim? Será que pelo menos alguém se preocupa comigo?"[42], interroga-se M2. É bom lembrar que as personagens-jarra narram algo que ocorreu no tempo e espaço extracênicos (uma manhã, meses, o barco, a casa, a porta, etc.). A falsa intriga transforma esses elementos em categorias-mortas, visto que não importa o tempo da história original, negado pela forma com que Beckett descreve as indicações: "Rostos impassíveis durante todo o tempo. Vozes sem entonação, exceto onde for indicada

---

42 Idem, *Comédia*, p. 8.

58   BECKETT E A IMPLOSÃO DA CENA

alguma expressão. Ritmo rápido durante todo o tempo"[43]. Resta
à luz desenterrar as personagens-letras, socorridas pela linguagem no presente, estabelecendo-se estranhas e indefiníveis
temporalidades.

Forma semelhante, em outro contexto, é desenvolvida em
Passos. A mãe da personagem May é trazida do passado para o
presente, marcada pela invisibilidade. Letra morta, ela se *pre-
sentifica* na escuridão, unicamente por meio da voz que dialoga
com o presente que é dado pelo caminhar dos passos de May.
O tempo extracênico, evocado nas falas, confronta-se com a
linguagem que resvala em uma *retronarrativa*, termo utilizado
por Janvier para examinar o vaivém entre as dimensões do
tempo no romance *Como É*:

> O passado-a-revelar-no-devir-da-narrativa é uma imagem desta
> verdade de que toda a história, como toda a literatura, começa pelo fim,
> e toda vida começa pela morte. O percurso das palavras, único verda-
> deiro percurso, transforma este passado no eterno do livro.[44]

Essas e outras possíveis temporalidades acentuam a dificuldade de representação do tempo no teatro de Beckett, mas são
também estratégias e tentativas de capturá-lo na materialidade
do palco. Estirado entre o passado e o devir, o tempo gira em
torno de seu próprio eixo, pião inatingível que se enrosca nas
teias da memória e do esquecimento. "Assim o tempo imóvel é o espaço circular do caminho para si e da fuga de si.
Da periferia para o centro, anda-se em círculo. Não se sai do
tempo como se sai de si", comenta Janvier[45]. O presente se dá
pela sucessão de eventos em que não se permite distinguir de
que tempo se está falando: se é a ação da memória para fugir
do esquecimento ou se é o esquecimento que é acionado para
atrair a memória.

Com efeito, as personagens beckettianas são desdobra-
das em construtos de linguagem ou se dispersam em microações físicas e banais para refazer continuamente os mesmos e
inúteis gestos do cotidiano. O ritmo da repetição, que acusa a

---

43   Ibidem.
44   L. Janvier, op. cit., p. 107.
45   Ibidem, p. 80.

ineficácia da ação e dribla o tempo, dita praticamente grande parte da obra dramática de Beckett. Daí que, para embaçar ainda mais as temporalidades, pode-se justapor o velho Krapp de *A Última Gravação*, na inútil tentativa de reviver um tempo que não se retém vivo na fita, com o jovem Krap de *Eleutheria*, que abdica do viver o tempo presente e reivindica o direito de não querer ser nada. Duas personagens quase homônimas, separadas por um tempo exato de construção (onze anos, entre 1947 e 1958) e por uma letra a mais ou a menos (*p*), mas que sucumbem por estratégias diferentes na torta esfera da memória e do esquecimento.

UM AMÁLGAMA IMPERFEITO

O exame em separado permite ver interligações da tríade ação--espaço-tempo, amálgama imperfeito, no qual uma categoria se sobrepõe ou subjaz às outras. No drama rigoroso, a personagem age em espaço definido motivada por relações de causalidade em tempo determinado, no qual, até mesmo, busca-se sugerir uma relação aproximada entre o tempo cênico e o tempo da ação. Em Beckett, a personagem é submetida ao vaivém de um tempo incapturável, um espaço que deriva dos mecanismos de desfiguração e uma ação sitiada.

Além disso, a maioria das peças trata de personagens lançadas em determinadas situações, em um jogo de embaralhamento das categorias de ação, tempo e espaço, que, não raro disputam a hegemonia da cena. Se, em *Eu Não*, é a fala que dita a "ação" e cria um espaço acústico; em *Aquela Vez*, é o tempo que sugere tutelar as demais categorias, subordinadas aos instantes marcados de emissão da voz, que advém das três fontes técnicas sonoras, distribuídas espacialmente. Dessa forma, o tempo se distribui e se fragmenta no espaço por meio dos dispositivos da cena, ao invés de facilitar o curso da ação, como no ilusionismo teatral, ou de desvelá-la, como no teatro épico, promovem interrupções sucessivas que solapam as possibilidades de uma progressão linear e causal dos acontecimentos.

A ação, no teatro de Beckett, é mantida no limite de uma tensão contínua; uma espécie de anticlímax permanente, sem perspectiva de resolução, que parece desenvolver-se por meio de pequenas oscilações, mas que nunca resulta em complicação ou desfecho feliz ou infeliz. Mesmo em *Fragmento de Teatro I*, quando o cego (A) se rebela e toma o bastão do aleijado (B) para espancá-lo, a ação é congelada, sem resolução à mostra. O curto trecho de uma réplica do velho Krapp, em *A Última Gravação*, resume bem as conexões tateantes entre ação, tempo e espaço: "Passa da meia-noite. Jamais ouvi tamanho silêncio. A terra podia ser desabitada"[46]. Aqui, o tempo parece se dissolver em uma ação perdida entre a memória e o esquecimento, instaurando um momento único, capitaneado pelo silêncio, que paira sobre um espaço de ausências; ausências com as quais Beckett reveste suas personagens, retira-lhes a subjetividade e as torna letras do alfabeto teatral.

---

46 S. Beckett, *Teatro de Samuel Beckett*, p. 229.

3. A (De)Composição da Personagem no Teatro de Beckett

Ao longo da tradição ocidental, métodos de construções lógica, psicológica e subjetiva da personagem dramática, de um modo ou de outro, criaram referências e modelos, apoiados em formas de aproximação ou identificação do ator com o texto. A personagem é vista com uma potência substancial concretizada no corpo, na experiência e na história do ator. No teatro de Beckett, a caracterização da personagem encontra menos respostas nessa tradição e mais na sua tradução como figura de linguagem. A perda do referente e a erosão da sólida base representacional de construção dramática partem em pedaços o espelho da realidade, que deixa de refletir a figura humana na qualidade de símbolo da subjetividade, dissolvendo a personagem na justaposição de discursos que perfazem um caminho em direção ao vórtice da linguagem.

A PERSONA-TORNADA-COISA

Dissolução, desagregação, decomposição são termos que colocam em xeque um conceito solidificado de composição dramática, tornando difícil edificar-se, na poética beckettiana, um lugar

64 BECKETT E A IMPLOSÃO DA CENA

confortável para exame da personagem, sem reconhecer a heterogeneidade de discursos que ela comporta. Um possível caminho é considerá-la como produto da gramática teatral, afastando-se da tradição ilusionista, elemento complicador que reaproxima a personagem, por via corpórea e através do ator, do terreno minado da imitação da realidade. A personagem pode, então, ser apreciada como construto da linguagem e, por isso mesmo, despossuída de subjetividade, alma, essência, substância ou qualquer denominação que a aproxime e a identifique com a figura humana.

A unicidade da personagem, já posta abaixo pelas vanguardas teatrais da primeira metade do século xx, pela tradição anti-ilusionista e pelos experimentos da moderna encenação, intensifica um caminho em direção à fragmentação, desviando-se da ideia de simulacro de ente ou indivíduo para tornar-se *grafada-no-papel*. Com isso concordam analistas do teatro contemporâneo, mais próximos dos estudos linguísticos e semióticos – entre esses, Ubersfeld, Ryngaert, Elam –, sem falar nos dramaturgos[1], que, ao invés de mimetizarem o indivíduo, reconhecem a personagem em multiplicidades e fragmentações. Para tal, não hesitam em apelar para a polifonia dos discursos, a justaposição de gêneros, a indeterminação e a intertextualidade, retirando-se, assim, pilares que antes punham a personagem de pé.

Esse campo de trânsito nervoso é a linguagem: o lugar e o instrumento da desfiguração e re-alfabetização da personagem teatral, menos um signo esclarecedor da recepção e mais um enigma porta-voz do autor. A personagem é deslocada do eixo identificatório ator-espectador e torna-se espécie de holograma pelos quais passam os procedimentos visíveis do dramaturgo em direção ao público. Esse deslocamento é operado por Beckett, desde a primeira peça, da qual só restam fragmentos, *Human Wishes* (1937), como se nota no trecho em que personagens reclamam a presença e autoridade do autor para fazê-las falar e *sobreviverem* em cena:

MRS. W.: As palavras nos fazem falta.
MRS. D.: Aqui, um dramaturgo nos faria falar, com certeza.

1   Entre eles: Bernard Koltés, Sarah Kane, Heiner Müller, Nathalie Sarraute, Peter Handke.

A (DE)COMPOSIÇÃO DA PERSONAGEM NO TEATRO DE BECKETT   65

MRS. W.: Ele nos faria explicar Levett.
MRS. D.: Ao público.
MRS. W.: Ao público ignorante.
MRS. D.: À galeria.
MRS. W.: À *parterre*.[2]
MRS. C.: Aos camarotes.
MRS. W.: Ms. Murphy.
MRS. D.: Mr. Kelly.
MRS. C.: Mr. Goldsmith.
MRS. D.: Não falemos mal dos mortos.[3]

Chama a atenção, nesses curtos diálogos, não só o poder atribuído à linguagem, capaz de criar personagens, mas, também, a demiurgia do autor que se faz reconhecer por meio da personagem – incapaz de explicar e de explicar-se –, negando um princípio característico de drama rigoroso: a ausência do dramaturgo como instância de mediação entre ator e público, em que a personagem se mescla com o ator e não deixa transparecer a disjunção teatral[4]. Argumento similar é sustentado por Simon, quando afirma que apenas o autor vive o drama a que supostamente se submete a personagem beckettiana, que aspira ao emudecimento, mas, paradoxalmente, não cessa de falar: "Eu sou feito com as palavras dos outros." Dito de outro modo, nada de realidade, nada de história, nada de personagem, nada de tema. Só o escritor vive tal drama e, porque ele está no centro da condição humana, a literatura ocupa o lugar desta[5].

De fato, configurar a personagem como construção verbal é um procedimento que se opõe a certos modelos de análise, ancorados no existencialismo, humanismo ou psicologismo, entre outros modos de pensamento, que examinam a personagem beckettiana como expressão ou tradução da pessoa. A personagem, na perspectiva que aqui se coloca, é artefato linguístico, sem inconsciente ou psique, muito menos portadora de drama existencial que a faça interrogar-se sobre o

---

2   O termo refere-se à área do público, que, nos primórdios do teatro francês, acomodava as classes sociais menos abastadas; na *parterre*, espectadores sentavam-se em cadeiras, fixadas no chão da sala.
3   S. Beckett, apud D. Bair, *Samuel Beckett*, p. 236-237.
4   Cf. P. Szondi, *Teoria do Drama Moderno*, p. 29-34.
5   A. Simon, *Samuel Beckett*, p. 144.

sentido da vida ou da morte, como agiria a pessoa; um "ser de papel", como Ubersfeld define, no todo, a personagem no teatro contemporâneo:

> Uma personagem não é um *sujeito*, que teria *para ela* um inconsciente. O que pode deduzir-se analiticamente, não sem problemas, é um certo conhecimento da psique do autor [...] nem mesmo é certo que tal conhecimento seja para o teatro muito esclarecedor.[6]

Para Ubersfeld, o debate sobre a crise da personagem deve ocorrer no campo da linguagem, com seus elementos díspares e descontínuos. A personagem seria o elemento unificador da verticalidade do texto, que agrega demais signos teatrais, dispersos no conjunto da textualidade dramatúrgica, e, no tocante à encenação, o "ponto de ancoragem em que se unifica a diversidade dos signos"[7]. Assim, reafirma-se a tarefa dicotômica do exame da personagem beckettiana. Uma vez que se pode tomá-la como abstração, é forçoso reconhecer que, do ponto de vista linguístico, ela tem a função de conduzir "um discurso marcado com o seu nome e o ator que assumir esse nome deverá proferir este discurso", como argumenta Ubersfeld[8].

No entanto, a questão está longe de ser esclarecida. Mesmo uma abstração, a personagem é performatizada na encenação pelo ator, que imprime corporeidade e materialidade ao discurso que a constrói. Em outras palavras: a linguagem pede, em cena, um corpo para habitar, por mais desreferencializado que esse se mostre; corpo e voz estão ali, expostos em disfarçado simulacro da figura humana, embaralhando o campo da enunciação. Esta antinomia possibilidade/impossibilidade da representação, negada, afirmada e renegada *ad infinitum* no teatro contemporâneo, encontra em Beckett um solo fértil de confrontação dos modelos consagrados de composição, com as contradições subjacentes. De um lado, Beckett diz que suas personagens não têm vida fora do palco[9], reafirmando-as como

6 A. Ubersfeld, *Para Ler o Teatro*, p. 82.
7 Ibidem, p. 72.
8 Ibidem, p. 74.
9 Apud I. Shenker, Moody Man of Letters..., *The New York Times*, 6 maio, 1956, republicado em L. Graver; R. Federman (eds.), *Samuel Beckett: The Critical Heritage*, p. 149.

A (DE)COMPOSIÇÃO DA PERSONAGEM NO TEATRO DE BECKETT   67

produto da linguagem; mas, de outro, isso cria problemas e desafios para atores e encenadores que, cada um a seu modo, precisam fisicalizar esse filamento linguístico na representação cênica.

Com efeito, há certa diferença entre a personagem que se constrói para a literatura e aquela que se revela na encenação. Se a personagem formada pela gramática de signos é questão supostamente resolvida na dramaturgia, na cena encontra um paradoxo: mesmo compondo um discurso sem referente, ao ser produzida na corporeidade do ator, resulta em choque e fricções, como se a linguagem estranhasse o corpo e pudesse negar o discurso que a sustenta. A personagem está ali, linguagem-corpo, léxico-carne, antinomias justapostas na estrutura de mediação entre o discurso dramatúrgico e a encenação.

DECOMPONDO A PERSONAGEM EM TRAÇOS

Examinar a construção da personagem no teatro de Beckett é um modo de operar que põe em risco a base de sustentação do próprio argumento. Admite-se que o procedimento é um oxímoro: falar da composição por meio da decomposição. É como se sentar no galho da árvore, ciente de que ele pode se quebrar. Mesmo assim, é possível reconhecer certos traços da personagem beckettiana – por meio da reiteração ou da variação –, abrindo-se caminho para examinar algumas questões que acabam por desvelar elementos e situações que, ao invés de erigir a personagem, contribuem para seu desmoronamento.

O itinerário da decomposição da personagem beckettiana se mostra tanto pelo aniquilamento redutor do corpo (corpo-inteiro, corpo-imóvel, corpo-recortado, corpo-encoberto) quanto pelo caminho regressivo da enunciação (diálogos, monólogos dialogados, monólogos, vozes, silêncio). O entrelaçamento entre corporeidade e enunciação se encontra no vértice através do qual se pretende examinar a personagem, marcada pela ausência de relações de causalidade e progressão e pontuadas por falhas e faltas. Com forma e percurso anteriormente definidos pelo dramaturgo irlandês, a personagem é destituída de um *projeto existencial* que lhe dê comando e livre arbítrio ou identidade reconhecível. É um caminho fadado à inconclusão, que não possibilita soerguimentos, completudes ou realizações. O *lampejo de consciência* que, por segundos, parece permitido – "Que um dia talvez a Terra dê de si, rebente à minha volta e eu fique livre", projeta inutilmente Winnie[10] –, apenas intensifica o mecanismo que reafirma a condição de objeto da linguagem que dá forma à personagem.

Caso se admita que a ação pressuponha um agente e o exercício da vontade, então isso não se aplica às personagens de Beckett, o que torna os instrumentos de análise da dramaturgia convencional praticamente inadequados, nesse caso. Não há elementos suficientes que possam explicar significado e razões das ações. Mais ainda: se a questão nas últimas peças não é só entender o que se está falando, mas saber quem está falando, a dificuldade reside em determinar o sujeito da ação, visto que a personagem torna-se cada vez mais um construto. Vontade, pensamento e caráter não formam a personagem beckettiana nem determinam mudanças de estado, nem alteram a situação, nem a condição do corpo subtraído e dos movimentos refreados, restos da ação que põem em dúvida a sua eficácia e levam a situação a um impasse dramático às avessas, prolongando-se em um *continuum* sem perspectiva[11].

Por isso mesmo, a personagem beckettiana, na impossibilidade de estabelecer relações subjetivas e construir vínculos, resvala para o imobilismo ou para a condição de *copertença* meramente cênica; interliga-se a outras, em uma troca de papéis rápida e desconcertante, produzindo dependências e interdependências, por meio de duplos, semelhantes ou oponentes, como se vê, com maior nitidez, nos textos teatrais da primeira fase. Movendo-se em pares como peças de tabuleiro, as personagens são mantidas em uma ambígua complementariedade de

---

10 Idem, *Dias Felizes*, p. 56.

11 Ao tratar dos embaraços estéticos e ideológicos da tragédia moderna, na qual situa a dramaturgia de Beckett, R. Williams chama a atenção para a diferença entre o impasse dramático e a sua ausência ou anulação: "Em um impasse, há ainda empenho e luta, embora não haja nenhuma possibilidade de vitória: aquele que luta corpo a corpo com a vida morre ao gastar suas últimas forças. Em uma aporia, não há sequer a possibilidade de movimento ou mesmo a tentativa de movimento; toda ação voluntária é autocancelada." Cf. R. Williams, *Tragédia Moderna*, p. 187.

A (DE)COMPOSIÇÃO DA PERSONAGEM NO TEATRO DE BECKETT 69

movimentos e estaticidades, uma vez que, se não conseguem se separar, também não se aproximam. É o que ocorre em *Esperando Godot*, quando Estragon diz: "Não me toque! Não pergunte nada! Não fale nada! Fique comigo!"[12] Faces da mesma moeda cunhada pelo dramaturgo, a personagem cumpre a trajetória de constituir-se em duplo do outro, ora pela semelhança na caracterização física, ora pela separação fala-movimento: Nagg-Nell, Hamm-Clov (*Fim de Partida*), Vladimir-Estragon, Pozzo-Lucky (*Esperando Godot*), Willie-Winnie (*Dias Felizes*), Boca-Ouvinte (*Eu Não*), Leitor-Ouvinte (*Improviso de Ohio*), A-B (*Fragmento de Teatro 1*).

Essa antinomia se manifesta ainda por meio dos contrastes, como nota Williams, que inclui *Esperando Godot* na análise da tragédia moderna: há os contrastes entre "vagabundos" (Vladimir e Estragon) e "viajantes" (Pozzo e Lucky), mas, também, "contrastes adicionais no interior de cada par"[13]. As duas formas desconhecem alternativas de solução: os viajantes caem e os vagabundos permanecem na espera, em uma única estação: "nem o caminho do progresso, nem o caminho da salvação oferecem um escape dessa condição humana"[14], conclui Williams. A análise, que liga paridade à movimentação e as unifica no mesmo arco de ausência de sentidos, pode ser ampliada para as demais peças do dramaturgo. O viajante e o vagabundo cedem espaço às personagens-estáticas, principalmente na segunda fase, em que se acentuam a relação movimento-imobilidade e os mecanismos de desagregação da personagem, ou por subtração de gestos (Protagonista, em *Catástrofe*), ou mutilação e paralisia (o cego e o aleijado, em *Fragmento de Teatro 1*), ou compressão espacial (as personagens de *Comédia*).

Com isso, o gesto passa a ter um contorno mínimo e a fala é liberada; um esforço para compensar a ditadura imposta à contração do corpo. Quanto mais imobilizadas, mais as personagens falam. Alguma força externa as controla e faz cessar ou reduzir o movimento: "Mais do que mover, elas são movidas"[15],

12 S. Beckett, *Esperando Godot*, trad. F.S. Andrade, p. 111.
13 R. Williams, op. cit., p. 201.
14 Ibidem, p. 202.
15 K. Elam, Dead Heads, em J. Pilling (ed.), *The Cambridge Companion to Beckett*, p. 156.

afirma Elam. As primeiras peças sinalizam esse controle, traduzido na palavra ou nos deslocamentos; nas da segunda fase, já é possível ver os mecanismos técnicos teatrais como dispositivos de domínio: luz, objeto cênico, cenário, figurino, som e cenotecnia, que reivindicam o mesmo grau de importância dado às personagens. São exemplos desse procedimento o aguilhão que força A e B a saírem do saco, em *Ato Sem Palavras II*; o refletor que incide sobre o rosto das personagens e comanda as falas, em *Comédia;* o controle mecânico do movimento da cadeira de w, em *Cadeira de Balanço.*

Ampliando o exame desse mecanismo para a dimensão da linguagem, Elam afirma: "Longe de governar suas próprias falas, as personagens-falantes das últimas peças de Beckett são fatalmente governadas por elas."[16] Mais ainda: além de não comandar a própria fala, a personagem é um joguete da linguagem em meio aos signos da cena, atravessada por associações e disjunções no corpo-objeto, cada vez mais amputado, recortado, reduzido, no processo crescente de perda. Na visão de Sánchez[17], com essa radicalização, Beckett propõe a "excisão natureza-linguagem", em que a noção de indivíduo desaparece; esse se encontra estranho no corpo e na linguagem, pois ambos referem-se exclusivamente a si mesmos: "a substituição do corpo pela linguagem implica em uma destruição da imediaticidade dramática"[18]. Esse paradoxo é posto de outra forma por Beckett, em carta a Axel Kaun, quando constata a impossibilidade de suprimir a linguagem, mas, ao mesmo tempo, vê a possibilidade de esburacá-la, destruí-la, utilizando-se dos meios da própria linguagem[19].

O objetivo é levado ao extremo. Sem as convenções básicas de construção e cada vez mais um artefato linguístico, construído pelo alfabeto teatral, a personagem no teatro de Beckett é alvo e instrumento de incisão – como a linguagem – e torna-se objeto de manipulação para os objetivos do dramaturgo, ideia que parece traduzir-se na réplica de Clov em *Fim de Partida*: "Uso as palavras que você me ensinou. Se não

---

16 Ibidem, p. 157.
17 J. Sánchez, *Dramaturgias de la Imagen,* p. 71-72.
18 Ibidem, p. 71.
19 S. Beckett, German Letter of 1937, em R. Cohn (ed.), *Disjecta,* p. 51-54.

A (DE)COMPOSIÇÃO DA PERSONAGEM NO TEATRO DE BECKETT   71

querem dizer mais nada, me ensine outras. Ou deixe que eu me cale."[20] Esse desnudamento é visto por Cleise Mendes como uma estratégia das narrativas modernas, em que o "jogo de contar e mostrar como conta" atrai a linguagem para o centro da narrativa: "o fato de que a linguagem, refletindo sobre si mesma, ganha autonomia e passa a ser o principal agente, cria uma ênfase na enunciação que faz com que [...] o narrador jamais esteja fora do que conta, ele enuncia e se denuncia, submetendo as personagens ao tecido narrativo"[21]. Instala-se, assim, uma polifonia na enunciação do discurso da personagem, o que deixa o leitor/espectador atordoado e, muitas vezes, sem saber o que se fala, de onde vem a fala, quem fala e para quem se fala, só para citar quatro modalidades de enunciação, apontadas por Ryngaert[22].

Como que confirmando o parentesco com a linguagem que a constitui, a personagem beckettiana é, na maioria das vezes, reduzida a letras e números (A e B, em *Fragmento de Teatro I*; H1, M1 e M2, em *Comédia*), a categorias generalizantes despersonalizadas (Leitor, Ouvinte, Speaker) ou a desdobramentos sonoros, caracterizados por aliteração, rima ou inversão: Nagg e Nell (*Fim de Partida*); V e M (*Passos*); Ru, Flo e Vi (*Vai e Vem*) ou Bem, Bam, Bim e Bom (*What Where*). Essas nominações enfraquecem o mimético da *persona* e fortalecem a personagem como abstração, assemelhada a uma figura de linguagem que finge construir-se a si mesma no vocabulário da ação teatral, zombando do próprio modo de construção.

Aliás, o termo abstração é empregado no sentido literal por Anders para referir-se às personagens de *Esperando Godot*; isto é, *ab-stracti*, o que quer dizer *extraídos do mundo, postos à parte*[23]. A abstração, um dos traços das personagens beckettianas, faz Brook denominá-la acertadamente como "invenções puras, imagens frescas, agudamente definidas", que funcionam no palco como "objetos" e "máquinas teatrais"[24]. Ampliando esse olhar para o campo da recepção, Brook reforça a com-

---

20 Idem, *Fim de Partida*, p. 97.
21 C. Mendes, *Estratégias do Drama*, p. 36-37.
22 J.-P. Ryngaert, *Ler o Teatro Contemporâneo*, p. 136.
23 G. Anders, *Ser Sem Tempo*, em S. Beckett, *Esperando Godot*, trad. F.S. Andrade, p. 214.
24 P. Brook, *O Teatro e Seu Espaço*, p. 57.

plexidade embutida nessa formulação e aponta pistas para as implicações da relação personagem-espectador:

> As pessoas sorriem delas, mas elas ficam firmes: são à prova da crítica. Não chegaremos a lugar nenhum se esperamos que elas nos sejam explicadas, entretanto cada uma tem uma relação conosco que não podemos negar. Se o aceitamos, o símbolo nos provoca uma grande e pensativa exclamação.[25]

Com efeito, seja invenção, máquina teatral, objeto ou abstração, a personagem beckettiana não é emoldurada em categorias explicáveis e reconhecidas, tal como idade, biotipo, *status* social, econômico, cultural, modos de cultura e outros traços que a identifiquem como algo completo e acabado, visto que o mundo cotidiano é expulso da constituição; não é por meio deste que ela se afirma nem tampouco se pode compreendê-la. Mesmo a linguagem que a enforma não é tomada como explicação ou entendimento, mas como algo em si que prescinde de referente. Daí, também, a recusa a considerar a personagem beckettiana um reflexo especular ou projeto de mundo, diferenciando-a das poéticas imitativas.

O *CLOWN* BECKETTIANO: PERSONAGEM EM TRÂNSITO

No jogo complexo de envios e reenvios aos objetos de representação, Beckett empenha-se na tarefa de mostrar "uma ilusão de personagem, alimentada pela presença física do ator" e dissolver a "crença do espectador na autenticidade da imagem humana"[26], dilema posto por Lyons que comenta o trajeto cênico do dramaturgo, quando esse passa a encenar seus textos e criar mecanismos de desnaturalização e desfiguração física da personagem. Nessa fase, são procedimentos comuns: máscaras neutras, clownescas e mortuárias, embranquecimento artificial do corpo, rigorosa marcação de gestos e movimentos não cotidianos, acentuação da musicalidade das palavras, cenários

25 Ibidem.
26 Cf. C. Lyons, *Samuel Beckett*, p. 10.

A (DE)COMPOSIÇÃO DA PERSONAGEM NO TEATRO DE BECKETT 73

inusuais, quando não entranhados no corpo, e figurinos de nítida inspiração cinematográfica (filmes mudos de Charles Chaplin, os irmãos Marx, Buster Keaton) e teatral (*clowns, clochards,* circo, gênero burlesco e *music hall*).

Os recursos implicam a quebra do ilusionismo e já aparecem nas peças por meio de dúbias referências à ação e à representação cênica, como em *Esperando Godot*: "Vladimir – Parece que estamos no teatro. Estragon – No circo. Vladimir – Numa revista. Estragon – No circo."[27] Esse diálogo, que lembra a esticomítia[28] e as *gags* verbais dos palhaços, dá a medida certa do envio e reenvio entre abstração e realidade, criando articulação ambígua na relação palco-plateia. No momento em que persiste a dúvida, presume-se que o espectador também se interrogue se está no circo ou no teatro, ambas as manifestações tratadas com igual interesse pelo dramaturgo, nas quais transita o *clown*. Beckett vê no *clown* – em inglês: rude, rústico, torpe[29] – certas características formais e as introduz na personagem para configurá-la em sua forma anti-ilusionista e, por vezes, caricatural. Bem a propósito, Fellini toma o *clown* como caricatura, refletido de forma grotesca nas imagens do animal, da criança, do enganado e do enganador. Para ele, o *habitat* do *clown* são o circo e o teatro, ao contrário do palhaço, que se aproximaria mais da feira e da praça, embora não faça muita distinção entre os dois[30].

Mais uma vez, Beckett encontra inspiração em formas arcaicas da arte para reconfigurá-lo em sua poética[31]. A estética

---

27 S. Beckett, *Teatro de Samuel Beckett,* p. 50-51.
28 A esticomítia, presente nos diálogos beckettianos, é uma espécie de duelo linguístico entre personagens cuja base é a antítese e o paralelismo verbal. Cf. C. Berrettini, *A Linguagem de Beckett,* p. 26.
29 Burnier, apoiando-se nas definições de Ruiz, lembra que a palavra *clown* vem de *clod,* etimologicamente, em inglês, ligada ao sentido de "camponês" e seu meio rústico, a terra. Já o termo "palhaço" tem raízes na palavra italiana *paglia* (palha), material usado no revestimento de colchões e que compunha a primitiva roupa desse artista, feita do mesmo pano dos colchões, um tecido grosso e listrado, afofada nas partes mais salientes do corpo, e que transformava quem a vestia em um verdadeiro colchão ambulante, protegendo-o das constantes quedas. Cf. L.O. Burnier, *A Arte de Ator,* p. 205.
30 F. Fellini, *Fellini por Fellini,* p. 1-7.
31 O *clown* já existia antes da *Commedia dell'Arte,* sendo um ofício que tem similaridades com o jogral e o mimo greco-romano, até mesmo nos meios de expressão, como "voz, gestualidade acrobática, música, canto, acrescido de prestidigitação, além de uma certa prática e familiaridade com os animais – ferozes, inclusive". Cf. D. Fo, *Manual Mínimo do Ator,* p. 304.

74 BECKETT E A IMPLOSÃO DA CENA

do *clown* ressoa não só no aspecto formal e na apropriação dos traços estilísticos, mas nos elementos que conformam a personagem: a transgressão em relação à regra, o rir de si próprio, o uso do silêncio e do gesto como expressão e a predileção pelo fracasso. Nesse sentido, cabe lembrar tanto a explícita admiração de Beckett pelo pintor holandês Bram van Velde – "o primeiro a admitir que ser artista é fracassar, como nenhum outro ousou fracassar"[32] – quanto uma fala emblemática de *Fim de Partida*, síntese da aproximação com o mundo do *clown*: "Nada é mais engraçado do que a infelicidade"[33], diz Nell. Beckett considerou essa réplica o pensamento central da peça – quando a dirigiu, com o Schiller Theater, em 1967 –, tomando-a como *leitmotiv* da encenação.

As características do *clown* ajudam a conformar a feitura anti-ilusionista da personagem, mas não esgotam a questão; percebe-se a eficácia do recurso, contudo persiste a ambiguidade entre cena e realidade. Ubersfeld pondera que o aspecto clownesco da personagem beckettiana é revelador de certo modelo de teatralidade, mas não é capaz de "desmontar totalmente a ilusão, sendo possível analisar o efeito particular da teatralidade beckettiana como um vai e vem entre a ilusão e a sua inversão"[34]. Nesse trânsito, o *clown* é uma tentativa de desarrumar as convenções imitativas. Entretanto, cabe notar que isso é mais acentuado nas peças da primeira fase, embora, nas da segunda, o dramaturgo irlandês ainda incorpore alguns procedimentos formais, a exemplo de *gags* verbais e gestuais, mas que se dissolvem na caracterização mais rígida imprimida às situações-modelo de decomposição da personagem.

Beckett não transpõe todos os aspectos do *clown*, de forma literal, para o teatro; um deles, sobremaneira, o interessa: os pares, especialmente o branco e o augusto[35]. O primeiro se caracteriza pela elegância, harmonia, lucidez e é, ao mesmo tempo, o patrão, o pai, a mãe, o professor, o intelectual, o cerebral; com

---

32 S. Beckett, *Three Dialogues*, em R. Cohn (ed.), op. cit., p. 145..
33 Idem, *Fim de Partida*, p. 62.
34 A. Ubersfeld, op. cit., p. 26.
35 Nas peças de Beckett, há referências ao *clown*, ao *clochard* e aos vagabundos errantes e/ou famélicos dos filmes mudos das décadas de 1920 e 1930, mas trata-se do uso seletivo de traços característicos dessa tipologia na configuração das personagens.

roupas brancas e chapéu cônico, está sempre disposto a enganar seu parceiro de cena. Já o segundo é a expressão do instinto, da liberdade, é o triunfo da pureza sobre a esperteza e se coloca, via de regra, como o perdedor, o ingênuo, o de boa-fé; a criança que, sem medir consequências, se rebela diante da norma, representada pelo branco[36]. Simon faz aproximações dos dois tipos com as personagens beckettianas e inclui o *clochard*: "Podemos descobrir um reflexo longínquo do *clown* branco na ambivalência da personagem beckettiana e do *clochard* por certos detalhes de suas vestimentas, maneiras, linguagem e, por outros, enquanto homem do mundo"[37], embora ressalve que o *clown* beckettiano é mais próximo do augusto por sua falta de jeito, saber lidar com o infortúnio, compreender tudo às avessas e comportar-se como um estranho no mundo real[38].

A estrutura paritária de composição, que liga o branco ao augusto e mantém a relação de interdependência, assemelha-se às duplas das primeiras peças: Vadimir-Estragon, Nagg-Nell, Winnie-Willie, Hamm-Clov. Tal relação aparece em Pozzo e Lucky, sendo o primeiro mais identificado com o *royal* (o *clown monsieur*, dono do circo, domador de feras, o tirano). Em uma inversão de papéis, Pozzo, que no primeiro ato enxergava bem e conduzia Lucky, no segundo, perde a visão e é por ele conduzido, reforçando a duplicidade, a alternância e a dificuldade de se fixar as personagens-pares em uma só função, mesmo que isso seja, de antemão, definido dramaturgicamente. Em *Improviso de Ohio*, por exemplo, o Ouvinte teria a função passiva de ouvir, mas é ele que, por meio da marcação de batidas da mão sobre a mesa, dirige e controla a leitura dita em voz alta pelo Leitor.

Nota-se, ainda, a presença da teatralidade no jogo *clown*-personagem em situações que envolvem não só os pares entre si, mas também diante de outros, de modo similar ao que o branco e o augusto fazem. Em *Esperando Godot*, Vladimir atua para Estragon e vice-versa, enquanto Pozzo, em outro trecho, adota um "tom lírico" e se exibe para os dois, usando recursos como "pausa dramática", "gesto amplo e horizontal", "voz mais vibrante" – tal como expressam as rubricas – para, ao final, como

---

36 Cf. L.O. Burnier, op. cit., p. 206; F. Fellini, op. cit.
37 A. Simon, op. cit., p. 101.
38 Ibidem.

Figura 5: Fragmentos de Teatro I, *Frieda Gutmann*. Comédia do Fim. *Foto: Adenor Gondim*

um ator diante do crítico, perguntar: "Que acharam de mim? [...] Bom? Regular? Passável? Morno? Francamente ruim?"[39] Em *Fim de Partida*, Clov olha a plateia com uma luneta e diz: "Vejo... uma multidão... delirando de alegria"[40], uma ambígua referência ao espaço extracênico (citada na réplica) e ao da plateia à frente, espécie de passatempo irônico em relação ao espectador.

Nesse emaranhado de citações e referências, a presença do *espectador* é requisito para que se produza o efeito teatral, seja na caixa cênica na condição de personagem (o ouvinte), seja na plateia na qualidade de presença física (aquele que vê e se deixa ver). Em *Fragmento de Teatro I*, quando B (o aleijado) fala para A (o cego) e mostra o público: "Eu posso dizer, sem problema, Billy, que nós temos à frente um grande monte de lixo", cria-se, mais uma vez, essa dupla referência (Figura 5). Em *Dias Felizes*, o que move Winnie a continuar a falar é a certeza da presença de Willie, seu espectador ideal: "saber-te aí, capaz de ouvires as minhas palavras, mesmo que na realidade as não oiças é tudo o que eu preciso"[41].

---

39 S. Beckett, *Esperando Godot*, trad. F.S. Andrade, p. 74-75.
40 Idem, *Fim de Partida*, p. 76.
41 Idem, *Dias Felizes*, p. 50.

A (DE)COMPOSIÇÃO DA PERSONAGEM NO TEATRO DE BECKETT 77

Assim, se o autor não moldou as personagens com a pedra fundamental da causalidade da ação, se não lhes deu alma, substância ou livre-arbítrio para mover destinos, em troca cobriu-lhes com um atributo: a função de fingirem construir-se a cada representação, como o faz, por outra via, o *clown*. Em *Esperando Godot*, Estragon diz: "Estamos sempre achando alguma coisa, não é, Didi, para dar impressão de que existimos?"[42], reforçando condição que lhe foi reservada: a de uma invenção. E quando Clov, em *Fim de Partida*, indaga "Por que esta comédia, todos os dias?", parece obter a resposta, em outro texto (*Dias Felizes*), quando Winnie conclui: "Na verdade nada acontece que não tenha acontecido já"[43], sinalizando o modo de repetição característico do ato de representar.

É bem verdade que, em *Fim de Partida*, quando Hamm, em um jogo de espelho com o espectador, insiste em saber "o que está acontecendo, o que está acontecendo?", ele renova a certeza de que a representação acontece aqui e agora, mas, de igual modo, a incerteza sobre seu fim. Alguma coisa acontece, contudo não se sabe exatamente o quê, e a ação escorre sem que as personagens controlem o fluxo ou dela se apossem, o que é reforçado pela resposta de Clov: "Alguma coisa segue o seu curso." Em outro momento, ele pergunta: "Pra que eu sirvo?". E Hamm responde: "Para me dar as deixas?". Logo depois, este, irritado com uma intervenção de Clov, enquanto falava sozinho, diz: "Um aparte, cretino! É a primeira vez que ouve um aparte? (*Pausa.*) Estou repassando meu monólogo final."

Todo esse conjunto de perguntas e respostas aproxima a ação da teatralidade e pode ser percebido como ironia de Beckett em relação ao tipo de teatro recheado de ação, movimentos e reviravoltas com o qual o espectador está acostumado; ironia que também está presente na alusão ao diretor de cena, que superpõe mais uma camada de teatralidade, ainda nessa mesma peça, através de Hamm[44]. Imobilizado na cadeira de rodas, cego e dependente, ele controla os movimentos de Clov (o augusto): comanda a luz, dita a ação, orquestra a dança

---

42 Idem, *Esperando Godot*, 2005, p. 138.
43 Idem, *Dias Felizes*, p. 59.
44 As réplicas de Hamm e Clov foram retiradas de S. Beckett, *Fim de Partida*, p. 72-73.

dos objetos. Em uma sequência do texto, dá um show de *mise- -en-place*, orientando Clov quanto à marcação exata da cadeira de rodas no espaço: "Coloque-me bem no centro"; "Estou bem no centro?"; "Me sinto um pouco à esquerda demais"; "Agora sinto um pouco à direita demais"; "Não fique aí parado [...]". A Clov, seu duplo rebatido, resta seguir rigidamente as marcações que lhe são impostas.

Procedimentos como esses vão sendo substituídos nas peças seguintes, nas quais se exige em cena um espectador destituído da função metateatral, mas instituído como um ouvinte silencioso, a exemplo de *Eu Não* e *Improviso de Ohio*, em alternância de papéis ou em longos monólogos acompanhados pelo silêncio. Quando isso não é possível, a personagem torna-se ouvinte da própria voz, como em *Aquela Vez* e *Solo*. O "verdadeiro espectador" parece ausente do palco, mas, não, ele está ali, representado na boca, no rosto, no corpo inamovível da personagem que contempla e ouve a outra, como que substituindo a plateia. As superposições, envios e reenvios entre ficção e realidade, acentuados pelo parentesco com o circo, a farsa e o *clown*, parecem destituir o palco do lugar da aparição e da surpresa, tornando-se o espaço do incômodo, que dribla a expectativa do espectador no levantar da cortina. Se "o levantar do pano é rico de promessas", como sugere Adorno; no teatro de Beckett, ele é a privação da esperança, a decepção com a exata reprodução da realidade:

> O instante em que o pano sobe é a expectativa da *apparition*. Se as peças de Beckett, lívidas como o pôr do sol e o declínio do mundo, querem exorcizar a variegação do circo, são-lhe, no entanto, fiéis por serem representadas no palco; sabe-se que seus anti-heróis foram inspirados pelos *clowns* e pelo burlesco cinematográfico.[45]

Adorno não desmonta a conexão do teatro de Beckett com o cinema mudo e o circo, como formas de escape das armadilhas ilusionistas. O circo é, para Adorno, objeto de conjuração de toda e qualquer obra de arte que perde quando com ele compete. No teatro beckettiano, os elementos circenses e clownescos são apresentados em novos matizes e formas, muitas vezes

---

45 T. Adorno, *Teoria Estética*, p. 99.

opostos ao caleidoscópio multicor do picadeiro, o que, em decorrência, acaba por reafirmar a sua eficácia. Não por acaso, na primeira tentativa de montar *Esperando Godot*, Roger Blin a concebeu no espaço de um circo. Acresça-se a isso o desejo de Beckett de compor um elenco para essa mesma peça com Charles Chaplin e Buster Keaton.

A aposta de Beckett na teatralidade e no conjunto de recursos anti-ilusionistas reforça as premissas em relação à desnaturalização e torna a cena uma tapeçaria bem trançada, que tenta refugar as linhas da realidade, das quais se deseja escapar, para imprimir o jogo teatral. O *clown* surge como uma alternativa à superação desse impasse, embora não consiga dar conta da enorme complexidade dos problemas da representação. Isso ajuda a explicar como os aspectos clownescos, tão presentes na dramaturgia da primeira fase, tornam-se quase dissolutos nas demais peças à medida que os experimentos de Beckett com a cena são aprimorados. A estética do *clown* já não é suficiente para responder às inquietantes questões postas pelo dramaturgo em uma cena despossuída, na qual a noção de personagem se estilhaça, pouco sobrando de referência figurativa para que o *clown* possa se instalar na inteireza. Ao ator, matéria sensível, mediador entre o autor e o público, resta cumprir a tarefa de ser, ao mesmo tempo, o lugar da estranha e desconfortável corporeidade da personagem e o instrumento privilegiado de sua decomposição.

CUMPRINDO O ITINERÁRIO DA DECOMPOSIÇÃO

A via da decomposição sugere ser um método escolhido por Beckett para decompor a personagem. Quando algo se move rumo à construção, outra força atua na demolição, anulando a primeira, alternada ou sucessivamente. É um caminho que põe a personagem em situações de derrapada para o fim, sem que se consuma. Expulsa da vida, a personagem beckettiana não encontra a morte no palco (a exceção é Nell, em *Fim de Partida*). Morrer solucionaria o impasse. E se há o impedimento, sobram a mutilação supressiva do corpo e o exílio como escape

80 BECKETT E A IMPLOSÃO DA CENA

temporário. O *curriculum vitae* é também o *curriculum mortis*[46]: não poder viver, não poder morrer, marca da repetição de um espaço-tempo incapturável. O itinerário da decomposição precisa ser cumprido (Figura 6).

O limbo é o lugar exato da personagem, espaço de transição, de passagem rumo ao pior. Se a personagem se move, é apenas em direção a um trajeto elíptico sem alvo. O dilaceramento não é permitido. Dilacerar-se seria viver ou morrer intensamente, duas possibilidades negadas à personagem beckettiana, exilada em cena, na condição de um *estar-aí* – não determinado, não elegido –, só reconhecido nas estruturas de linguagem. Janvier confirma tal aspecto quando diz que, no teatro de Beckett, a mutilação progressiva do corpo acaba por promover seu ajustamento, igualmente progressivo, à linguagem que nomeia a negação e o exílio[47]. A caixa cênica é o invólucro de proteção, que impede as personagens de atravessarem a *parede invisível* que separa as duas dimensões: cena e mundo.

O palco é, por isso, a morada da personagem beckettiana, no sentido de que ele é ponto de partida e ponto de chegada. Mesmo um palco que seja hostil, que lance luz crua sobre a presença ou que a enclausure e a imobilize. No palco beckettiano, não se pode viver, tampouco morrer. Que algo aconteça é um remédio, nada acontecer é o que é. O tempo escapa ao controle. O espaço, indefinido e inóspito, torna-se zona de indeterminação. O que entra e sai de cena – quando isso é possível – em nada altera o decurso da ação que, igual ao tempo, se esvai. O palco apenas prolonga o inevitável, mas é, de igual modo, o refúgio temporário onde a personagem lentamente se decompõe, na sólida ignorância de nada saber sobre si.

Dessa forma, não há saídas, nem portas de escape, nem dentro, nem fora do palco. O espaço visível (a caixa cênica) e o espaço invisível (bastidores, sala, espaços extracênicos citados em réplicas e monólogos) são hostis, embora o primeiro seja o único a permitir a ilusão da possibilidade de significar alguma coisa. Quando Winnie, parte-escombros, parte-personagem, em *Dias Felizes*, em um raro lampejo, diz: "Estou nítida, depois

---

46 Expressão utilizada por Elam para referir-se à condição das personagens dos dramatículos. Cf. K. Elam, op. cit., p. 156.
47 L. Janvier, *Beckett*, p. 62.

Figura 6: "Está chegando ao fim, está se apagando...", diz H (Ipojucan Dias), em Comédia. Comédia do Fim. *Foto: Adenor Gondim.*

desfocada... desapareço... depois, outra vez, desfocada, outra vez nítida depois e assim por diante [...]"[48], expõe a impossibilidade de se construir por meio da alternância dos estados de desfocamento e nitidez; seu fim é o retorno ao começo: a desmaterialização, o desaparecimento completo.

A personagem beckettiana é mostrada ao espectador como o projeto de uma impossibilidade (a de se construir) e, aos poucos, expõe essa condição através das perdas manifestas do corpo ou das palavras pelas quais é formada. Emblemática, a cena beckettiana utiliza-se da matéria corpórea do ator e do recurso da presença de um ouvinte, que faz uma enganosa interlocução, para prolongar o indefinido. Ter alguém para olhar ou escutar remete à natureza etimológica das noções de *espetáculo* – aquilo que se vê e se presta ao olhar do outro – e de *teatro* – lugar arrumado em função do olhar –, o que cria algum vínculo, mesmo deslocado, com essas funções originais. Ao olhar, juntam-se a palavra e o ouvir, em contraposição ao tocar. Na galeria de personagens beckettianas, o toque é quase

---

48 S. Beckett, *Dias Felizes*, p. 61.

um interdito; seria a possibilidade de alguma aproximação. Ver, ouvir e falar tornam-se formas residuais de comunicação em cena. Se o interlocutor é ausente, é preciso fazer a personagem ouvir a própria voz (Krapp ouve a si mesmo no gravador) ou que a interlocução seja feita por meio do objeto, como o refletor que guia as falas das três personagens, em *Comédia*, tornando-se *praticamente* a quarta.

Por essas e outras razões, ao invés de composição, é mais correto denominar *decomposição* a forma como é produzida a personagem no teatro de Beckett, seja pela ação do espaço-tempo cênico, que cumpre a função de desintegrá-la progressivamente, seja pelo caráter regressivo de escritura dramatúrgica. É o que Andrade chama "decomposição como forma de vida", quando analisa a personagem Molloy, no romance homônimo de Beckett, que "não aprende, nem se modifica, a não ser pelo processo de decadência física a que se encontra submetido"[49]. O exame do romance, feito por Andrade aplica-se, por extensão, à obra dramática, até porque a personagem no teatro de Beckett é, com frequência, um narrador terminal, espécie de construção dramatúrgica *post mortem*.

Reforçando esse argumento, Sánchez pontua que decompor é opção deliberada do autor, na perspectiva de construção pela via da linguagem: "As personagens são construtos, elaborados a partir de fragmentos, artefatos verbais e gestuais extraídos do catálogo de heróis dramáticos (Hamm) e cômicos (Clov) da tradição europeia."[50] Sem dúvida, o extenso vocabulário de palavras e gestos do teatro beckettiano faz surgir uma transposição: enquanto o corpo se submete e é mutilado progressivamente, a palavra se liberta na espiral indefinida do narrar, nomear e inventar, abrindo duas vias de sentido inverso, que correm paralelas na mesma vala da decomposição – "A perda do corpo é o triunfo da palavra"[51], sintetiza Janvier. Imobilizada pelo silêncio e engessada na condição física, a personagem beckettiana é posta entre o ilusório caminho da ordem e do caos, circunscrevendo-se no mundo apertado do palco: repetições, movimentações circulares e elípticas, deslocamen-

---

49 F.S. Andrade, *Samuel Beckett: O Silêncio Possível*, p. 53.
50 J. Sánchez, op. cit., p.72.
51 L. Janvier, op. cit., p. 62.

A (DE)COMPOSIÇÃO DA PERSONAGEM NO TEATRO DE BECKETT   83

tos aos pares, simetria espacial que também traduzem paralisia, repouso e não movimento. Para Fall, a personagem beckettiana "refaz sem cessar o mesmo percurso à procura de uma saída".[52]

Esvaziando-se de significados, impedida de realizar-se por meio da vontade, e coisificando-se progressivamente sob a ação de um espaço-tempo cênico indefinido, a personagem beckettiana mostra-se na impotência e em vias de desaparecimento: "Eu lido com a impotência, a ignorância. Não acho que a impotência tenha sido explorada no passado", diz Beckett[53]. Implodida nas bases imitativas, a personagem tenta mover-se em meio às ruínas, sendo ao mesmo tempo parte integrante e indistinguível delas, fazendo do palco o lugar do exílio da linguagem. Em processo contínuo de decomposição, tentando ultimar palavras, o que nunca se cumpre – encerrar uma narrativa seria concluir uma história, portanto, concluir-se –, a personagem beckettiana é um projeto incompleto que implode antes de se realizar.

UM BÓLIDO OPACO ARREMESSADO NO VAZIO

A corporeidade cênica instaura uma questão no exame da personagem beckettiana. Enquanto na escritura dramatúrgica, a personagem é circunscrita por códigos de linguagem, formada por palavras e compondo o vasto vocabulário do drama; na perspectiva cênica, esse mesmo código confronta-se com a presença física do ator. Ao passar pelo palco, a linguagem tem, no corpo do ator, um conjunto sensível que imprime uma marca: é pino de ligação entre texto e cena e, ao mesmo tempo, pivô da complicação entre linguagem e representação. No texto, a personagem é um enunciado de palavras; na cena, é uma corporeidade de palavras.

Esse mesmo impasse se mostra quando da caracterização mais precisa da implosão da cena. Se o que está em jogo no projeto constitutivo dessa poética é o conjunto articulado de pequenas explosões que incidem sobre os pilares básicos do teatro – e

---

52 J.-C. Fall, Voyage à l'intérieur de l'être humain, *Théâtre Aujourd'hui*, Paris, n. 3, p. 64.

53 Apud I. Shenker, Moody Man of Letters..., *The New York Times*, 6 maio 1956, republicado em L. Graver; R. Federman (eds.), *Samuel Beckett: The Critical Heritage*, p. 148.

termina por atingir os demais signos –, então se pode reafirmar que, do ponto de vista dramatúrgico, os procedimentos da implosão, no teatro de Beckett, são realizados no campo da linguagem, usando seus artifícios e recursos para feri-la na constituição básica. Mas, através da personagem e, mais especificamente, da sua modulação cênica, a implosão adquire contornos e complicações que põem em questão o componente figurativo. Note-se: à medida que a personagem se enfeixa no âmbito da desfiguração, é também exposta na visualidade do palco e no corpo do ator, percorrendo caminho tateante em direção à queda e à imobilidade, condições que dificultam o correr da ação. Ao comparar a personagem beckettiana à figura humana, Janvier ressalta uma condição essencial desta, o que a distingue daquela, que é a capacidade de se por de pé, levantar-se de forma intacta ou se recusar a permanecer deitada indefinidamente[54].

De certo modo, isso ajuda a compreender o fato de a personagem, no teatro de Beckett, antes errante, quedar-se imóvel, ao final. É uma recusa a aceitá-la como imitação do homem e a decisão de colocá-la na condição objetal. Esse é um problema que se impõe para diretores e atores, e mesmo para Beckett-encenador, que utilizam estratégias diferenciadas para resolvê-lo. Quer dizer, para se desgarrar da sugestão mimética e tornar a personagem um artefato linguístico, anula-se progressivamente o corpo e põe-se a máquina teatral a serviço da desnaturalização. Quando Beckett afirma que suas personagens não têm vida fora do palco, dissociando-a da possibilidade de imitar ou conter a realidade cotidiana, soa como um axioma estético e, como tal, prescindiria de demonstração.

Ocorre que o *nada* se revela no palco por meio de algo que passa pelo corpo do ator, que chama a linguagem à concretude. Uma das saídas do impasse é proposta por Beckett no dramatículo *Respiração*, no qual não há vestígio visual da figura humana, ou quando ele aposta na peça ideal: aquela em que não haja atores, só texto – "Estou tentando encontrar um caminho para escrevê-la"[55]. De fato, o caminho percorrido por Beckett, se não atinge o objetivo de anulação total da figura

54 F. Janvier, op. cit., p. 93.
55 Apud I. Shenker, op. cit., p. 149.

humana, muito próximo dele ficou, como visto em *Quad:* personagens, praticamente encobertas por um longo capuz dos pés à cabeça, são linhas, sons, matizes cromáticos, notas musicais. Por outro lado, os procedimentos de despersonalização abalam a representação humana por meio de vozes gravadas, distorcidas, amplificadas ou separadas do corpo, que exercem controle quase absoluto sobre a performance do ator.

Ora, caso se tome como referência os instrumentos que Beckett erigiu contra não só os teatros clássico, burguês e moderno, mas o teatro como linguagem, pode-se dizer que a função da personagem é, de igual modo, investir contra a natureza do próprio teatro. A implosão operada na cena beckettiana abala as vigas do edifício teatral. Em decorrência, a personagem traz em seu projeto o germe da implosão. É um bólido opaco arremessado no vazio, cujo alvo é o retorno ao ponto de origem, o que põe em xeque a capacidade de o teatro representar a realidade. Talvez por isso, mas não só, permanece aberto um vasto campo de possibilidades e desafios para a tradução da obra de Beckett na materialidade cênica, à espera de mais estratégias que possam rebater a câmara de ecos da paisagem mimética que insiste em ressoar.

4. Impasses e Estratégias de Encenação no Teatro de Beckett

Ao minar a estrutura do drama, desarticular categorias clássicas do teatro (ação, espaço e tempo) e decompor a personagem, a obra de Beckett convida os encenadores a se confrontar com a rigorosa urdidura dramatúrgica e adotar estratégias de direção e de atuação, que dissolvam as marcas figurativas da cena e a subjetividade na composição da personagem. Questões como essas são enfrentadas por Beckett, na encenação de seus textos, movimento que se inicia em meados da década de 1960, e se colocam para o dramaturgo no momento em que ele acompanha montagens de suas peças, realizadas por outros diretores, a exemplo de Alan Schneider e Roger Blin. De igual modo, encenadores adotam estratégias múltiplas, seja por meio de rígidos procedimentos em relação à escritura do autor, na qual o dramatúrgico e o cênico se fundem em um tecido conjuntivo, seja construindo um resultado distante das precisas indicações do original.

BECKETT X BECKETT:
O ENCENADOR DIANTE DO DRAMATURGO

O caminho de Beckett em direção ao palco encontra sua prova de força na substantividade da cena. Isso contempla as complicações derivadas do ilusionismo teatral, parcialmente resolvidas na dramaturgia, mas traz, de forma concreta, impasses entre texto e encenação refletidas mais incisivamente na composição da personagem pelo ator. Esse percurso tem origem em sua trajetória de escritor, não só pela saturação dos procedimentos da narrativa que o levam a uma pausa nos romances, mas também pela necessidade de experimentar a linguagem teatral: "O teatro é para mim um descanso do trabalho com as novelas. Você tem um espaço definido e pessoas neste espaço"[1], diz o dramaturgo. Contudo, costuma-se associar a sofisticação progressiva dos experimentos e expedientes dramatúrgicos à atuação de Beckett como encenador de seus textos. O filósofo romeno Cioran destaca a força atrativa que a linguagem do palco exercia sobre o dramaturgo e sua rejeição a explicar o significado de suas peças, que, ao contrário, primam por colocar o significado em questão:

> Se perguntarmos a ele sobre uma peça, não se deterá no conteúdo, na significação, mas na interpretação, reproduzindo os seus mínimos detalhes minuto por minuto, diria mesmo segundo por segundo. Tão cedo não esquecerei o brilho com que me explicou as exigências a que deve satisfazer a atriz que deseja representar *Not I*, onde uma voz ofegante domina poderosamente o espaço e o substitui. Que brilho em seus olhos quando *via* aquela boca ínfima e, no entanto, invasora, onipresente! Parecia que assistia à última metamorfose, à suprema derrocada da Pítia![2]

O encantamento descrito por Cioran já aparece nas numerosas indicações que ocupam lugar especial na dramaturgia beckettiana. Luiz Fernando Ramos, que se debruça em minucioso estudo sobre a rubrica como poética da cena, detém-se no exame das peças de Beckett e conclui que as indicações são alçadas à categoria principal: "têm o mesmo estatuto que a

---

1   S. Beckett, apud D. McMillan; M. Fehsenfeld, *Beckett in the Theatre*, v. 1, p. 15.
2   E. Cioran, *Exercícios de Admiração*, p. 67.

fala das personagens, tornando-se inadequado pensá-las como secundárias, ou menos importantes, na garantia do desenvolvimento dramático"[3]. Lardeadas de pausas, silêncios, deslocamentos medidos e movimentação controlada, as peças criam engenhosa rede de operações entre texto e elementos cênicos, com recomendações exatas para atores e diretores. Uma explicação do rigor desse procedimento é dada por Beckett, em depoimento a Jean Reavey, quando diz que, com *Esperando Godot* e, parcialmente, *Fim de Partida*, construía os diálogos sem imaginar os detalhes da movimentação no palco. Mas, nas peças subsequentes, ele passa a visualizar a posição e o deslocamento dos atores no espaço-tempo da representação, antes mesmo de escrevê-las[4].

Essa projeção *virtual* indica o valor que o dramaturgo imprime à cena e revela seu traço distintivo de encenador. "As peças de Beckett não foram escritas por um homem de letras que tinha vagas ideias sobre teatro" – pontua o diretor francês Pierre Chabert –, mas por um explorador e visionário: "um homem de teatro completo, que submetia constantemente seu trabalho de autor a uma visão e prática teatrais coerentes, precisas e profundas"[5]. O legado registrado nos cadernos de direção do dramaturgo confirma tais palavras e revela rigorosa métrica propositiva. Em geral, na leitura de uma peça, o diretor constrói imagens que reclamam substantividade, concretizada na transposição para o palco. Intencionalmente, Beckett adota procedimentos avançados, já na feitura dramatúrgica, farta em imagens que se aderem às réplicas e disdascálias, antecipando suas características de poeta da cena. Entre esses procedimentos, destacam-se dois: o apuro com a palavra enunciada e a visualização de imagens concretas.

No primeiro, é reforçadora uma declaração de Beckett: "Eu nunca escrevo uma palavra sem antes dizê-la em voz alta."[6] Ainda que se relativize o caráter absoluto dessa afirmação, é necessário levá-la em conta pelo alto grau de eficácia que as

---

3   L.F. Ramos, *O Parto de Godot e Outras Encenações Imaginárias*, p. 53.
4   S. Beckett, apud. D. McMillan; M. Fehsenfeld, op. cit., p. 90-91.
5   P. Chabert, Singularité de Samuel Beckett, *Théâtre Aujourd'hui,* Paris, n. 3, p. 20.
6   S. Beckett, apud D. McMillan; M. Fehsenfeld, op. cit., p. 16.

90 BECKETT E A IMPLOSÃO DA CENA

palavras percutem em cena, quando pronunciadas pelo ator. Encenadores atestam que a musicalidade da fala acaba por transformar as peças de Beckett em verdadeiras partituras musicais, nas quais uma nota atrai outra em um *continuum* orquestrado de sonoridades, como enfatiza o dramaturgo a respeito de *Fim de Partida*:

> Minha obra é uma questão de sons fundamentais (é sério), tornados tão plenos quanto possível, e não aceito a responsabilidade por mais nada. Se as pessoas têm dor de cabeça com os harmônicos, que tenham. E providenciem sua própria aspirina. Hamm como afirmado, e Clov como afirmado, juntos como afirmado, *nec tecum, nec sine te*, em tal lugar, em tal mundo, é tudo que posso fazer, mais do que poderia.[7]

A estratégia da visualização garante a concretude cênica que inclui relações entre palavra e movimento. Beckett revela conceber primeiro o movimento e, a seguir, a palavra que nele se inscreve. Como que confirmando o procedimento, Oppenheim diz: "Os textos de Beckett, mais do que os da maioria dos dramaturgos, foram escritos com o objetivo preciso de serem vistos e ouvidos."[8] Com isso, Beckett ensaia os passos para tornar-se encenador de suas peças e aplicar em cena o rigor que exige para as montagens, já impresso nas rubricas. Outra explicação se deve ao fato de ele estabelecer relação intensa com a visualidade do palco: "Quando estava escrevendo *Watt*, senti a necessidade de criar para um espaço diminuto, no qual eu tivesse algum controle sobre o lugar onde as pessoas se movimentavam, sob efeito de determinada luz."[9] Ao escolher a linguagem teatral, Beckett reconhece a presença física do ator, revelando a ambígua condição mimética – questão superada na escritura dos romances com os procedimentos de decomposição da personagem, mas que precisa ser enfrentada no teatro.

Para Charles Lyons, o desejo de Beckett é amparado em um problema estético que o dramaturgo vai solucionando à medida que passa a realizar experimentos com a atuação no espaço cênico: "Beckett desenvolve estratégias para apresentar

7 Carta de Beckett a Alan Schneider, em 29 de dezembro de 1957, traduzida por F.S. Andrade e publicada em S. Beckett, *Fim de Partida*, p. 13.
8 L. Oppenheim, Introduction, em L. Oppenheim (ed.), *Directing Beckett*, p. 1.
9 Beckett, apud D. McMillan; M. Fehsenfeld, op. cit., p. 15.

uma ilusão de personagem, alimentada pela presença física do ator e, então, dissolve a crença do espectador na autenticidade da imagem humana."[10] A experiência direta com a cena, quer no acompanhamento das montagens de outros diretores, quer na direção de suas peças, faz Beckett-encenador confrontar-se com Beckett-dramaturgo, o que inclui, muitas vezes, mudanças de indicações e de palavras do texto original. Quando ele afirma que cada texto seu é um conjunto conexo de sons, palavras, gestos, movimentos e silêncios, concebidos na especificidade do gênero (romance, novela, poema e peças radiofônica, televisiva e teatral), e como tal deva ser respeitado, alguns exemplos o contradizem: a adaptação que ele faz para o palco de romances e textos originalmente criados para rádio e televisão (*Company* e *What Where*) ou a retirada da personagem Ouvinte – contraponto à Boca – na encenação de *Eu Não*, dirigida por ele, em 1975, no Théâtre d'Orsay[11].

O aprendizado de Beckett na cena começa com a primeira montagem de *Esperando Godot*, em 1953, encenada por Roger Blin, quando o escritor assiste aos ensaios, dando esclarecimentos, orientações e sugestões, o que se repete com outros encenadores mais próximos. A seguir, dirige, em conjunto com Chabert, *L'Hypotèse*, de Robert Pinget, em 1966, no Teatro Odeon, em Paris, embora se recuse a assinar a direção, e, por fim, passa a encenar seus textos, desde a experiência com *Vai e Vem*, em 1966, no Odéon Théâtre de France[12]. Assim, pode-se resumir o percurso de Beckett em direção à cena em quatro fases, sem representar rígido ordenamento: 1. orientações e sugestões dadas aos diretores para as montagens de suas peças, de forma presencial ou epistolar; 2. experimentos dramatúrgicos com rádio, televisão e cinema; 3. atuação como encenador dos próprios textos; e 4. incorporação da prática cênica à escritura dramatúrgica e vice-versa. O resultado é uma radicalização dos procedimentos nas peças da última fase, que nivelam dramaturgia e cena em uma contextura teatral única.

O teatro oferece a Beckett a experiência concreta. Tocar o chão do palco, construir ações físicas para atores, dirigi-los,

---

10   C. Lyons, *Samuel Beckett*, p. 10.

11   Três anos depois, Beckett remonta a peça, recolocando o Ouvinte em cena.

12   Ver relação das montagens teatrais dirigidas por Beckett no Quadro III, p. 125.

retirar a perspectiva subjetiva e emocional com que costumam *interpretar* personagens, propor uma via física de construção não conceitual – esses são alguns dos procedimentos adotados pelo dramaturgo-encenador. Para tanto, estabelece formas simétricas ou opostas, desenha arcos e elipses nos cadernos de direção, conta antecipadamente os passos para cada movimentação cênica, calcula as distâncias entre objetos, espaço e corpo, cria círculos em oposição a retas, espirala o espaço, marca segundos de cada pausa, mede o silêncio e imprime desconforto físico aos atores. São estratégias que compõem uma cartografia registrada nos minuciosos cadernos de direção, rico material sobre seus métodos de composição. Para Gontarski, "a prática teatral ofereceu ao dramaturgo a oportunidade única de uma autocolaboração, na qual ele reescreveu a si mesmo, ou melhor, reinventou a si mesmo como artista e, mais ainda, neste processo, redefiniu o teatro moderno em plena fase tardia"[13].

Todos esses procedimentos revelam uma preocupação de Beckett com a materialidade cênica, colocando-se como homem de teatro que tem familiaridade com a especificidade da linguagem dramática. Isso é percebido nas indicações visuais que acompanham muitas de suas peças, orientando a forma de encená-las com indicação de movimentos e gestos da personagem no espaço, garantindo ora a simetria, ora o contraste, como as notações que integram o tecido dramático de *Vai e Vem*. Em concordância, Alan Schneider fala do interesse de Beckett na resolução de questões físicas colocadas para o ator – movimentar-se em um monte de terra ou colocar os óculos de determinada maneira – em oposição à interpretação de temas abstratos: "A verdade dramática, como disse Brecht, e como reconhece Beckett, é uma verdade concreta".[14]

A preocupação com a concretude é visível nos cadernos de direção, tanto nas anotações quanto nos desenhos, diagramas e divisão de peças em sequências, em detrimento dos significados filosóficos ou psicológicos. Esses cadernos revelam seu procedimento de encenador e apresentam "uma cuidadosa coreografia de palavra e gestos, sons e silêncio, movimento e

---

13   S. Gontarski, Revisando a Si Mesmo, *Sala Preta*, v. 8, p. 261.
14   A. Schneider, Comme il vous plaira, em T. Bishop; R. Federman (eds.), *Cahiers de l'Herne*, p. 87-89.

imobilidade"[15], como exemplifica James Knowlson em relação à montagem de *Dias Felizes*. Ele relata que Beckett, antes de iniciar os ensaios dessa peça, detém-se por semanas na visualização, preparando dois detalhados cadernos que interligam elementos do texto, dispositivos cênicos e movimentação dos atores no espaço-tempo da representação[16]. Barney Rosset, editor americano das obras de Beckett, é voz concordante: "em uma peça de Beckett, o cenário, os movimentos, os silêncios especificados no texto, a iluminação e os figurinos são tão importantes quanto as palavras ditas pelos atores"[17].

Na direção de atores, renova-se o procedimento. Beckett não se detém em explicações psicológicas, e sim no fazer, a partir dos diálogos e indicações cênicas. Isso, por certo, retira a estabilidade dos atores que insistem na compreensão psicológica da personagem, dada pela via da subjetividade ou pelos sentidos lógicos da ação. Muitos dos que trabalharam com Beckett o têm como referência absoluta e procuram formas de se mover nesse intrincado jogo de atuação, conforme atesta Asmus:

Eles [os atores] faziam esforços para encontrar, por seus próprios meios, qual a linha de ação, lendo as falas, pensando nas personagens que eles representavam. Ou então eles entendiam intuitivamente. Billie Whitelaw, por exemplo, fez isto. Ela afirmava ter sido seu *médium* [de Beckett], e eu acredito que ela o foi.[18]

Knowlson adianta que até à direção de *Dias Felizes*, Beckett dedicava-se a um meticuloso estudo do texto, como se aquela obra ali à frente não fosse dele ou, então, que tivesse sido escrita há muito tempo. Isso garantia ao "encenador" o distanciamento necessário em relação ao "dramaturgo", que se preparava para a cena. No entanto, ao preparar a montagem de *Dias Felizes*, e após ter encenado várias de suas peças em línguas diferentes (inglês, francês e alemão), Beckett conclui que, diante de seu próprio texto, não poderia colocar-se inteiramente como um observador externo[19]. O esforço de Beckett em distanciar-se de sua escritura

---

15   J. Knowlson, Introduction, em J. Knowlson (ed.), *Happy Days,* p. 14.

16   Ibidem, p. 13.

17   B. Rossey, apud E. Brater, *Why Beckett,* p. 107-110.

18   W. Asmus, Interview with W. Asmus, em L. Oppenheim (ed.), op. cit., p. 42.

19   Cf. J. Knowlson, Note on the Design, op. cit., p. 22.

dramatúrgica para encená-la garante o rigor e resulta em uma situação modelar para outros encenadores, uma forma de assegurar a estrutura da peça tal como concebida. Mas, à medida que Beckett elimina a sutura dramaturgia-cena, aproxima-se de um ideal pretendido desde o surgimento da moderna encenação: o controle da cena pela regência do diretor que constrói seu próprio espetáculo de forma autônoma. Nesse caso, texto e encenação se mesclam em uma única partitura, regida por um só maestro, que pode se permitir a fazer modificações na obra.

A prática cênica de Beckett permite um cotejo com sua dramaturgia. Quando Asmus compara as duas encenações de *Esperando Godot,* dirigidas por Beckett (a de 1975, em Berlim, e a de 1984, em Londres) ressalta a diferença de ritmo e duração entre elas:

> Quando Beckett dirigiu a produção do *San Quentin Drama Workshop*, em 1984, que eu havia preparado, foi muito diferente da outra, em seu conjunto. O segundo ato, por exemplo, teve 14 minutos a mais do que a montagem de Berlim. Beckett tinha se tornado dez anos mais velho. Ele tinha setenta e oito anos e seu próprio ritmo de vida tinha mudado.[20]

Enquanto o Beckett dramaturgo segue as indicações das rubricas e dos diálogos, pausas, silêncios e movimentos indicados, o Beckett encenador apara franjas e adentra nas frestas do texto. É uma espécie de "autodialética do respeito", expressão criada por Peter Brook para explicar sua forma de lidar com a dramaturgia de Shakespeare: "existe uma dupla atitude muito saudável, com o respeito de um lado e o desrespeito de outro. E a dialética entre ambos é o ponto-chave. Quando se fica apenas de um lado, perde-se a possibilidade de captar a verdade"[21]. Em outras palavras: Beckett se vê diante de questões similares às enfrentadas pelos diretores. Isso se deve ao distanciamento que Beckett-encenador se impõe em relação à própria obra, reformulando-a quando necessário, e ao reconhecimento da encenação como campo de prova concreta do texto, mas que nem sempre pode contemplar o conjunto rigoroso da escritura dramatúrgica.

Nada disso impede que o autor resolva questões postas pelo uso do espaço tridimensional e a presença da figura humana

20   W. Asmus, op. cit., p. 40-41.
21   P. Brook, *O Ponto de Mudança*, p. 132.

IMPASSES E ESTRATÉGIAS DE ENCENAÇÃO NO TEATRO DE BECKETT   95

que dão visualidade e sonoridade às palavras e reclamam soluções concretas, longe das tradições ilusionistas e subjetivas da representação teatral. O certo é que as estratégias para desnaturalização da ação e a perda das referências objetivas do espaço-tempo já são empreendidas por Beckett nas didascálias: criação de personagens com nítidas inspirações clownescas, interlocutor silencioso transformado em ouvinte, embranquecimento do corpo pela maquilagem, derrisão de diálogos, repetição de falas, gestos e movimentos, referências ao circo e ao *music hall*, entre outras. Somem-se a isso os resultados da experimentação cênica do dramaturgo como encenador e se tem um enriquecimento das formas não usuais com que Beckett monta os seus textos.

No entanto, para resolver impasses da representação, a prática mostra que não é a mera transposição cênica que assegura os princípios poéticos de Beckett. É necessário construir partituras físicas para os atores, contrapondo ou justapondo gestos, palavras e movimentos, apoiados na intervenção dos elementos cênicos, apesar de indicados em profusão nos textos. Essa preocupação sugere um reconhecimento da impossibilidade do controle absoluto sobre a figura humana no palco, uma vez que cada ator imprime corporeidades na encenação nem sempre concordantes com o pretendido no texto. Quando Blin encena *Dias Felizes*, no Théâtre de L'Odéon, em 1963, pensa, inicialmente, em uma atriz gorda e loura para fazer Winnie, como sugere a rubrica: "Cerca de cinquenta anos, restos de beleza. De preferência loura. Um tudo nada gorducha."[22] Mas, quando o encenador vê a atriz Madeleine Renaud, acha-a perfeita para o papel, embora o tipo físico divirja das indicações de Beckett, que, consultado, concorda com a escolha, valorizando mais a musicalidade da voz do que o *physique du rôle*[23]. O dramaturgo sugere que Blin despreze o tipo físico para assegurar "uma voz que tire do texto o melhor partido possível"[24].

As estratégias e experimentações cênicas empreendidas por Beckett-encenador ressoam naturalmente no Beckett-dramaturgo a ponto do autor desejar, várias vezes, depois de escrever

22   S. Beckett, *Dias Felizes*, p. 33.
23   P. Chabert, op. cit., p. 21.
24   S. Beckett, apud D. Bair, *Samuel Beckett*, p. 503.

96 BECKETT E A IMPLOSÃO DA CENA

um texto, submetê-lo ao teste da cena para só depois publicá-
-lo, caso de *Eu Não*. Tudo isso consolida uma forma de arte
singular na cena contemporânea, que Ramos traduziu assim:
"um teatro cuja realização transcende o plano racional de compreensão, e propõe-se como poema espacial, como gramática
dos elementos físicos no espaço cênico"[25]. Com isso, Beckett
vai se tornando o poeta da crua beleza da cena; de tão crua,
mínima, a beleza se torna, no palco, a perna amputada do caos,
fazendo valer a máxima de Valéry: "Beleza é uma espécie de
morte. A novidade, a intensidade, a estranheza, numa palavra,
todos os valores de choque a suplantaram."[26]

IMPASSE, RUPTURAS
E ESTRATÉGIAS DE ENCENAÇÃO

A rigorosa precisão dos textos de Beckett cria embaraços para
os encenadores: seguir minuciosamente a partitura dramatúrgica, adaptá-la, transgredi-la ou, até mesmo, ignorá-la – neste
último caso, a peça pode tornar-se ponto de partida ou pretexto
para a encenação. De modo geral, a linguagem, agora, desaloja-
-se, deixa a cômoda folha de papel e é lançada na instabilidade
cênica, composta por elementos corpóreos, visuais e sonoros.
Ora, se a linguagem é insuficiente para expressar a totalidade e a
imediaticidade do pensamento e da representação, como observa
Foucault[27] – ao destacar a dificuldade de a linguagem descrever
a experiência artística –, então, no palco, essa incapacidade é
intensificada graças à polifonia dos discursos entrecruzados
na juntura texto-cena. Ali a linguagem assume outras formas,
esbarra nas vozes dos dispositivos (som, luz, cenário, etc.),
ampliada na vasta possibilidade expressiva dos signos teatrais,

25 L.F. Ramos, op. cit., p. 89.
26 P. Valéry, *Introdução ao Método de Leonardo da Vinci*, p. 195.
27 O filósofo distingue a linguagem dos demais signos pelo papel decisivo que
desempenha na representação, chamando a atenção que isso se deve não ao
fato de a linguagem ser individual ou coletiva, natural ou arbitrária, e sim
porque ela "analisa a representação segundo uma ordem necessariamente
sucessiva: os sons, com efeito, só podem ser articulados um a um; a linguagem
não pode representar o pensamento, de imediato, na sua totalidade; precisa
dispô-lo parte por parte segundo uma ordem linear. Ora, esta é estranha à
representação". Cf. M. Foucault, *As Palavras e as Coisas*, p. 97.

mas limitada na geografia do palco. Esse impasse, que enrosca os liames texto e encenação, é colocado por Andrade:

> A obra de Beckett [...] cerca muito a leitura das encenações e deixa o espaço de criação em uma linha fina entre o excessivo e o insuficiente: ou o diretor se submete a ponto de se apagar na ortodoxia e repete o texto como se fosse um rito morto ou intervém decisivamente e corre o risco de fazer outra coisa, que pode ser interessante, mas que é uma outra coisa.[28]

A questão se agudiza quando Beckett encena seus textos. Em consequência, queira-se ou não, os diretores passam a ter uma referência, não só na rigorosa escritura dramatúrgica, mas nos métodos de composição cênica, agora experimentados e registrados pelo autor. Um paralelo pode ser feito entre o trabalho de Bertolt Brecht e os *modelbuchs* (livros modelos) – um conjunto de documentação como guia para montagem de suas peças, com fotografias, textos explicativos e indicações cênicas –, o que gerou reações dos artistas que consideravam os modelos brechtianos um entrave à liberdade artística e à autonomia da encenação[29].

Essas e outras questões põem-se no epicentro do debate na cena teatral no século XX, já iniciado nos fins do século XIX, quando o texto deixa de ser considerado o fator determinante do espetáculo e torna-se um de seus componentes; é a busca pela emancipação da encenação como linguagem autônoma – fenômeno que exige a equivalência do papel do encenador ao do artista que instaura nova obra. Em se tratando de Beckett, as contradições aumentam em virtude da vigilância que ele exerce sobre diversas montagens de seus textos, pondo em xeque o primado do encenador. Com a autoridade de quem dirigiu a primeira montagem de uma peça do dramaturgo, Blin[30] ressignifica

---

28   F.S. Andrade em entrevista concedida a L. Marfuz, em 2002.

29   Diante desta repercussão, Brecht reagiu: "Quero dizer que é necessário ser-se artista para evitar precisamente que a cópia assuma esse caráter rígido e estereotipado. Apelando para a minha própria experiência, devo dizer que copiei, como dramaturgo, peças japonesas, gregas e isabelinas; como encenador, copiei adaptações do cômico popular Karl Valentin e esboços de cena de Caspar Neher; e nunca tive a impressão de alienar, por isso, a minha liberdade." Cf. B. Brecht, Será a Utilização de um Modelo um Entrave à Liberdade do Artista, em L. Cary; J.J.M. Ramos (orgs.), *Teatro e Vanguarda*, p. 112.

30   Além de ter sido o primeiro encenador de um texto de Beckett, com quem manteve estreita correspondência, Blin atuou também como ator, a exemplo da montagem de *Fim de Partida,* em Paris, em 1997, na qual fez o papel de Hamm.

essa primazia conquistada, e que parecia questão superada, ao se interrogar sobre a função do encenador: "O que é o diretor? Nada. Ele não deveria nem estar falando sobre isso. Sua personalidade deveria não existir. Nem estilo ele deveria ter. Ele deveria, sim, ser rigoroso ao traduzir o pensamento do autor, sem adicionar nada."[31]

Blin justifica sua declaração transferindo a "legitimidade" da encenação para o dramaturgo. Somente na impossibilidade deste assumir a função, o diretor deveria fazê-lo: "Os autores é que deveriam dirigir suas próprias peças. Infelizmente, muitos deles não podem fazer isto [...] Eu coloquei meu nome como diretor só porque me pediram, mas eu não gosto. Eu não tenho uma teoria e tento não ter um estilo."[32] Mas é preciso relativizar as afirmações de Blin, seja pela estreita ligação de amizade e respeito que o uniu a Beckett, seja pela forma com que conduziu montagens do escritor irlandês e de outros autores, delimitando a autonomia da encenação. Nesse sentido, a experiência de Blin na primeira montagem de *Esperando Godot* revela que a questão é menos rígida do que se apresenta. Na prática, as indicações cênicas de Beckett podem, de certa forma, ser flexibilizadas quando interagem com a encenação à medida que o dramaturgo se abre às mudanças operadas por conta do "imponderável da personalidade do ator", das "imposições materiais" e do "valor expressivo de certas palavras", na visão de Blin[33], que ainda chama a atenção para o modo como o dramaturgo encarava estas modificações:

Ali Beckett rapidamente se deu conta daquilo que apenas antecipara abstratamente, e submeteu-se de bom grado a minhas indicações: buscando uma estilização *a priori*, aprovava os ajustes na execução. Não se mostrava inimigo dos achados, mas fazia questão que fossem orgânica e totalmente justificados."[34]

Ainda assim, há diretores que reconhecem um método beckettiano de encenação, construído a partir dos textos do

---

31 R. Blin, apud L. Oppenheim, Introduction, em L. Oppenheim (ed.), op. cit., p. 3.
32 Ibidem.
33 Depoimento de Roger Blin, originalmente publicado no livro *Beckett*, de Pierre Melése, em 1966, transcrito e traduzido por F.S. Andrade para a seleção de textos que integram a publicação da peça no Brasil, em 2005. Cf. S. Beckett, *Esperando Godot*, p. 203.
34 Ibidem.

IMPASSES E ESTRATÉGIAS DE ENCENAÇÃO NO TEATRO DE BECKETT   99

autor, da associação com outras linguagens artísticas e da prática cênica dele mesmo, e que pode ser tomado como ponto de partida. Essa é a posição de Antoni Libera, para quem as montagens do dramaturgo irlandês constroem-se a partir de determinadas referências, mesmo quando admite que há diferenças de procedimentos e resultados nas encenações realizadas por ele. Para Libera, o método de Beckett-encenador consiste em alguns elementos-chave, dentre os quais destaca: 1. conceber a peça e encenação como uma partitura musical; 2. observar o ritmo e melodia do texto, tratando-o como se fosse um poema; 3. estabelecer um preciso desenho dos movimentos cênicos de forma a assegurar o ritmo do texto; 4. equilibrar a relação entre ação e fala; 5. introduzir elementos cômicos em uma mescla do humor irlandês e dos clássicos do cinema mudo (Charles Chaplin, Buster Keaton); 6. inserir crueldade e lirismo com suas delicadas sombras; 7. e, por fim, tomar o espírito do romantismo germânico como fonte de inspiração a exemplo das pinturas de Caspar David Friedrich e da música de Franz Schubert[35].

Embora se reconheça a contribuição de Libera no sentido de elucidar pontos de uma poética e oferecer um referencial para encenadores, é preciso dizer que algumas dessas estratégias aplicam-se mais às montagens de Beckett dentro do escopo de certas culturas. A fonte de inspiração no romantismo germânico, por exemplo, é pertinaz, caso se considere a rede de matrizes estéticas que configuram a cultura europeia. O próprio Beckett desautoriza, de certa forma, a existência de um cânone em sua obra. Quando Israel Shenker pergunta-lhe se seu sistema é a ausência de sistema, ele responde: "Eu não estou interessado em sistema algum. Eu não vejo traço de sistema em nenhum lugar."[36]

Isso pode soar estranho devido ao controle exercido por Beckett em relação às montagens de seus textos[37]. É o que ocorre

35   A. Libera, Interview with A. Libera, em L. Oppenheim (ed.), op. cit., p. 108-109.
36   Apud I. Shenker, Moody Man of Letters…, *The New York Times*, 6 maio 1956, republicado em L. Graver; R. Federman (eds.), *Samuel Beckett: The Critical Heritage*, p. 149.
37   Atribui-se esse rigoroso controle ao episódio da reação de Beckett à produção norte-americana da peça *Oh Calcutá*, para quem, a pedido, o dramaturgo escreve um curtíssimo texto: *Respiração*. Ocorre que a produção, ao publicar a peça, altera uma das indicações fundamentais: onde se lia "detritos", constava "corpos nus."

com a encenadora JoAnne Akalaitis, que sofre severa advertência, seguida de batalha legal por parte dos agentes de Beckett, quando monta *Fim de Partida*, em 1984, em Cambridge, com o American Repertory Theather. Motivo: a encenadora teria concebido a peça de forma bastante peculiar, desprezando as indicações cênicas. Rejeitando as objeções de Beckett, Akalaitis justifica sua opção por duas razões. A primeira é conceitual: "Eu queria um tipo de ruína contemporânea, um lugar urbano"[38],daí ter optado pelo metrô como espaço de representação. A segunda é uma defesa da autonomia do encenador: "Você cria a peça. O texto é o ponto de partida; é literatura dramática. O texto não é a peça. A peça é um acontecimento."[39] Ao que Robert Brustein, também do American Repertory Theather, acrescenta:

> Assim como todas as peças de teatro, as montagens de *Fim de Partida* dependem da contribuição coletiva de diretores, atores e *designers* para serem realizadas [...] Os agentes do senhor Beckett prestam um desserviço tanto à arte teatral quanto ao grande artista que eles representam, exercendo um controle tão rigoroso como este.[40]

No centro da polêmica, Beckett reage: "Qualquer produção de *Fim de Partida* que ignore minhas indicações cênicas é completamente inaceitável para mim."[41] E critica duramente a montagem de Akalaitis, classificada por ele de "completa paródia" da peça originalmente concebida. Argumenta-se a favor de Beckett que, quando se dá referencialidade ao espaço-tempo, a ação tende a ficar circunscrita historicamente, fechando-se os significados da obra. Contudo, é curioso observar que a paródia, tanto do teatro clássico quanto do moderno, é método recorrente na obra de Beckett e, agora, torna-se um elemento de crítica e desaprovação, como ocorre em três produções de *Esperando Godot*: a de Dublin, dirigida por Alan Simpson, 1955, com referências irlandesas (figurinos em preto, verde e marrom), a produção londrina de Peter Hall (pausas não tão longas

---

38 J. Akalaitis, Interview with J. Akalaitis, em L. Oppenheim (ed.), op. cit., p. 137.
39 Ibidem.
40 R. Brustein, apud A. McMullan, Beckett as Director, em J. Pilling (ed.), *The Cambridge Companion to Beckett*, p. 196.
41 S. Beckett, apud A.C. McMullan (ed.), op. cit., p. 196.

IMPASSES E ESTRATÉGIAS DE ENCENAÇÃO NO TEATRO DE BECKETT 101

o suficiente, silêncios preenchidos com música) e a dirigida por Otomar Krejča, em Salzburgo, em 1970 (o cenário barroco sugeriria uma burguesia decadente). Conforme observa Anna McMullan, a crítica de Beckett a essas e outras montagens parece residir na excessiva moldura conceitual a que os diretores submeteram os seus textos[42].

Com a experiência de quem dirigiu três peças de Beckett, Edward Albee mostra que é possível manter as indicações do autor e buscar um caminho independente para a encenação[43]. Na montagem de *Improviso de Ohio*, Albee opta por trabalhar a oposição de cores, ao colocar em cena um ator branco com cabeleiras brancas e um ator negro com cabeleireira preta, diferentemente do original, que explicita "longas cabeleiras brancas" para as duas personagens. Além disso, Albee repete a peça mais duas vezes, em formatos diferentes. Esse procedimento é explicado pelo encenador: "Nas três vezes em que a peça foi representada, eu alternava a posição e identidade dos atores. Na primeira vez, o ator branco era o primeiro Leitor e o ator negro era o Ouvinte. Na segunda vez, o ator negro era o Leitor e o ator branco, o Ouvinte. Na terceira vez, eu alternava as réplicas."[44]

O exemplo de Albee merece uma observação: se, de um lado, direciona a ação para a musicalidade do texto, fisicalizando a partitura de sons, palavras e gestos pelo mecanismo da repetição; por outro, abre-se a interpretações que passam por aspectos de ordem conceitual, como a possível leitura da questão *identitária*, dada à escolha do elenco. Ao cavar frestas na encenação, Albee amplia ressonâncias formais contidas na obra de Beckett como a oposição, a simetria e a repetição, uma vez que os princípios, diálogos e gestos estão ali, só que alojados em matérias de diferentes espessuras. A repetição da peça em três tempos, contrativa na forma, mas coextensiva na ideia, reafirma a condição temporal como uma sucessão de infinitos. Marca um tempo cíclico pelo ato de recomeçar a mesma história, cujo fim é anunciado na réplica "Não resta nada a dizer", que encerra a peça. Já a oposição e a simetria garantem a desnaturalização da ação e ajudam a configurar o contraste pictórico

42 A. McMullan, op. cit., p. 199.
43 E. Albee, Interview with E. Albee, em L. Oppenheim (ed.), op. cit., p. 80-91.
44 Ibidem, p. 83-84.

pelo uso do binômio *ausência de cor-síntese das cores*, representado, respectivamente, nas cores preta e branca. Tais caminhos não parecem lesionar o texto nem enclausurar o encenador no rito da ortodoxia.

Uma terceira via é apresentada por Lois Oppenheim[45], quando diz que, para resguardar sua função criadora diante das rigorosas indicações de Beckett, são três as tarefas do diretor: 1. escolher o elenco (metade do desafio do diretor encontra-se aí); 2. julgar e decidir o que fazer (dar forma e estilo a tudo o que acontece no palco); e 3. revelar e identificar o que está indeterminado no texto, no caso de uma nova peça, ou não se deixar levar por prévias generalizações no caso de um clássico, como *Esperando Godot*. Assim, Oppenheim desloca o processo criativo do encenador para regiões em que o autor não pode interferir diretamente como a responsabilidade pela escolha do elenco, que vai corporificar a concepção, admitindo a possibilidade de adoção de inúmeras soluções criativas, ainda que observadas as indicações do texto.

Esse é também o pensamento de Asmus, um dos diretores-assistentes de Beckett, ao destacar que dirigir uma peça de Beckett, mesmo que seja por mais de uma vez, será sempre "uma nova criação, uma nova e excitante experiência. Você nunca sabe realmente aonde está indo. Você coloca uma ênfase diferente em vários aspectos da peça ou então descobre outros inteiramente novos"[46].Trazendo exemplos seus e de Beckett, Asmus considera que isso se deve às transformações e experiências dos encenadores que se incorporam à concepção e à realização.

Essas transformações não passam despercebidas quando se pensa em encenar as peças de Beckett em países com culturas diversas daquela concebida originalmente pelo dramaturgo. Ao se traduzir Beckett para outra realidade, novos elementos são introduzidos em cena, pois se cada obra de arte é um fenômeno irrepetível, é difícil imaginar que um modelo venha a dar conta dos modos de fazer teatro, como enfatiza Brook ao tratar da transposição cênica de textos dramáticos de uma cultura para outra:

45 L. Oppenheim, Introduction, em L. Oppenheim (ed.), op. cit, p. 7.
46 W. Asmus, op. cit., p. 40.

IMPASSES E ESTRATÉGIAS DE ENCENAÇÃO NO TEATRO DE BECKETT   103

Em muitos países do terceiro mundo há grupos de teatro tentando encenar peças de autores europeus como Brecht ou Sartre. Geralmente não levam em conta que esses autores se utilizaram de um complexo sistema de comunicação que pertencia à sua própria época e lugar. Em um contexto totalmente diferente, as ressonâncias se perdem.[47]

No caso do Brasil, as primeiras ressonâncias da obra de Beckett chegam com a montagem de *Esperando Godot* pela Escola de Arte Dramática – EAD, em 1955, dirigida por Alfredo Mesquita e, depois, com a encenação de Luiz Carlos Maciel, em Porto Alegre no final da década. Em 1969, estreia a clássica montagem do mesmo texto, dirigida por Flávio Rangel, com Cacilda Becker e Walmor Chagas no elenco. A partir daí, montagens de textos de Beckett se sucedem, seguidas ou esparsamente. De modo geral, ainda que se reconheça que algumas montagens brasileiras têm o rigor beckettiano como opção estética, a liberdade e aproximação com o contexto são mais presentes nas encenações; uma tendência que indica uma tentativa de apropriação do texto para o universo brasileiro, múltiplo nas facetas culturais, como o fazem Antunes Filho, Gabriel Villela e José Celso Martinez Corrêa, só para ficar em três exemplos de reconhecidos encenadores, em épocas diferentes.

Responsável pela histórica montagem de *Esperando Godot*, em 1977, com um elenco exclusivamente feminino – Eva Wilma, Lílian Lemmertz, Maria Yuma, Lélia Abramo e Vera Lyma –, Antunes Filho admite que sua visão de Beckett naquele período foi profundamente marcada pela discussão sobre a decadência do Ocidente, Auschwitz e a ditadura brasileira:

Coloquei Hitler falando durante o espetáculo, que situei no pós--Holocausto, para poder dizer que foi lá que começou uma grande ruptura com o modernismo e se iniciou o pós-moderno. Foi lá que começou a suspeita de tudo, da hegemonia de certos valores. Também pensei na ditadura brasileira... Tudo isso é a mesma porcaria, Auschwitz, ditadura, é a mesma coisa, "é uma Troia só", como diz Ariano Suassuna.[48]

O caminho da realidade histórica concreta é reafirmado por Sebastião Milaré, pesquisador da obra de Antunes Filho,

47   P. Brook, *A Porta Aberta*, p. 75-76.
48   Antunes Filho, Espetáculo de *Clowns*, *Folha de S. Paulo*, 9 abr. 2006, p. 6.

quando conclui que o encenador "não transformava as angústias existenciais das personagens nem a reflexão metafísica do autor em vias para o abstrato; pelo contrário, enriquecia a obra com a experiência histórica vivenciada pelos brasileiros naquele momento"[49].

A contemporaneidade da concepção é a mesma via percorrida por Gabriel Villela ao montar *Esperando Godot*, em 2006, no Espaço Subsolo do sesc – Belenzinho, São Paulo, com quatro atrizes. Vinculado às tradições culturais mineiras, o encenador busca inspiração no universo rural (figurinos, objetos, cenografia) para compor uma atmosfera que remete à devastação da natureza, apoiando-se na estética clownesca; os primeiros ensaios ocorrem em um sítio em Minas Gerais, espécie de teatro de arena montado em um curral. É uma concepção que encontra trajeto diferente da obediência cega a qualquer modelo, como o diretor reconhece, ao afirmar que o espetáculo não se submete à "cartilha do autor", especialmente no que se refere às pantomimas e à montagem integral do texto[50]. Ao optar por um palco circular, em declive, simulacro de um picadeiro verticalizado, Villela sustenta sua escolha, apoiando-se nas palavras do dramaturgo:

> Quando o Beckett escreve sobre Proust diz que "a única possibilidade de o artista falar profundamente o que pensa é quando ele experimenta uma contração espiritual e mergulha em direção à terra". Tenho a impressão de que fui concretamente fiel a essa postulação [...] uma vez que o espetáculo é encenado cinco metros abaixo da terra. A geografia natural do *clown* é o picadeiro. Nosso palco é circular como um picadeiro, onde se concentram as forças primordiais do palhaço, a sua pureza. Esse comportamento do *clown* é arquetípico, tentamos ressaltar isso.[51]

Para ficar no exemplo de *Esperando Godot*, outra montagem é emblemática: a de José Celso Martinez Corrêa, no Espaço Cultural Banco do Brasil – ccbb, Rio de Janeiro, em 2001. Ele imprime rupturas na encenação e constrói uma visão

---

49 S. Milaré, *Antunes Filho e a Dimensão Utópica*, p. 258.
50 G. Villela em entrevista concedida a Cristian Cancino, *Revista Veja*, São Paulo, fev. 2006.
51 Ibidem.

poética singular, que recusa modelos e cânones: "As melhores encenações são feitas por Beckett, que não tem nada a ver com certa coisa beckettiana que se criou no Brasil e na Europa nem com a interpretação teórica que se extraiu e do que se escreveu sobre suas encenações."[52] José Celso rompe com determinadas convenções, a exemplo do espaço, quando recusa o palco italiano do CCBB, transformando-o em uma espécie de palco em forma de corredor que acentua a teatralidade na obra de Beckett e cria referências às matrizes culturais brasileiras: "Eu sei que Beckett gostava que suas encenações fossem feitas no palco à italiana, com uma partitura rigorosa, mas essas rubricas transcendem o palco italiano. Eu achei que tinha essa liberdade de interpretar o espaço dessa maneira além de incluir um céu de terreiro de candomblé". [53]

Nesse caso, não é só o espaço que recebe interferência direta do encenador. José Celso modifica um momento essencial da peça, substituindo a fala do Menino no segundo ato – quando esse vem informar que Godot não vem naquele dia, mas virá no dia seguinte – pela informação de que Godot não virá nunca mais. O encenador justifica a solução, não só por uma atitude proativa em relação à espera, mas para ressaltar a teatralidade que faz coincidir o jogo do espaço-tempo da ação da peça com o da plateia: "São duas horas que você está no teatro, está esperando a peça e ela nunca começa."[54] Isso asseguraria a força do aqui e agora que José Celso diz existir na obra do autor irlandês:

> Beckett não esperou nada. Ele fez a paródia das pessoas que esperam e de todos aqueles que adiam alguma coisa. As personagens vivem o presente. É ridículo esperar alguma coisa. Eu procurei no final botar um fim: "Seu Godot mandou dizer que não vem nunca mais". Graças a Deus. Me esqueçam. E que as pessoas que passaram aquele tempo ali no teatro, naquela situação concreta saíssem sem esperar nada.[55]

Essas opções, que podem ser objetadas por uma visão ortodoxa, mostram a admiração de José Celso pela universalidade

52 J.C. Martinez Corrêa em entrevista concedida a L. Marfuz, 2002.
53 Ibidem.
54 Ibidem.
55 Ibidem.

do teatro de Beckett, que, segundo ele, aponta a possibilidade da encenação dissolver o singular no universal:

> Em *Esperando Godot*, Beckett fez uma conversação sobre todo o teatro. Ele trouxe acima de tudo o sentido do teatro como situação de presença radical. Ele radicaliza o instante, a espera; espera-se Godot, já se sabe que ele não vem e, enquanto ele não vem, passa-se por todos os estágios possíveis que o teatro e a humanidade passaram. Beckett é o teatro em si.[56]

As três montagens dos encenadores brasileiros, em momentos históricos diferentes, são associadas ao contexto, o que não difere muito da opção de boa parte dos diretores brasileiros, sem que isso seja uma generalização. Se, em Antunes Filho, a ditadura é pano de fundo da espera; para José Celso, a solução é o fim da espera; e Villela, por sua vez, afirma a desesperança, especialmente em relação à natureza[57]. Por outro lado, o encenador paulista Rubens Rushe pode ser considerado o que mais se aproxima do rigor da poética beckettiana. Ele reconhece que há um *partis pris* na obra de Beckett do qual não se pode fugir, como a obediência às rubricas e o respeito ao texto com todas as pausas e movimentos. Para Rushe, montar um texto de Beckett não é confundir originalidade com fuga das indicações:

> há um texto do qual você não pode fugir. Nem de rubricas, indicações de pausas, movimentos, cenário. É uma partitura musical. Não é qualquer um que vai tocar bem aquilo. Aí as pessoas confundem criatividade com fugir das indicações. Ao invés de pôr dois velhinhos na lata de lixo, o "diretor criativo" os põe na privada e a peça se passa no banheiro, mas ao mesmo tempo parece um vulcão, um não sei o quê [...][58].

Não por acaso, Rushe encena textos situados entre os mais radicais do autor, como *Eu Não*, *Cadeira de Balanço* e

---

56 Ibidem.

57 "Trabalhei com a subtração para chegar a um picadeiro roto, síntese de como estamos tratando a natureza no começo do século XXI. Não há mesmo esperança, a não ser no fato de a gente poder conversar ludicamente sobre estes temas, com os instrumentos que temos, no nosso caso o teatro. O espaço da encenação é delimitado por dois círculos concêntricos." Cf. G. Villela, *Esperando Godot* Estreia em São Paulo com Direção de Gabriel Villela, *Carta Maior*, 3 fev., 2006.

58 R. Rushe em entrevista concedida a Luiz Marfuz, 2002.

Comédia, entre outros. Os registros das montagens em áudio demonstram o extremo rigor de Rushe, especialmente na consideração da partitura musical do texto. Este, aliás, é o rosto comum que parece unificar a visão dos encenadores: a atenção à musicalidade do texto, "uma relação dinâmica entre o espaço e a palavra, que se produzem e se engendram mutuamente"[59], como assinala Chabert. Mas a pele desse rosto pode ser rasgada, sofrer queimações pela matéria da encenação que muda a fisionomia do texto quando ele é colocado diante dos demais signos da cena. Talvez, por isso, alguns encenadores, que afirmam seguir as rubricas, fiquem à vontade para criar novas referências espaçotemporais ou introduzir conjuntos de sons e movimentos sotopostos à partitura original, circunscrevendo a ação a momentos históricos. Em consequência, suspende-se a desreferencialização espaçotemporal, categoria que mais sofre a adaptação sob o olhar do diretor. A dúvida entre contextualizar ou não é considerada por Andrade um problema para os encenadores:

> Se você abraça uma leitura alegórica que associa a peça a uma situação x ou y, a solução sempre está no horizonte; se você delimita o problema e não percebe que é um problema difuso que atravessa a sociedade e os sujeitos de uma forma total, indica que tem solução… então, mãos à obra. A grandeza é perceber: vamos com calma porque a coisa é maior. E não fazer concessões nisso; isso é que é *não ordenar a bagunça de forma conciliadora.*[60]

Pode-se supor que a excessiva preocupação de Beckett com a não contextualização das montagens advenha de um descompromisso com as relações entre arte, política e sociedade. Mas não é o que se vê quando várias passagens da biografia do autor irlandês demonstram o contrário, incluindo sua militância política durante a resistência francesa aos nazistas, a que se somam outros exemplos: a carta que redige e publica em defesa do dramaturgo espanhol Fernando Arrabal, condenado pela ditadura militar de seu país, e a peça *Catástrofe*, que escreve em homenagem ao então prisioneiro político, o dramaturgo tcheco Václav Havel. O certo é que Beckett recusa

---

59 P. Chabert, op. cit., p. 11.
60 F.S. Andrade em entrevista concedida a Luiz Marfuz, 2002. Grifo nosso.

interpretações ideológicas que fecham os significados de suas peças, ou por parte dos que veem, por exemplo, em *Esperando Godot*, uma metáfora do totalitarismo de esquerda ou direita, ou dos que tomam Pozzo e Lucky como protótipos do patrão e do empregado.

Ainda assim, o caráter incomodativo da dramaturgia de Beckett persiste, permitindo leituras diversas, inclusive no campo ideológico em que são exemplos duas montagens de *Esperando Godot*, em 1993. Uma é a de Susan Sontag, escritora e artista militante norte-americana, em Saravejo, com atores iugoslavos de várias etnias, em plena guerra civil. A outra é de Arben Kumbaro, em Tirana, Albânia, que diz: "Godot é nossa realidade. Nós esperamos. Sempre esperamos. A Albânia é uma ilha isolada dentro da Europa."[61] A multiplicidade de leituras e o vaivém entre cerco e liberdade da interpretação só acentuam a polivalência da obra de Beckett, como revê Bernard Dort, ao admitir ter feito antes uma leitura mais fechada:

> Eu acreditava que havia uma linearidade cênica na escritura beckettiana. No entanto, hoje creio que ela é muito mais polivalente do que eu pensava. Ela supõe a combinação de muitos modos de representação. Esta escritura dramática se organiza como um cruzamento de escrituras cênicas virtuais.[62]

Isso é o que faz Jean Claude Fall, um dos diretores e atores franceses reconhecidos por sua habilidade em encenar textos de Beckett, afirmar categoricamente que, se o autor não aceita ser traído, condena sua obra à morte:

> O teatro é o lugar por excelência onde se produz um conjunto de traições: do pensamento do autor à sua escritura, da ideia da encenação à sua encarnação através do ator até a recepção do espetáculo pelo público. Recusar isto é o mesmo que assassinar o teatro. No meu trabalho sobre Beckett, eu tento sempre produzir signos abertos à interpretação.[63]

---

61   A. Kumbaro, apud J.-C. Lallias, Sarajevo, Tirana: L'Urgence de Godot, *Théâtre Aujourd'hui*, n. 3, p. 51.

62   B. Dort, L'Acteur de Beckett, *Théâtre Aujourd'hui*, n. 3, p. 91.

63   J.-C. Fall, Voyage à l'intérieur de l'être humain, *Théâtre Aujourd'hui*, n. 3, p. 64.

A abertura de que trata Fall talvez seja uma das chaves para clarificar a discussão sobre possibilidades, nuances e estilos que a dramaturgia de Beckett insinua. Mesmo pautando-se na escritura rigorosa que orienta os diretores, o estilo de encenação permanece em aberto e faz surgirem montagens, as mais distintas, dentro de um país ou continente e, até realizadas por um mesmo encenador, em que se inclui o próprio Beckett. Daí ser redutor afirmar que só as montagens brasileiras privilegiam a contextualização, ao contrário das europeias ou norte-americanas. Tanto há encenadores no Brasil que seguem com rigor a escritura dramatúrgica beckettiana, como Rushe, quanto os que se sentem à vontade para fazer uma interpretação mais aberta da obra, com conexões culturais e espaçotemporais, a exemplo de José Celso, Antunes Filho e Gabriel Villela.

O mesmo ocorre na França, na Inglaterra, na Irlanda ou nos Estados Unidos, para ficar no exemplo de países em cujos idiomas foram escritas as peças de Beckett. Se alguns defendem a encenação precisa da partitura dramatúrgica, como é o caso de Libera, Blin e Schneider, sem contextualizá-la; outros propõem uma liberdade por meio de conceitos, formas, volumes, texturas, sonoridades, luminosidades e opacidades para dar novas faces ao texto. É o caso de Akalaitis, Albee e, no exemplo francês, Joël Jouanneau, que, no lugar da árvore em *Esperando Godot*, coloca um transformador elétrico coberto de cabos, além de optar por um ator jovem e outro velho para fazer Vladimir e Estragon, representando, respectivamente, duas gerações no palco, com figurinos de épocas diferentes para cada um deles.

No território minado da encenação, se há supostas verdades, estas se fluidificam. A linguagem é multiplicada, triturada, reduzida, desdobrando-se sobre si mesma como que procurando seu lugar no palco. Em seu dorso, a palavra, mas em seu interior todas as outras linguagens ruminando, como músculos sem sangue que querem ressurgir em cena. Qual trajeto de bala que bate na parede e ricocheteia *ad infinitum*, a linguagem é esburacada na encenação, como quer Beckett, para ver se algo aparece, mesmo que seja o nada. As indicações do dramaturgo, por precisas que sejam, dependem de uma concepção estrutural e espacial do diretor, que tem a liberdade de escolher o caminho, attravés de novas formas e materiais, optando por: "ir mais em direção ao concreto ou mais em direção ao abstrato, com todos os degraus intermediários"[64], como defende Chabert. Essa é uma das alternativas para se escapar do dilema sobre as escolhas do encenador diante da urdida dramaturgia beckettiana. Mas isso não encerra os impasses dos diretores diante da condução do trabalho do ator, o que põe em xeque, por meio da materialidade cênica e da corporeidade, a *personagem-grafada-no-papel*.

RECONFIGURANDO A PERSONAGEM NO CORPO DO ATOR: A *CATÁSTROFE* COMO MÉTODO

O exame da personagem beckettiana se torna mais complexo quando se desloca da dramaturgia para a cena, via corpo e voz do ator, instâncias de mediação. Esse deslocamento opõe o *objeto-personagem* ao *sujeito-ator*, que agora tem diante de si um projeto dramatúrgico criado no papel, mas que reclama a tridimensionalidade como dimensão concreta da atuação. Nesse domínio, *Catástrofe* (Figura 7), uma das últimas peças de Beckett, é elucidativa da complexidade desse trabalho, não só pela situação e personagens que apresenta – diretor, ator, assistente de direção e iluminador –, mas por se tratar de um texto considerado uma paródia à forma com que o dramaturgo-encenador conduz os atores. É, igualmente, uma referência aos rigorosos métodos de encenação exigidos por seus textos, especialmente pelo modo como dispõe o corpo do ator, a serviço do espetáculo.

Catástrofe mostra o ensaio da última cena de uma peça, véspera de estreia. No centro do palco e de pé sobre um praticável, está o Protagonista, de cabeça baixa, coberto por um chapéu de abas largas e roupão. O Diretor dita ordens à Assistente que anota as indicações ou manipula diretamente o corpo do ator; este, calado, submete-se aos ditames da marcação. Agindo assim, o Diretor conduz os gestos e posições do Protagonista, esconde-o por detrás da roupa, embranquece sua pele e, por

---

64 P. Chabert, op. cit., p. 22.

Figura 7: Em Catástrofe, *o corpo do Protagonista (Luiz Pepeu) é manipulado pela Assistente (Zeca de Abreu) sob ordens do Diretor (Marcos Machado), em* Catástrofe. Comédia do Fim. *Foto: Adenor Gondim.*

fim, reduz a visibilidade do corpo, retirando-lhe a luz. Ao terminar sua "obra", o diretor diz: "Fantástico. Vai ser uma catástrofe. Já estou até ouvindo."[65] A peça se encerra ao som dos aplausos gravados, o Protagonista ergue a cabeça, encara a plateia e desaparece na escuridão.

Percebem-se aí dois polos: o da criação, manifesto pela intervenção do diretor, e o da destruição, cravado no título *Catástrofe*, não por acaso, a etapa da curva dramática em que a ação se precipita tragicamente. Opõe-se a criação à destruição. Pelo método da subtração, o diretor vai construindo a cena, retirando do ator os elementos através dos quais ele aparece de forma plena ao público, anulando-o para nele fazer ressurgir a personagem desfigurada.

Ao fazer uma analogia desse procedimento com as práticas cênica e dramatúrgica de Beckett, vê-se que ele vai progressivamente subtraindo não só os elementos de cena, mas também reduzindo o corpo do ator, que deve enformar a personagem decomposta: pés (*Passos*), cabeça (*Dias Felizes*), rosto (*Aquela Vez*), boca (*Eu Não*). Assim, a corpo do ator se nivela

65   S. Beckett, *Catástrofe*, p. 5.

112 BECKETT E A IMPLOSÃO DA CENA

aos demais signos da cena. Rushe faz uma analogia particular dessa situação com a recusa de muitos atores em integrar montagens de Beckett por conta da exigência da "anulação do ego": "Está sendo exigido um novo tipo de ator. É um ator que quase não pode ter o ego próprio, esse ego tão forte que o move hoje; a fama, o sucesso, o querer ser visto. Não, ele tem de se apagar diante de uma coisa mais forte do que ele."[66] É exatamente por conta dessa exigência que Rushe diz que certos atores veem em Beckett a morte do teatro – ressalvando que se trata da morte de *determinado* fazer teatral: "Se você propõe a um ator encenar as últimas peças de Beckett, uma profunda imobilidade, uma não ação, uma certa maneira de falar, isso assusta o ator que vê suas possibilidades de demonstração técnica do 'como eu sou bom' desaparecerem."[67]

Schneider lembra que muitos atores evitam atuar em peças do autor e argumentam que o dramaturgo "limita-os severamente como artistas, privando-os de seu sentido criativo e da individualidade, restringindo rigidamente suas pesquisas físicas e vocais"[68]. Schneider contrapõe, dizendo que isso ocorre porque Beckett admira os atores, respeita seu talento e confia na capacidade deles, mesmo sabendo que terão seus meios de expressão limitados ou suprimidos: "Há séculos sabemos que um ator pode nos tocar desde que demos a ele carta branca para agir em cena. Mas ele pode nos tocar mais profundamente somente com seus olhos, lábios, suas pálpebras ou boca, seus dentes, ou sua voz. Isto é fantástico, dramático. Vale a pena ser aprofundado."[69]

Talvez, por isso – mas não só –, atores brasileiros consagrados pelo teatro, pelo cinema e pela televisão atuaram (e atuam) em peças do dramaturgo irlandês, sob direção de Flávio Rangel, Amir Haddad, Antunes Filho, Gerald Thomas, Chico Medeiros, Rubens Rushe, entre outros[70]. Isso se deve também

---

66 R. Rushe em entrevista concedida a Luiz Marfuz, 2002.
67 Ibidem.
68 A. Schneider, op. cit, p. 95.
69 Ibidem, p. 96.
70 Entre esses nomes, estão Fernanda Montenegro (*Dias Felizes*, 1995, direção de Ivan de Albuquerque); Cacilda Becker e Walmor Chagas (*Esperando Godot*, 1969, direção de Flávio Rangel); Ítalo Rossi, Sérgio Brito e Rubens Corrêa (*Quatro Vezes Beckett*, 1985, direção de Gerald Thomas); Lélia Abramo, Eva

ao desafio que esses atores se impõem, ao entrar em contato com estruturas de composição de personagens, cuja base não se encontra nos cânones miméticos, e à possibilidade de colocar a experiência que adquiriram ao longo de suas vidas a serviço da cena beckettiana, de forma renovada; ali o ator se desdobra ou se anula para que os traços da personagem ressumam na franja de seu corpo, em estranho paradoxo. Se o ator é aquele que vive para o olhar do outro e o exibe no mesmo eixo de visibilidade da personagem, então, opera-se aqui duplo sombreamento: do ator, que – ao tornar-se objeto da materialidade cênica – destitui-se da presença; e da personagem, que se verte no corpo do ator, mesclando-se a outros tecidos do discurso cênico.

Com efeito, o que se pretende é a desfiguração da personagem por meio de contrições e limitações impostas ao ator. Não se trata de massacrá-lo ou subtrair-lhe a individualidade, mas de descobrir uma performance que dê conta das questões supostamente solucionadas na dramaturgia e que possa resolver o problema da representação figurativa no palco. Assim, Beckett anuncia uma experiência teatral que, longe de satisfazer os apetites do público, imprime-lhe uma experiência diferente da vida. Traçando analogias com a linguagem musical, Chabert explica que as minudências e armadilhas da escritura beckettiana não anulam nem a personalidade, nem a sensibilidade, pois elas são "o trampolim e passagem obrigatórios" para dar forma viva ao trabalho do ator: "a multiplicidade de indicações, na medida em que elas estão sobrepostas, aumenta sua liberdade e seu poder de expressão pessoal. A qualidade distintiva do intérprete é poder exprimir toda sua sensibilidade, como ele jamais faria de outra maneira"[71].

Associada a esse quadro está a dificuldade de classificar a personagem beckettiana nas categorias de imitação, crítica ou oposição à realidade. Esta última não é medida de referência quer pela afirmação, quer pela negação, nem é instância de

Wilma e Lílian Lemmertz (*Esperando Godot*, 1977, direção de Antunes Filho); Beth Coelho (*Fim de Jogo*, 1990, direção de Gerald Thomas); Edson Celulari e Cacá Carvalho (*Fim de Jogo*, 1999, direção de Chico Medeiros); Maria Alice Vergueiro (*Katastrophé*, 1986, direção de Rubens Rushe); Antônio Petrin (*A Última Gravação*, 2000, direção de Chico Medeiros) e Selton Mello (*Esperando Godot*, 2001, direção de José Celso Martinez Corrêa).

71 P. Chabert, op. cit., p. 23.

114 BECKETT E A IMPLOSÃO DA CENA

"superação da realidade", como faz Pirandello, que, para reivindicar a preeminência da personagem sobre a pessoa, acerca-se dos parâmetros clássicos de construção e cria condição ambígua, mas suficiente para que a representação supere os impasses e cumpra seu curso. A personagem beckettiana é signo do prolongamento do impasse que põe a nu a impossibilidade da representação figurativa da realidade. Adorno examina *Fim de Partida* e afirma que "exposição, complicação, trama, peripécia e catástrofe retornam como elementos decompostos num exame *post-mortem* da dramaturgia"[72]. A esse exame, é possível submeter as demais peças.

É, pois, na via da decomposição que se pode refletir sobre a relação ator-personagem, longe das bases representacionais imitativas, ainda que Beckett mantenha-se no palco italiano e em sua relação frontal, objeto de crítica de muitos artistas reformadores do século xx. Não sem propósito, ao examinar o trabalho do ator no teatro de Stanislávski, Lopes relaciona o palco italiano como lugar apropriado e "sonho de consumo" para realização do sujeito:

> Se Stanislávski propõe ao ator *viver* o papel, é porque a cena à italiana *garante* a possibilidade dessa vida. O ator pode entregar-se plenamente ali à operação de fazer coincidir ser real com ser imaginário. Diante daquele quadro monumental, o espectador compreende de imediato o que está prestes a se desenrolar. É o universo do sujeito que encontra assim sua plena realização teatral.[73]

Esse paradoxo é notável: a caixa cênica à italiana se revela como moldura perfeita para o ilusionismo. Mas, nesse mesmo espaço, Beckett propõe a elisão do sujeito, retira a possibilidade de que a interpretação seja fechada em um único sentido ou se enrede na malha emocional. Para ele, o trabalho do ator deve desviar-se da psicologia, desprezar contribuições e empréstimos dos traços característicos da pessoa por meio de uma métrica propositiva: caminhos traçados, espaços medidos, tempo calculado, movimentação controlada e figura humana dissolvida. O rigor formalista, de natureza quase estoica, na

---

72 T. Adorno, apud F. Süssekind, Beckett e o Coro, *Folhetim*, n. 12, p. 109.
73 A. Lopes, O Ator e a Interpretação, *Folhetim*, n. 6, p. 72.

IMPASSES E ESTRATÉGIAS DE ENCENAÇÃO NO TEATRO DE BECKETT   115

trajetória de Beckett, é aplicado no processo de mediação ator-
-personagem, de forma a assegurar que a presença física do
intérprete não venha a desarrumar a gramática da abstração
que forma a sintaxe da personagem. De igual modo, o ator
também se libera do compromisso com a individualidade, visto
que não se trata mais de imitar características de determinada
pessoa ou ser, recusando-se, assim, ao papel de "mímico de
borracha requerido por um teatro de indivíduo", mesmo que se
reconheça tal "zona de indeterminação da personagem", como
lembra Ubserfeld[74].

É interessante notar que José Celso, quando da montagem
de *Esperando Godot*, pretendia ter um elenco só com mulheres ou atores de circo; estes últimos, para ele, teriam a precisão
absoluta, capaz de enfrentar a milimetrada carpintaria teatral
de Beckett. Se isso ocorresse, deduz-se, o encenador brasileiro
reduziria o impacto da subjetividade pela dissolução dos gêneros, no caso do elenco feminino, ou por uma forma de interpretação divergente da convenção realista-naturalista, como é a
estética circense. No entanto, essas e outras estratégias não ren-
dem a questão. Por mais que Beckett e encenadores controlem
a presença da figura humana, esta não é totalmente dissolvida
nem mesmo quando os elementos são suprimidos ou reduzidos ao essencial, como palco vazio, luz branca do princípio
ao fim. Até as experiências teatrais que substituem atores por
bonecos ou marionetes, ainda que retirem a massa corpórea
da figura humana, permanecem em sua iconicidade: o boneco
tenta assemelhar-se ao homem e continua refém das armadilhas ilusionistas[75]. Longe de pôr fim aos impasses da representação cênica, muitas estratégias continuam reclamando soluções.

O objetivo é reduzir o impacto da presença física do ator,
subtraindo-lhe a carnalidade. A subtração operada no corpo
do intérprete busca anulá-lo diante do público, revelando-o
por fragmentos, mas cria dupla referencialidade: uma parte
já é suficiente para revelar o interdito. O rosto ou uma boca
que aparecem plenos na escuridão do palco, por exemplo,

---

74 A. Ubersfeld, *Para Ler o Teatro*, p. 81.
75 O Grupo Sobrevento, de São Paulo, montou peças de Beckett com bonecos
no lugar de atores, a exemplo de *Ato Sem Palavras I*, *Ato Sem Palavras II* e
Improviso de Ohio, todas mantidas em seu repertório atual.

possibilitam ao espectador imaginar o corpo que se esconde por detrás do pedaço ou fixar seu olhar no fragmento, envolvendo-se na estranheza (Figura 8). De modo geral, estendendo-se essa análise às demais peças de Beckett, o espectador é colocado diante de um impasse nem sempre de fácil resolução: deixar-se invadir pela poética da cena beckettiana ou rejeitá-la em nome dos cânones ilusionistas da representação teatral. Esse mesmo dilema toma forma no processo de encenação, quando ator e encenador, em igual zona de risco, tentam traduzir a escritura beckettiana com métodos que confrontam as saliências expostas pela subjetividade, que insiste em desarranjar as peças do tabuleiro da linguagem no teatro.

DIREÇÃO DE ATORES: MÁQUINA, SENSIBILIDADE E INOVAÇÃO

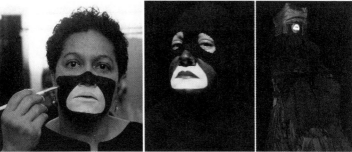

Figura 8: Hebe Alves, em Eu Não. *Processo de anulação do rosto e corpo da atriz para a personagem Boca.* Comédia do Fim. *Foto: Adenor Gondim.*

A tradição ocidental da arte da atuação no século XX é traduzida por diversificadas poéticas que produziram um legado de métodos amplos, ora assentados em princípios, experiências e procedimentos, ora em processos guiados por generalizações e ideias-manifesto. No entanto, credita-se a primeira sistematização a Stanislávski, cujos estudos e pesquisas marcaram o trabalho de encenadores tais como Bertolt Brecht, Jerzy Grotowski, V.E. Meierhold, Eugenio Barba, Peter Brook, entre outros, que, de uma ou outra forma, reconhecem a presença ou inspiração de elementos constituintes do percurso do diretor russo.

Apostando em uma via racional de análise e compreensão da personagem, o sistema de Stanislávski[76] inclui exame das ações físicas e sensoriais, inter-relação entre ação, pensamento e vontade, análise das motivações interiores e descoberta de modos de interpretação que estimulem o ator a identificar características físicas, sociais e psicológicas. Esse processo passa pelo reconhecimento do itinerário da personagem que, presume-se, seja percorrido pelo ator em várias dimensões: lógica, psicofísica, social, econômica, ideológica e assim por diante. Ainda que, em sua última fase, o encenador russo tenha se dedicado ao estudo das ações físicas – partindo de um trabalho de construção exterior –, há, de certa forma, uma busca que leva o ator a pensar personagem de uma forma completa.

Mas, quando se analisa a relação ator-personagem no teatro de Beckett, não é fácil dispor de um modo de operação similar, pois obstáculos se interpõem: descobrir quem é a personagem e quais as motivações e ações interiores e exteriores de forma a estabelecer uma rede de significados que dê sustentação lógica ao trabalho de atuação e possa ser assimilada pelos códigos de reconhecimento do espectador. No teatro de Beckett, estas perguntas soariam estranhas porque as respostas não satisfazem: quem é Godot? Como identificar características psicossociais em uma boca que fala ininterruptamente? Qual o perfil psicológico de personagens-jarras encarceradas em urnas funerárias? O que faz Winnie, soterrada até a cintura e depois até o pescoço? Não há muita possibilidade de dedução a partir de exame dos textos, muito menos dos modos psicológicos de composição.

No esforço de superar o impasse e imprimir sua marca na cena, Beckett passa ao largo tanto da racionalização quanto da identificação emocional. Não mais imersão psicológica, mas unicamente física; a meta é realizar as ações e os movimentos descritos nas rubricas. O foco de Beckett-diretor não se volta para a discussão de personagens e suas motivações; o trabalho é centrado na forma, nas posições, nos gestos e no movimento do corpo, no som, no ritmo ou na inflexão da voz, acentua

---

76 Há certa dificuldade em nomear o trabalho de Stanislávski. Escolheu-se *sistema* por se entender que traduz melhor a interconexão dos elementos examinados pelo encenador russo.

118   BECKETT E A IMPLOSÃO DA CENA

McMullan[77]. Um momento histórico que abriu tal questão foi a primeira tentativa de encenação de *Esperando Godot*, em 1952, por Blin, em Paris, antes da estreia oficial no Théâtre Babylone, em 1953. Ainda em busca de um espaço que acolhesse a montagem, Beckett e Blin optam pelo Théâtre de Poche. No primeiro dia de ensaio, o autor irlandês dá sinais daquilo que está por vir com mais vigor em sua poética: o esvaziamento dos significados. Um dos atores, inquieto com a desconcertante dramaturgia e sem saber como compor o papel, pergunta a Beckett incessantemente quem é, o que significa e como foi concebida a personagem Vladimir. Como resposta, o dramaturgo se limita a encolher os ombros em silêncio. Em consequência, todo o elenco desiste da montagem[78].

Em atitudes como essa, e ao contrário do esquema de interpretação psicológica, Beckett já prenunciava um jeito próprio de dirigir, com foco na orientação aos atores quanto às formas físicas, às linhas, às cores, aos movimentos e aos ritmos de falas e ações, relacionando-o ao modo de tratar a linguagem na dramaturgia, como observa Gerry McCarthy: "A arte do ator requer um conhecimento da linguagem e suas relações com o pensamento."[79] O ator deve buscar nos elementos formais do drama os meios para a atuação, ao invés de procurar imitar a ação tal como se dá na vida. Um exemplo é a ênfase que tanto Beckett quanto a maioria dos diretores de suas peças dão às ações concretas durante os ensaios, como assinala McCarthy: "a compreensão da peça começa com as formas físicas, integrando corpo e mente no ator e isto é diretamente apreendido através da recepção física do público".[80]

A insistência de Beckett nas propostas físicas em contraposição ao investimento na caracterização psicológica e racional aproxima-se mais das poéticas que têm sua relação com a linguagem; esta, por natureza polifônica, multiplica a personagem em vozes, perturbando a subjetividade da interpretação. O ator, acostumado ao papel de *sujeito da representação*, perde as âncoras de apoio diante de tantos enunciadores; tampouco seria

---

77   Cf. A. McMullan, op. cit., p. 196-208.
78   Cf. D. Bair, *Samuel Beckett*, p. 380.
79   G. McCarthy, Emptying the Theater, em L. Oppenheim (ed.), op. cit., p. 252.
80   Ibidem, p. 259.

porta-voz da personagem que, como a linguagem, não é só a fala, mas a análise da fala. Ora, se uma das funções da linguagem é dar certa ordem aos pensamentos – confusos, múltiplos, velozes –, então, no teatro, a linguagem pode ser, simultaneamente, tentativa de ordenação do pensamento e exposição da desordem, como no dizer atropelado e ininterrupto da Boca em *Eu Não*, que entrecorta primeira e terceira pessoas, interroga, responde, fala e analisa o que fala: "... o quê? ... quem? ...não! ... ela!"[81]

Mas, sem a psicologia, bandeia-se para que lado? As junturas ator-personagem, antes solidamente construídas, são apartadas no teatro de Beckett. Sem a construção subjetiva pouco sobraria ao ator para tentar erguer um pilar seguro de composição. E quando o sujeito-personagem se elide da representação teatral, a sensação que perdura é de fragilidade e impotência, pois com o colapso lógico-psicológico, as chaves, que antes abriam a porta de métodos imitativos, são lançadas ao vento. O ator, sem o repertório que possa sustentar sua crença na subjetividade da personagem, é jogado em uma máquina sem freio e sem combustível. Para o encenador Moacir Chaves, que dirigiu *Dias Felizes*, isso se deve à necessidade que tem o ator de dar *carnalidade* à personagem, assentando-se nas referências cotidianas e no *psicologismo impregnante*:

> A questão é que, ao procurar uma "personagem" para representar, nossos atores buscavam, ou pensavam buscar, construções dramatúrgicas que tivessem referência no mundo cotidiano, na "vida real", e que pudessem ter suas ações entendidas e justificadas por meio do estudo de sua psicologia, seres (não é fora de propósito a palavra, visto que considerados pelos atores quase como criaturas autônomas, que poderiam ou deveriam ser "incorporadas" por eles) freudianos e stanislavskianos. E, certamente, não é isso que encontramos no teatro de Beckett.[82]

Contudo, não é válido considerar que Beckett e os primeiros encenadores de suas peças desprezassem a formação sistemática dos atores ou que a experiência acumulada deveria ser ignorada. Ao contrário, o êxito dessas estratégias depende de atores com pleno domínio de voz, corpo e movimento, mesmo com formações múltiplas. A esse respeito, veja-se o depoimento

---

81 S. Beckett, *Catástrofe*, p. 3.
82 M. Chaves, *Memorial Sobre o Processo de Montagem de Dias Felizes*.

120   BECKETT E A IMPLOSÃO DA CENA

de Gerald Thomas sobre o trabalho de Sérgio Brito, Rubens Corrêa e Ítalo Rossi, na montagem de *Quatro Vezes Beckett* (1985), sob sua direção:

> Nesse trabalho encontrei Rubens Corrêa, Sérgio Britto e Ítalo Rossi, os dois últimos decididamente de formação stanislavskiana. Como é que encarariam o teatro antipsicológico, de pura forma, de códigos quase kabukianos? Nenhuma resistência, para minha surpresa. Os atores diziam o texto enquanto eu os conduzia musicalmente através das sílabas, regendo com as minhas mãos inquietas o ar na frente de seus narizes.[83]

Antunes Filho diz que, ao contrário do sofrimento e da *via crucis* da interpretação, fazer Beckett é jogar com palavras e divertir-se em uma "espécie de 'clownerie' um com o outro, porque um precisa do outro", como o faz a dupla O Gordo e o Magro[84]. E dá mais uma pista: "o ator, quando faz Beckett, começa pela angústia e faz uma meleca de sentimentos". Segundo ele, o correto seria "ficar no jogo, animar um ao outro e depois perguntar: 'Por que estou fazendo isso?'", pois "aí vem o sentimento"[85]. Nessa hora, Antunes parece haurir, pelo avesso, uma alternativa metodológica para *não interpretar*, quando anuncia que não há romantismo na atuação do ator: "É uma máquina, o sentimento em Beckett vem depois da palavra. Até ele, geralmente se dava o contrário."[86] Com a ideia de máquina, Antunes se aproxima de Brook ("personagens como máquinas"), mas ainda indica apostar no sentimento como resultante de um processo inverso, ou seja, o sentimento como resultado, o que deixa ainda de pé parte da questão da subjetividade.

Essa zona liminar do sentimento que Beckett tenta dissolver presta-se a muitas explicações. Mas uma coisa é certa: a noção de que o sentimento, desejado ou não, vem depois, ressoa na prática de muitos encenadores, mas não é referência modelar. Se é correto que os procedimentos de Beckett com os atores rejeitam o *sentir* antes do *fazer*, também o são depois do fazer. Por isso mesmo, a sequência máquina-sentimento

---

83   G. Thomas, apud S. Fernandes. *Memória e Invenção*, p. 11.
84   Antunes Filho, op. cit., p. 6.
85   Ibidem.
86   Ibidem.

ou *fazer-depois-sentir* é uma possibilidade, dentre tantas, de enfrentamento do impasse. Muitos diretores, por exemplo, enveredam por vias opostas à experimentada pelo artista irlandês. Alguns afirmam que a abordagem realista pode ser um caminho operante para lidar, inicialmente, com atores que têm essa formação específica, como fez Walter Asmus, um dos principais diretores colaboradores de Beckett, quando da direção de *Esperando Godot*, em 1979, em Nova York:

> Eu não estou interessado em explicações psicológicas, mas estas são para mim um caminho de comunicação com os atores. Eles têm de esquecer tudo a respeito disto quando eles estão atuando. Eu estou interessado no resultado artístico. O caminho pode ser diferente, mas o resultado que eu estou buscando é o mesmo.[87]

Com esse método, Asmus aproxima-se do paradoxo da não interpretação. Ou seja: para atingir o estado de não interpretar, não racionalizar, não psicologizar, opta-se por uma estratégia para interpretar, racionalizar e psicologizar de modo a se chegar, depois, a seu avesso. A encenadora Isabel Cavalcanti (que dirigiu *A Última Gravação* e *Ato Sem Palavras I*, com Sérgio Brito) reconhece que as personagens de Beckett são construídas a partir da materialidade da cena, da palavra e da ação física, sem psicologismo, mas lembra que isso não é nenhuma garantia de que a condução do ator se fará unicamente por esses meios. Para ela, a profundidade da poética beckettiana é um caminho de trabalho no processo de atuação, mas não se pode desconhecer o que emana da sensibilidade do ator: "Cada ator tem um processo muito particular de construção da personagem e as motivações que um descobre são diferentes das motivações de outro, pois, no fundo, acaba-se trabalhando a questão do sentimento, a memória, a emoção, a respiração."[88]

Rushe invoca a noção do teatro sagrado, já expressa por Brook[89], quando sugere ao ator percorrer um caminho quase transcendental na montagem das peças de Beckett. Para o encenador paulista, o sagrado seria a condição para se atingir

---

87 W. Asmus, op. cit., p. 42.
88 I. Cavalcanti em entrevista concedida a Luiz Marfuz, 2002.
89 Cf. P. Brook, *O Teatro e Seu Espaço*, p. 39-64.

um estado de não interpretação que exige uma entrega total do intérprete, quase um abandono de si: "O teatro de Beckett passa por todo um processo artístico no sentido do sagrado, da religação, do autoconhecimento, do espírito, do corpo. Temos que ao menos ser fiéis a essa proposta de tentar expressar o inominável."[90] Seria, pois, no território do desconhecido, em nome daquilo que não se nomeia, que se poderia melhor traduzir o trabalho do ator no teatro de Beckett. É sempre uma nova experiência, que descarta a rigidez e a fixação de regras de composição que formariam um possível ator beckettiano. Se há atores beckettianos, eles o são por diferentes formações e, às vezes, por distintos resultados. Quando Dort se interroga sobre essa questão, ampliando as ressonâncias para saber se o teatro de Beckett requer um estilo de interpretação particular, sua resposta não deixa dúvidas: "A partir do momento em que a obra dramática só admite um estilo de interpretação ela acaba se fechando e, em consequência, intimidando."[91]

O engessamento e a intimidação talvez venham tirar o fulgor que a obra de Beckett irradia, fechando-a em uma única forma. Não sem propósito, Dort vislumbra um halo de possibilidades e vê a ruptura como aderente ao ofício do ator: "O texto beckettiano é uma fonte preciosa para os exercícios da arte de interpretar que invoca diferentes *partis pris*. Ele autoriza rupturas precisas, progride através de inversões e legitima as trocas de pontos de vista."[92] São *rupturas precisas* – veja-se o qualificativo dado por Dort. É como se fosse possível transgredir no campo da interpretação, legitimando-se a máxima de que não existe um ator beckettiano, mas atores com diversos modos e estilos e com múltiplas referências. Fechar-se em um único estilo é encerrar possibilidades de interpretação da obra, cercá-la em labirintos, como se o fio de Ariadne, único e mítico, fosse sempre encontrado a cada momento em que se encena Beckett. Mas talvez aí esteja, paradoxalmente, uma das chaves de compreensão: não é descobrir o fio de Ariadne, é deixar-se perder no labirinto.

---

90 R. Rushe, Especialista Explica os Dilemas de Beckett, *Folha de S. Paulo*, 4 abr. 2006, p. 4.
91 B. Dort, op. cit., p. 90.
92 Ibidem, p. 91.

A experiência que Asmus teve com os atores da citada montagem americana de *Esperando Godot*, que seria dirigida por Beckett, é um reflexo disso, pois ele reconhece que, mesmo de posse das indicações cênicas e das situações-modelo desenvolvidas por Beckett, e devidamente registradas, não pôde aplicá-las diretamente:

> Eu aprendi pelo caminho mais difícil. E tive de aprender por mim mesmo [...]. A produção de Berlim foi a Bíblia, e eu imaginava ser alguém que sabia tudo, mas foi muito difícil passar o que eu sabia para os atores, estando tão distante deles [...] eles me esperavam para saber tudo, mas eu não estava preparado para isto. Ou então eu não poderia realmente passar para os atores o significado que Beckett tinha atribuído, quando dirigiu suas peças. Eu sabia a coreografia, o modelo, a forma. Eu tinha tudo em minha cabeça, mas como explicar para eles a situação, como começar a trabalhar, falar que eu não sabia nada a respeito disto...[93]

Da declaração de Asmus, pode-se deduzir que os registros de encenação de Beckett são inspiradores, mas não se constituem em modelos fechados, até mesmo porque as abordagens mudam e diferem de uma cultura para outra, de um encenador para outro, de um ator para outro. Ainda assim, pergunta-se se seria possível ter referências, mínimas que sejam, para o trabalho do ator em Beckett. Alguns encenadores asseguram que se possa aprender com as experiências do dramaturgo-encenador e seus cadernos de direção. Mas as "rupturas precisas" estão aí para desestimular o engessamento. O tecido conjuntivo da personagem já se esgarçou e, para o ator, resta a bifurcação: abandonar tudo aquilo que aprendeu e aventurar-se no desconhecido ou partir do já apreendido para caminhar na areia movediça da encenação. A chave da *não interpretação* exige graus de profundidade. Ficar na superfície é avessar-se à verticalidade que convida a entrar nos afluentes espessos do teatro de Beckett.

Assim, o ator, contraído, subtraído, deslocado e recolocado a cada momento, tem diante de si a possibilidade de se perder no emaranhado poético do dramaturgo irlandês e, nessa perdição, encontrar frestas. Ocultado no palco, dissolvido na

---

93 W. Asmus, op. cit., p. 41-42.

textura do seco tecido que enforma a personagem, momenta-
neamente, ele se coisifica para, depois, abrir-se a outras possibilidades expressivas. O ator agora é máquina-sensível que
tritura sentimentos e lógicas de composição da personagem,
fazendo desvanecer as possibilidades de significação que ainda
possam ser expressas na ambiguidade e insuficiência da linguagem. Nessa fenda aberta entre aquilo que se nega e o que se
afirma, as palavras de José Celso escandem e traspassam essa
polaridade para absorvê-la nos extremos ao considerar que
um ator de qualquer formação pode fazer Beckett[94]. Por isso,
interroga-se: se todo o teatro do mundo pode caber em uma
única peça de Beckett (*Esperando Godot*), como diz José Celso,
por que os métodos diversos não exerceriam sua força atrativa
na cena beckettiana?

Uma possível resposta a essa pergunta suspensa, que parece
responder-se por si, não aponta uma forma única de trabalhar
os textos de Beckett, mesmo porque ele seguiu caminhos diferentes em cada montagem, não se repetindo nem se atrelando
às conquistas de uma encenação, como assinala Albee ao reafirmar que não há método seguro de interpretação: "Se você ler
algumas das instruções de Beckett aos atores em uma produção
e em outra, vê que elas são diametralmente opostas."[95] O tamanho desse diâmetro nunca se sabe. O caminho da reta, muito
menos: tende ao infinito. Mas a espiral descendente pode ser
boa pista para mergulhar no insondável da obra beckettiana e
aí se perder. Sediado nessa perdição, é possível encontrar algo
que ressoe as questões e não as feche nem como bula aplicável
a qualquer ocasião, nem a toda e qualquer encenação – essa
matéria espessa, concreta e efêmera, que emite cintilações e
vacuidades difíceis de serem capturadas.

---

94 J.C. Martinez Corrêa em entrevista concedida a Luiz Marfuz, 2002.
95 E. Albee, op. cit., p. 84.

Quadro III: *Montagens Teatrais Dirigidas por Beckett*

Ano	Título em português / Título da montagem	Teatro	Cidade
1966	*Vai e Vem/Va et vient*	Odéon Théâtre de France	Paris
1967	*Fim de Partida/Endspiel*	Schiller-Theater Werkstatt	Berlim
1969	*A Última Gravação/Das Letzte Band*	Schiller-Theater Werkstatt	Berlim
1970	*A Última Gravação/La Dernière bande*	Théâtre Récamier	Paris
1971	*Dias Felizes/Glückliche tage*	Schiller-Theater Werkstatt	Berlim
1975	*Esperando Godot/Warten auf Godot*	Schiller Theater	Berlim
1975	*Eu Não/Pas mois e A Última Gravação/ La Dernière bande*	Théâtre d'Orsay	Paris
1976	*Aquela Vez/Damals e Passos/Tritte*	Schiller-Theater Werkstatt	Berlim
1976	*Passos/Footfalls*	Royal Court Theatre	Londres
1977	*A Última Gravação/Krapp's Last Tape*	Akademie der Künste	Berlim
1978	*Comédia/Spiel*	Schiller-Theater Werkstatt	Berlim
1978	*Passos/Pas e Eu Não/Pas mois*	Grande Salle, Théâtre d'Orsay	Paris
1979	*Dias Felizes/Happy days*	Royal Court Theatre	Londres
1980	*Fim de Partida/Endgame*	Goodman Theater	Chicago
1984	*Esperando Godot/Waiting for Godot*[96]	Adelaide Arts Festival	Adelaide

Fonte: J. Knowlson, *Happy Days.*

---

96. Knowlson considera que esta produção, realizada junto ao San Quentin Drama Workshop, foi praticamente dirigida por Beckett, embora feita em colaboração com Walter Asmus, que assinou *formalmente* a direção.

5. Quatro Peças e Uma Catástrofe: Ensaiando a Implosão **na** Comédia do Fim

O estudo dos textos e a farta produção hermenêutica sobre a poética beckettiana tanto enriquecem o olhar do encenador quanto podem encastelá-lo no rigor dos princípios e interpretações. É certo que há um consolo, independentemente do lado para o qual se queira ir: são os vazios do texto, constituídos pela linguagem que o forma; vãos que esperam ser preenchidos em cada encenação, mesmo para aqueles que conhecem minuciosamente os procedimentos desenvolvidos por Beckett-encenador. Na arte, o método é um leme para se navegar em tempestades, mas estas não são iguais; o contexto é sempre outro, os atores também. E na cena beckettiana, certezas caem. Para Rushe, o processo de ensaio é "o esgotamento de todas as possibilidades, para descobrir o que está à frente". Segundo ele, "não adianta sentar-se em uma mesa e discutir Dante, Schopenhauer", pois a sensação é a de que nada se sabe[1], uma vez que o desconforto e a desorientação se apossam do encenador diante da obra de Beckett.

Questões como essas foram colocadas e vivenciadas no processo de construção do espetáculo *Comédia do Fim*, que

---

1   R. Rushe em entrevista concedida a Luiz Marfuz, 2002.

128 BECKETT E A IMPLOSÃO DA CENA

dirigi em 2003, com atores do Núcleo do Teatro Castro Alves, especialmente selecionados para compor essa montagem. A encenação comportava cinco dramatículos de Samuel Beckett – *Eu Não, Improviso de Ohio, Fragmento de Teatro 1, Comédia e Catástrofe* –, todos traduzidos pela dramaturga e escritora Cleise Mendes[2]. O que se segue é uma reflexão sobre os elementos anteriormente examinados, agora à luz da experiência direta da cena, que traz outra questão: falar da própria experiência artística e distanciar-se para examiná-la criticamente. É uma análise que se desdobra em outras, mas que se encaminha para se dobrar sobre si mesma, porque narrador e narrado estão dissolvidos no mesmo sujeito.

Finge-se, assim, que há imparcialidade, quando, no fundo, há uma implicação na subjetividade do relato. Como criador e espectador do produzido, distanciado no tempo e no espaço, disponho da memória da experiência, imagens e metáforas que permanecem flutuantes, modo torto de operar a bifurcação entre a poética (no sentido do fazer) e a estética (no de apreciar). Por isso, sou ao mesmo tempo o objeto que se presta ao olhar do *outro* e o olho que espreita e procura imperfeições e acertos da experiência, como forma de um exercício crítico. Contudo, por mais que me distancie, não o posso de todo; e por mais que tudo veja com o olhar de quem o fez, este será incompleto; e a linguagem sempre imperfeita para tal função. Assim, opto por me colocar no centro desta reflexão, mas também ouvir e acolher vozes dos atores e demais artistas que participaram do processo.

ITINERÁRIO DA ENCENAÇÃO: DESENROLANDO O CARRETEL INVISÍVEL

A montagem dos cinco dramatículos, no mesmo espetáculo, traz os seguintes aspectos a serem resolvidos: a escolha e a disposição dos textos no espaço-tempo em uma ordem cênica funcional; a

---

2 Entre 1995 e 2003, os seguintes diretores realizaram montagens com atores baianos no Núcleo de Teatro do TCA: Carmem Paternostro, Gabriel Villela, Hans Ulrich-Becker, Nehle Franke, José Possi Neto, Fernando Guerreiro, Elisa Mendes, Francisco Medeiros.

QUATRO PEÇAS E UMA CATÁSTROFE 129

construção de uma cenografia que sirva como eixo central para as cinco peças; o estabelecimento do jogo texto-encenação de forma a equacionar partitura dramatúrgica e liberdade da encenação; e a adoção de estratégias para trabalhar com um elenco que, praticamente, desconhecia o teatro de Beckett.

O processo de construção de *Comédia do Fim* dura quatro meses[3] e é dividido em fases, que nem sempre obedecem a uma cronologia: 1. preparação corporal pela técnica de *clown* e preparação vocal e musical para a cena; 2. descondicionamento psicofísico (fase denominada pelos atores de "vale de lágrimas"); 3. introdução ao universo beckettiano, com exercícios vinculados aos procedimentos da montagem, especialmente o desconforto físico, a imobilidade e a contração; 4. leituras do texto, com ênfase na musicalidade; 5. composição das personagens pelas via da decomposição, da fisicalização e das partituras; 6. montagem e marcação dos dramatículos; 7. ajustamento do trabalho dos atores com os dispositivos técnicos da montagem (cenografia, figurino, luz, som, maquiagem e adereços); 8. ensaios abertos ao público; 9. estreia.

Já nos primeiros contatos com atores, técnicos e criadores (cenógrafo, figurinista, iluminador, maquiador, diretor musical), escolho *precisão* e *subtração* como palavras-chave do espetáculo, o que significa rigor na construção das cenas, na movimentação da cenografia, na marcação cênica, na interpretação, no desenho da luz e nos deslocamentos espaciais em direção a uma cena *mínima*. O objetivo é pesquisar elementos do teatro beckettiano e os procedimentos da implosão, ainda que não formulados como conceitos, mas já identificados de forma dispersa nas peças e na prática cênica de Beckett e dos encenadores que montaram seus textos. Alguns desses procedimentos já haviam sido trabalhados durante o experimento cênico *Só Beckett*, realizado com alunos--atores do curso de Interpretação da Escola de Teatro da UFBA, que resultou no espetáculo *Só*.

---

3 O processo de montagem teve início em julho, com o *workshop* Experimentando Beckett, com 24 profissionais, selecionados entre 330 que fizeram a audição. *Comédia do Fim* estreou em 5 nov. 2003, na Sala do Coro do TCA e ficou em cartaz durante um ano. Além disso, integrou o VII Festival Recife do Teatro Nacional, em 2004, em Recife, Pernambuco, no Teatro Santa Isabel; teve cinco indicações ao Troféu Braskem de Teatro, obtendo premiação de Melhor Espetáculo do Ano e Melhor Cenografia.

130 BECKETT E A IMPLOSÃO DA CENA

De início, a intenção é construir um eixo no qual se assentem as cinco peças em determinada ordem, com um fio condutor. Daí a criação de um ouvinte silencioso, com a boca amputada, que se coloca à esquerda do palco, no proscênio, e assiste a tudo, passivamente; essa personagem é chamada Primeiro-Ouvinte, para diferenciá-la das demais que exerciam a mesma função nos dramatículos. O propósito é estabelecer uma relação com o público e, ao mesmo tempo, solapar possibilidades de entendimentos fechados, deixando questões em aberto. Mas, por vários momentos, falham as tentativas de construir esse fio central, pois cada peça fala por si. Se há alguma ligação entre elas, é dada pelos ecos e ressonâncias da dramaturgia beckettiana. Mas essa compreensão não impede que algumas contradições emerjam no processo, fruto da complexidade de colocar em prática o que se projeta na concepção e que encontra no arranjo do itinerário o primeiro impasse.

A opção pelos dramatículos como eixo do espetáculo reside na certeza de que ali estão inculcados procedimentos radicais do autor: discursos justapostos ou paralelos da enunciação, profunda imobilidade, depuração da palavra, fragmentação do corpo, ação decomposta e outros que consolidam um paradoxo no teatro de Beckett: é "puro teatro" e arte de fronteira que dialogam com cinema, televisão e romance. Cleise Mendes, tradutora dos textos de *Comédia do Fim*, lembra que, mesmo antes dos dramatículos, Beckett "já havia minado os alicerces da dramaturgia realista, sobretudo, no 'terremoto' a que submete a ideia de personagem; da fala, os rangidos; do corpo, as ruínas"[4]. Habitualmente, os dramatículos são apresentados cenicamente de forma autônoma, com intervalos entre um e outro, o que assegura não só a autonomia de cada um, mas contribui para solucionar mudanças técnicas exigidas no texto ou propostas pelas encenações.

Inicialmente, tenta-se criar uma estrutura que organize um caminho lógico para a encenação. Por exemplo, começar com situações mais familiares ao espectador ou distribuir os quatro movimentos da Boca (*Eu Não*) como entreatos dos cinco dramatículos. No entanto, as tentativas de fracionar as peças fracassam para que cada uma permaneça em sua

---

4 *Comédia do Fim*, programa da peça.

QUATRO PEÇAS E UMA CATÁSTROFE 131

unidade cênico-dramatúrgica. Durante algum tempo, trabalha-se a metáfora do palco como a grande caixa craniana, como se as imagens das peças se sucedessem na cabeça do Primeiro-Ouvinte, que permanece em cena durante todo o espetáculo. A metáfora do crânio vai se conformando em conceito, mas se esvazia no percurso, dadas as interferências de outros componentes, especialmente os que apontam para a impossibilidade de estabelecer uma única significação que ligasse as cinco peças. Ainda assim, rastros dessa ideia deixam faíscas no espetáculo, interferindo no resultado final.

Tanto a presença do Primeiro-Ouvinte quanto a cenografia funcional fazem parte da estratégia de assegurar uma concepção geral para o espetáculo, rejeitando-se a solução peça a peça, embora se quisesse assegurar a independência de cada uma. Essa aparente contradição já revelava as questões que estariam por vir, acentuadas pela insistência em se querer assegurar uma curva rítmica para a montagem, semelhante ao "carretel invisível", de que fala Peter Brook ao tratar do discurso da encenação:

> Quando a primeira palavra é dita, um carretel invisível começa a desenrolar-se, e a estrutura do discurso e silêncio deve então fluir inexoravelmente até o fim da última fala. Não importando o modo pelo qual é representada – nem mesmo quando a ordem das cenas é reorganizada ou o texto é drasticamente cortado –, essa pulsação precisa estar presente, pois uma arte da representação é a vida com a frouxidão removida.[5]

O espetáculo termina por se direcionar para as questões concretas da representação, especialmente as relações encenação-texto, tempo-ritmo e ator-cenotecnia. Desenrolar esse carretel e articular o jogo de pulsações do espetáculo significa passar necessariamente pela solução dos problemas técnicos (tempo de mudança entre uma peça e outra, troca de figurinos e maquiagem, deslocamento das tapadeiras deslizantes do cenário, etc.) e pela correlação entre o ator e os dispositivos cenográficos. De fato, a sequência vai se estabelecer pelos ditames do tempo-ritmo da montagem e das soluções técnicas encontradas, o que define uma ordem de apresentação das peças, com pequenos intervalos entre elas.

5   P. Brook, *Fios do Tempo*, p. 182.

Em vista disso, assim se organiza o itinerário das peças em *Comédia do Fim*: o silêncio inaugural do Primeiro-Ouvinte, que se instala e fica a escutar palavras lançadas pela Boca em *Eu Não*; a fala do Leitor que consola outro Ouvinte, em *Improviso de Ohio*; a aproximação e recusa entre o cego e o aleijado em *Fragmento de Teatro 1*; as personagens-jarras controladas pela luz do refletor em *Comédia* e a imobilidade e a manipulação do corpo do ator em *Catástrofe*; mas, antes do final do espetáculo, o Primeiro-Ouvinte escuta sua voz, em *off*, separada do corpo. Depois, retorna-se à última imagem do Protagonista de *Catástrofe*, todo pintado de branco – desnaturalizado, desfigurado e decomposto – sob aplausos gravados, o som do tremor do corpo manipulado e o silêncio como última palavra.

Por outro lado, há a dimensão do espaço-tempo na montagem, forjada em falsas modulações. Não há remissões históricas ou contextualização, quer pela atenção às rubricas, quer pela sintaxe visual – figurinos, objetos, maquiagem, luz e adereços –, pontuadas por indeterminações, ora mesclando materiais de temporalidades distintas, ora apostando na suposta junção de diferentes faixas espaciais. No espetáculo, o tempo sugere justapor-se em cinco dimensões: a cênica (que escorre nos ponteiros do relógio, 1h30); a extracênica (citada nas falas); o tempo embaralhado da presença contínua do Primeiro-Ouvinte; a embutida em cada um dos textos e a que se dá entre uma peça e outra, cujos intervalos não excedem um minuto. (Ver estudo da curva rítmica do espetáculo, Figura 9.)

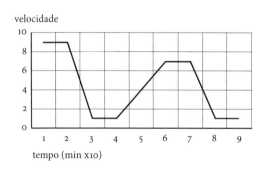

Figura 9: Estudo do tempo-ritmo, ritmo das cenas x tempo de duração, conforme a ordem definida para os dramatículos em Comédia do Fim. *Gráfico construído, a partir das observações de Ney Wendell, assistente de direção,no* Diário da Montagem de Comédia do Fim.

Essas justaposições temporais têm oscilações assumidas intencionalmente: o tempo do Primeiro-Ouvinte, por exemplo, parece igualar-se ao do espectador (ambos permanecem em cena enquanto dura o espetáculo); mas é um raciocínio embaraçado, pois ora o Primeiro-Ouvinte parece assistir ao que o público vê, ora interfere na ação – deslocando-se para o *locus* de algumas peças –, ora sugere que tudo não passa de palavras e imagens urdidas pelas tramas da linguagem. A única temporalidade que conta é a cênica, a que decorre no tempo do espectador. Nem mesmo a transição de uma peça para outra indica qualquer passagem de tempo, muito menos progressão linear. Do mesmo modo, o espaço não é um lugar determinado. Mesmo as referências imitativas, contidas na escritura dramatúrgica (mesa em *Improviso de Ohio* e cadeira do Diretor em *Catástrofe*), perdem o sentido figurativo e cedem lugar à geometrização espacial, cujas possibilidades são exploradas pela cenografia, figurino, luz e maquiagem.

CARTOGRAFIA VISUAL DO ESPETÁCULO: MATERIALIZAÇÃO DO VAZIO

A cartografia visual do espetáculo é pensada para realizar uma proposta: colocar a ação de cada peça por espaços próprios, fazer a cenografia deslocar-se de um lugar para outro para assegurar a estaticidade inicial na instalação de cada dramatículo. Além disso, é preciso criar uma sintaxe espacial que faça do palco o espaço único para as cinco peças, com variações. A cenografia resulta em uma grande caixa preta, com estruturas internas móveis, composta de painéis retangulares e plataformas quadradas, cujas peças se encaixam e se desencaixam, em tensa movimentação. A função é deslocar o espaço da ação de um dramatículo para outro. Quando a caixa se movimenta, dá-se a impressão de que algo vai acontecer. O espectador ouve ruídos e vê, vagamente, a movimentação de formas indefinidas no palco, derivadas da manipulação dos painéis que marcam as transições. Mas, uma vez cessado o movimento, não há surpresas; apenas outra parte do espaço é revelada, com formas já conhecidas do espectador (Figura 10).

Figura 10: Maquete do cenário de Comédia do Fim, *com o Primeiro-Ouvinte, à esquerda, no proscênio. Painéis recebem contraluz, tornam-se opacos, transparentes, movimentam-se, revelam e refratam imagens. Cenografia e foto de Moacyr Gramacho.*

O objetivo é driblar a expectativa pelo uso do princípio do ocultamento e da revelação, sem que isso estabeleça qualquer curva de suspense ou surpresa. Ao mesmo tempo, reforça-se a ideia da compressão do espaço sobre o corpo do ator, já expressa pelo cenógrafo Moacyr Gramacho após assistir ao primeiro ensaio: "A gente vai materializar o vazio. O cenário pode ser de painéis negros, opacos e transparentes, repartido, uma espécie de caleidoscópio. É como se o ator fosse manipulado pelo aparato técnico."[6] Com efeito, os painéis lembram os *écrans* (biombos) de Gordon Craig, placas com múltiplas funções que ora refletem a luz, ora revelam corpos, ora se tornam opacas. Uma das funções é plastificar a figura do ator, colocá-lo como que achatado na moldura, comprimindo a movimentação. Com isso, a ação tenta se desenvolver nas junturas e interstícios dos painéis, em uma sucessão de imagens refratadas que acentuam a desnaturalizacão da figura e o jogo da luz e da escuridão:

> As coisas estão ali; aparecem e desaparecem: a cadeira de rodas, o cego, o aleijado. É fazer as coisas sumirem e dar essa sensação de que, *a priori*, estão ali, como se sempre estivessem. As personagens estão

---

6 M. Gramacho em *Diário da Montagem de Comédia do Fim*, v. 1, p. 100.

QUATRO PEÇAS E UMA CATÁSTROFE

presas àquela realidade e não podem fazer nada contra ela. É como pegar um quadro de Mondrian, colocar retângulos que têm a ideia de negar a profundidade.[7]

Essa concepção espacial reforça a ideia de personagens-máquinas, "invenções puras, imagens frescas, agudamente definidas", "objetos", "máquinas teatrais"[8], tuteladas pelos dispositivos cênicos e pelo confinamento espacial na moldura do palco à italiana. O ponto de partida, curiosamente, é a mesa indicada nas rubricas de *Improviso de Ohio*:

A gente tem uma mesa, que é um símbolo gráfico, extremamente realista. O primeiro exercício foi decompor a mesa, com todo respeito, deformar um pouco a mesa de Beckett. E na medida em que a mesa vira um ângulo, você pode transformá-la em um praticável que se eleva e depois em um apoio para os outros dramatículos. Isto ocorre com o mecanismo de forma invisível, fora do controle do elenco, dos personagens, e é o que cria espaços e vazios.[9]

O conceito espacial estende-se aos objetos cênicos. As urnas funerárias, indicadas nas rubricas de *Comédia*, sugerem uma forma abaulada, arredondada ou ovalada – como são os antigos vasos fúnebres –, mas a opção pelo traçado reto atinge esse material e as urnas se transformam em caixas retangulares:

a gente viu que essa imagem da urna que levaria a uma leitura meio étnica tem uma relação forte com a cultura europeia. Acho que Beckett, quando usa as jarras, refere-se a essa arte, como se ele pegasse as personagens e as colocasse dentro da arte clássica europeia, a famosa natureza morta. Para mim, Beckett faz uma brincadeira nesse sentido. Então, qual o sentido desse vaso pra uma civilização como a nossa, brasileira? Aí, a gente chegou à conclusão que o nosso invólucro, o do homem contemporâneo, é um pedaço de concreto [...] E surgiu essa ideia das caixas. Isso traz a cena pra cá pro viaduto, pra cidade...[10]

Há, portanto, dois conceitos implícitos na cenografia. Um é trazer referências à arte contemporânea, especialmente as artes plásticas, que imprimiu reconhecida influência no teatro

7   M. Gramacho em entrevista concedida a D. Rabelo, 2004.
8   P. Brook, *O Teatro e Seu Espaço*, p. 57.
9   M. Gramacho, op. cit.
10 Ibidem.

136 BECKETT E A IMPLOSÃO DA CENA

de Beckett. O outro é aproximar o arcaico e o moderno por meio das formas e do material de composição das urnas, que se ajustam à geometria visual escolhida para o espetáculo: um espaço que hospeda e refuga a curvatura do corpo do ator, comprimindo-o ou modelando-o; o que acende tensões entre dispositivos técnicos e performance no processo criativo. A entrada progressiva dos elementos cenotécnicos acentua o desconforto, que já fazia parte da etapa de preparação do elenco, como nota Gramacho: "Para fazer as caixas, a gente mediu o corpo do ator para depois imobilizá-lo. Ele tinha que entrar, ficar imobilizado, encaixado, e depois sair rápido de dentro da caixa. A gente se sentia culpado com o desconforto do ator, mas depois eu dizia: a culpa é de Beckett."[11]

Toda a equipe tateia inicialmente para associar o trabalho do ator ao comando dos elementos técnicos; e isso inclui a caracterização visual. Mas é enfatizado, a todo o tempo, que a relação entre corpo do ator e técnica integra a composição da performance e o conceito geral do espetáculo, que se vão estabelecendo gradualmente, visto que se tentava evitar uma encenação fechada em significados.

Com o tempo, a equipe se acostuma e as resistências do elenco diminuem, mas permanece o desconforto, também dado pela deformação que se imprime na feitura dos elementos cenográficos, a exemplo da cadeira de rodas do aleijado, em *Fragmento de Teatro 1*. Isso gera uma reflexão do cenógrafo sobre as superposições das deformações, que já vinham impressas na dramaturgia de Beckett: "Surgiu essa ideia da prótese, da deformação e aí a gente começou a deformar a cadeira, o que deu mais perversão à peça. Em Beckett tem isso, a deformação de modelos, desde a década de [19]50, [19]60 [...] Mas, hoje, como é, você deformar o que já está deformado?"[12] Essa questão paira durante todo o processo, sem que encontre uma resposta adequada, uma vez que as camadas de deformações se superpõem em outros momentos na montagem.

A cadeira é construída de forma a acentuar a contração e o desconforto físico (Figura 11). Por isso, as deformações são evidenciadas e obrigam o ator a ficar em posições incômodas, além

11 Ibidem.
12 M. Gramacho, op. cit.

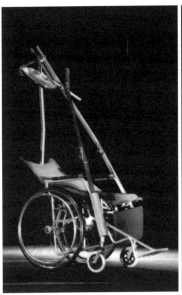 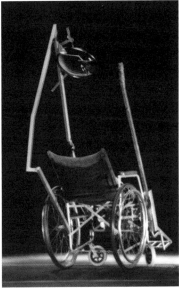

Figura 11: Cadeira de rodas, com espelho e deformações, construída para movimentação de B (o aleijado), em Fragmento de Teatro I. Comédia do Fim. *Foto: Isabel Gouvêa.*

de seguir a rígida marcação gestual. No caso, a atriz, Frieda Gutmann faz esforço para se levantar e se apoiar no cabo metálico de sustentação que está no espelho da cadeira ou então é impelida a emitir a voz em posições difíceis, de cabeça para baixo. O resultado é uma voz esganiçada, trabalhada nas regiões das caixas de ressonância peitoral e garganta, resultando em uma fala gutural, áspera, em contraste com a suavidade do cego (A).

Exemplos como esse mostram que a montagem de *Comédia do Fim* encaminha-se para a solução das questões concretas que pretendem resolver situações postas pelo texto e pela cena, intensificando a contração; e isto naturalmente interfere no trabalho do ator que, em vários momentos, é influenciado pelos elementos técnicos da cena, introduzidos antecipadamente no processo de ensaio e de (de)composição da personagem. Além do mais, trata-se de materializar a ação pela movimentação circular ou sinuosa dos atores em oposição à grafia visual retilínea do espetáculo, separar fala de movimento, garantir o contraste entre rigidez do corpo e mobilidade do cenário e assegurar o tempo-ritmo necessário a cada dramatículo.

No entanto, se a cenografia se impõe em sua qualidade contrativa – à medida que restringe a ação do ator, estimulando-o a descobrir resoluções cênicas –, é a luz que assegura a qualidade subtrativa em cada microrregião do palco, recortando ou fazendo desaparecer objetos e figuras. O mesmo se sucede com a atuação. Da lágrima ao ressecamento, da expansão à contenção, do mais ao menos. É a *via do tirar* em contraposição à *via do pôr*. Uma subtração que coloca o ator no jogo e na engrenagem do espetáculo.

LÁGRIMA E RESSECAMENTO: TENSÕES E AMBIGUIDADES NO TRABALHO COM O ATOR

Com perfil heterogêneo, mas com larga experiência de atuação no palco, o elenco é composto por oito atores de formações e gerações variadas e com um ponto em comum: o método de construção de personagens pela via psicológica, subjetiva – o que me leva a pensar em uma estratégia geral que contemple essa *expertise* e permita a experimentação de procedimentos da cena beckettiana. Por isso, resolvo dividir o processo de preparação em duas grandes etapas, traduzidas nas palavras-chave: lágrima e ressecamento. A primeira é a verticalidade do mergulho nas emoções primárias do ator, quando se assume a subjetividade como forma de se aproximar dos elementos conhecidos pelo elenco: a *via do pôr*. Já a segunda centra-se no filtro dos conteúdos emocionais em direção a uma cena seca, despossuída de significados, marcada pela construção de uma sintaxe musical no desempenho do ator ou na geografia de distribuição dos movimentos cênicos mínimos: a *via do tirar*.

Maximização das Sensações: A Via do Pôr

A escolha do caminho da maximização para a minimização é essencial para dar escoamento à linha psicológica de interpretação. Em decorrência, são desenvolvidas estratégias para que o elenco trabalhe as emoções, cujo objetivo é encharcar para depois ressecar. Com isso, situações-limite de ordem sensorial são propostas, fazendo os atores elevarem ao máximo o que lhes seria subtraído depois. Essa opção converge, por outro viés, com o pensamento de um dos diretores-colaboradores de Beckett, Walter Asmus, que não hesita em fazer uma aproximação realista entre as situações da peça e a dos atores, como estratégia inicial de processo de montagem[13]. Ainda que a obra de Beckett se abra a inúmeras leituras, há um ponto medial no hemisfério de possibilidades cênicas da atuação que se traduz na busca de um "equilíbrio delicado" entre dois polos, como pontua Pierre Chabert, igualmente diretor-assistente e colaborador de Beckett:

> O estilo de interpretação [para o teatro de Beckett] reside no equilíbrio instável entre um aspecto mais realista, mais "verdadeiro", e outro mais distanciado, mais abstrato, mais formal ou musical, podendo ir até o expressionismo ou ao clownesco; eis aqui um domínio essencial em que o encenador, em conjunto com o ator, pode manifestar suas escolhas, sua sensibilidade, imprimir sua marca, afirmar sua visão.[14]

De fato, o "aspecto mais realista" se instala na primeira etapa da montagem de *Comédia do Fim*, pois a segunda se distingue pelos domínios formal e musical. Para cada dramatículo, há uma estratégia particular de abordagem, mas ressonâncias de princípios comuns repercutem em todos: contração corporal, geometria espacial rigorosa, imobilidade física, subtração de movimentos, sintaxes sonoras, entre outros. Porém, nada disso impede que haja intercorrências, ajudando a engrossar a teia de fios nervosos do trabalho de decomposição da personagem

O momento deflagrador é a instalação da cena – fase do processo em que cada dramatículo tem as imagens-chave materialmente definidas a partir de propostas de trabalho colocadas para o ator. Essas imagens são construídas e formatadas pelo elenco de modo a serem depois incorporadas, não necessariamente no espetáculo, mas na composição individual como estímulos sensoriais à imaginação do ator, sem a necessidade de identificação com o papel. Um exemplo é o trabalho com máscaras

---

13   W. Asmus, Interview with Asmus, em L. Oppenheim (ed.), *Directing Beckett*, p. 42.
14   P. Chabert, Singularité de Samuel Beckett, *Théâtre Aujourd'hui*, n. 3, p. 22.

140 BECKETT E A IMPLOSÃO DA CENA

fotográficas no rosto dos atores de *Improviso de Ohio*, que visava a enfatizar os princípios do duplo e da paridade, o que exige intensa mobilização sensorial do elenco, especialmente de André Tavares (Leitor) e Ipojucan Dias (Ouvinte): o ator A contracena com o ator B, que usa no rosto uma máscara do ator A; quando o ator B se confronta com a própria máscara no rosto do outro e segue a indicação de dizer o texto da peça, aflora um conjunto de sensações advindas da situação (Figura 12).

O objetivo é dar escoamento aos sentimentos derivados da situação, como se fosse a matéria principal para "construção da personagem", quando o que se deseja é abandonar a ilusão de interpretar alguma personagem. O testemunho de Marie Thauront revela faceta curiosa desse exercício de reflexo, paridade e confrontação: "as imagens eram muito fortes e aquele ensaio me marcou. Mas ao mesmo tempo em que me senti desconfortável, eu gostei muito de ver aquilo. E quando concebia a maquiagem, sempre me lembrava deste momento"[15].

Após essa etapa, começa o trabalho do *clown*, que funciona como esfera de transição entre a vivência das situações e o afastamento da necessidade de racionalização por parte dos atores, tentação esta a que muitas vezes também me submeti. "Se o encenador constrói frases sobre a significação filosófica de uma peça, pode até impressionar seus atores, mas não irá trazer nada de prático. Como, após tudo isso, [o ator poderá] interpretar 'o fim da história' ou 'o declínio da cultura ocidental'?"[16], diz Schneider com a autoridade de quem dirigiu inúmeras montagens de Beckett. Desse modo, sem poder amparar-se em uma plataforma filosófica ou psicologizante, o ator, em *Comédia do Fim*, lida com situações concretas como o ato de andar, falar, ler, tocar violão, sentar, levantar, sem que lhe sejam dadas tábuas para racionalização. É nesse caminho que as técnicas do *clown* são empregadas na montagem: mais no processo do que no resultado.

Dessse modo, o *clown* traz para a encenação os seguintes componentes: contrição de gestos, humor ingênuo e cruel e o método do estímulo ao erro – "O ator quer acertar. O palhaço

15 M. Thauront em entrevista concedida a D. Rabelo, 2004.
16 A. Schneider, Comme il vous plaira, em T. Bishop; R. Federman (eds.), *Cahier de l'Herne*, p. 87.

Figura 12: Exercício com as máscaras dos rostos dos atores André Tavares e Ipojucan Dias, "duplicados", durante preparação da peça Improviso de Ohio. Comédia do Fim. *Foto: Adenor Gondim.*

fica feliz com seu erro"[17], assinala Rafael Morais, preparador de *clown* para a cena. É um caminho que contribui para a perda progressiva da interpretação subjetiva, mas promove resistências e irritabilidade no elenco, por conta das regras estabelecidas, principalmente quando da entrada do *Monsieur*[18], que estabelece um rígido código a ser seguido pelo elenco. As reações dos atores incluem a rejeição: "Eu quero que você compreenda que eu não me matriculei em um curso de *clown*."[19]; e a aceitação: "A disciplina e a resistência têm muito a ver com Beckett. A gente tem de usar isso a nosso favor. Chegar ao fim para recomeçar."[20]

O depoimento de Rafael Morais sintetiza as nervuras desse impasse, solucionado apenas quando o ator passa a incorporar os princípios do trabalho: "Estou aqui para criar problemas para vocês no processo e não na vida pessoal. Criar problemas para vocês criarem artisticamente."[21] Mas, perto da estreia, resolvo radicalizar o trabalho do *clown*, com a entrada no mundo do bufão e do grotesco, atividade conduzida em conjunto com o instrutor. O objetivo é obter certa organicidade nas ações físicas e não se prender a um formalismo exacerbado, especialmente nos dramatículos *Comédia* e *Fragmento de Teatro 1*. O primeiro

17 *Comédia do Fim*, programa da peça.
18 O *Monsieur* é uma variação do *clown*, associado ao proprietário do circo, o domador, que mantém uma relação autoritária sobre os demais palhaços. Durante uma etapa dos trabalhos, o instrutor de *clown* exerceu esse papel.
19 *Diário da Montagem...*, v. 2, p. 33.
20 Ibidem, p. 35.
21 Ibidem.

142   BECKETT E A IMPLOSÃO DA CENA

vinha sendo ensaiado, com os atores Ipojucan Dias (H1), Zeca de Abreu (M1) e Frieda Gutmann (M2); o segundo com Luiz Pepeu (o cego) e Marcos Machado (o aleijado).

Durante esse trabalho, peço a todos os atores que incorporem o aprendizado com o bufão à personagem do aleijado e do cego, na cadeira de rodas, fazendo uma rotatividade de papéis já anteriormente definidos e com novos estímulos da direção. O resultado revela novas vocalidades e fisicidades, criadas pelos atores a partir das situações propostas, possibilitando outras leituras das duas peças. Ao final, o elenco se diz desnorteado e esvaziado, sensações com as quais me identifico, sem deixar de ressaltar que o esvaziamento e o desnorteamento são formas de se mover na poética beckettiana.

No dia seguinte, por conta da avaliação dos resultados vocais e corporais resultantes do processo com o bufão e do exame mais apurado dos timbres de voz dos atores, os papéis são trocados. Com isso, cria-se novo estádio de desarrumação interna, resumido por mim em um depoimento aos atores: "O caos se instalou e não posso fingir que não o vejo. E quando o caos aparece não há como evitá-lo ou parar no meio. E ontem a gente parou no meio. Em função disso, vamos fazer novas mudanças no espetáculo. *Fragmento de Teatro I* será feita só por mulheres e *Comédia* só por homens. O caos agora está completo."

A tensão resulta em um esforço coletivo para resolver os novos desafios que são postos. De uma parte, a desorientação se impregna no elenco e também na direção, mas, de outra, acaba por unir todos na mesma condição, como sintetiza o ator Marcos Machado: "Estou mais tranquilo agora. E sabe por quê? Porque o caos é coletivo. Eu estava desesperado sozinho, era algo para eu resolver. Agora é para o grupo resolver."[22] Dessa forma, a implosão tão perseguida na montagem é trazida para dentro do grupo. Do episódio, uma reflexão: quando todos concluem que não sabem, aí se começa a fazer Beckett, como propõe Rushe: "O diretor atinge o máximo quando ele reconhece que não sabe fazer. Aí ele está pronto para fazer Beckett. É o 'nada a fazer' o estado de criação beckettiano."[23]

---

22   Ibidem, p. 146.
23   R. Rushe em entrevista concedida a Luiz Marfuz, 2002.

QUATRO PEÇAS E UMA CATÁSTROFE 143

A decisão da troca de papéis, reconheço, também se apoia na certeza de que vários procedimentos da cena beckettiana haviam sido experimentados por todos os atores, antes de eles saberem quem faria o que, além de não duvidar da capacidade do elenco para assumir uma mudança desse porte em curto tempo. A partir daí, são quinze dias de rigorosa ordenação dos ensaios com retomada dos procedimentos, ritmos e tempos de cada dramatículo, só que em um processo de inversão de expectativas e troca de papéis que implicam em retraço de caminhos, por meio de um método caótico-construtivo. No entanto, reiterações práticas da vertente psicológica – necessidade de compreensão lógica da personagem ou identificação emocional –, frequentemente, incidem na atuação. E não se desconhece essa contradição. Por isso, as intervenções objetivam redirecionar o elenco para os princípios da montagem: "Se vocês observarem que algo não está funcionando, não caiam na tentação do método realista de composição: fazer gênese de personagem, criar subtexto, etc. A palavra-mestra dessa fase é subtrair."[24]

O objetivo é atingir um estado de não significação, não psicologização, apoiado no trabalho de descoberta de novas vocalidades[25], exercícios de tempo-ritmo e marcação das cenas de cada dramatículo. É a etapa do ressecamento. No entanto, as dificuldades permanecem nem sempre resolvidas a tempo e terminam contaminando o resultado cênico, como reconhece o ator André Tavares após a estreia: "Era muito engraçado que às vezes eu ia pra cena e queria fazer uma voz toda empostada e puxava a emoção. Com o tempo decidi que em vez de me preocupar em interpretar ou representar, ou seja lá o que for, eu vou me ater ao que eu tenho de fazer aqui."[26]

Assim, o processo de decomposição da personagem vai se conformando nessa etapa em modos diversos, como se vê nos depoimentos dos atores: "Foi necessário fragmentar-me para me compreender por inteiro"; "Tive de queimar as convenções passadas e começar tudo do nada"; "Desista! Não há

24 *Diário da Montagem...*, v. 2, p. 78.
25 A preparação vocal estava em desenvolvimento desde o início do processo, com o suporte da professora e atriz Hebe Alves, mas foi intensificada no período citado por conta da urgência em trabalhar atores que tiveram seus papéis trocados.
26 A. Tavares em entrevista concedida a V. Cayres, 2006.

144   BECKETT E A IMPLOSÃO DA CENA

conforto possível!"; "Se existe alguma chave mais imediata, o autor a escondeu"[27]. Concordando com essas palavras, lembro que, no ápice da crise, havia sinalizado que aquela matéria dura e esponjosa que se fluidificava nas emoções primárias e em nossas memórias era uma via para se atingir a não interpretação: "Talvez tenhamos de passar por tudo isso para chegar a um estado que drible a psicologia e atinja as franjas da emoção estética."[28]

Decompondo a Gramática da Cena: A Via do Tirar

As armadilhas da linguagem, que enovelam os textos de Beckett, estendem os fios na encenação de *Comédia do Fim*. Admite-se: não é possível seguir um único caminho, pois cada peça é um segmento autônomo com tessitura e padrão rítmico particulares, tampouco imprimir a mesma sintaxe musical em todos os dramatículos. Como resultado, a partitura geral do espetáculo é composta dos ritmos sucessivos e diferenciados de cada peça, ao lado do jogo entre ordenação e fragmentação que radica no conjunto. Por isso, o desmembramento da estrutura do texto é estratégia para se chegar à musicalidade, sem passar pela via psicológica, como pude sinalizar aos atores, na época: "Na decomposição da personagem, a gente vai trabalhar com a fragmentação. Começamos hoje com a palavra. Essa é uma boa técnica para *dessignificá-la* e depois ordená-la, abrindo-se à musicalidade, à sonoridade, ao ritmo."[29]

Em *Improviso de Ohio*, opto por decompor o alfabeto, letra a letra, trabalhando com a escansão das palavras para depois reorganizá-las na gramática do eixo corpo-voz dos atores. O pressuposto é que aquelas frases, ditas e reditas, esvaziam-se de significados, deixando as palavras em forma depurada, como exposto ao ator André Tavares (o Leitor), após exaustivo trabalho de triturar e distender as falas: "Você tem facilidade de usar as caixas de ressonância. É uma qualidade, mas pode ser muleta. É importante que domine bem a técnica da escansão

---

27   Depoimentos de Luiz Pepeu, Frieda Gutmann, Urias Lima e Marcos Machado, respectivamente, retirados de *Diário da Montagem...*, v. 2, p. 191-194.
28   *Diário da Montagem...*, v. 2, p. 80.
29   Idem, v. 1, p. 114.

das palavras para depois inseri-la nas caixas de ressonância. Temos de chegar ao osso, à depuração."[30]

A depuração almejada refere-se ao cuidado com a palavra, no sentido de ressecá-la de significações habituais e estatuí-la como léxico cênico, especialmente nesse dramatículo. Adriana Amorim, que registra o processo de ensaio, dá o testemunho da operação: "Tenho a impressão de que as palavras foram polidas, saiu o pó. E essa técnica acaba por isolá-las dentro da frase. É diferente a frase como um todo e a frase no conjunto de vários todos".[31] Já em *Fragmento de Teatro I*, escolho, inicialmente, o desordenamento da linguagem por uma via oposta à experimentada em *Improviso de Ohio*: trabalhar, de modo aleatório, pedaços do texto, deslocados do contexto. Começar com letras, sílabas, palavras ou frases de qualquer parte da peça, operando--se movimentos para frente e para trás, sem observar a sintaxe gramatical, para colocar em prática a técnica do fragmento, começando por uma unidade linguística mínima, no caso a consoante. A meta é montar a cena a partir de uma consoante retirada de qualquer lugar do texto. Ir para frente ou para trás, sem ficar atrelado a intenções ou motivações.

Esse método, embora eficaz no deslocamento da subjetividade, revela-se inadequado para a aproximação da cena por conta da mecanização excessiva da fala associada a uma movimentação por demais solene. Assegura-se a relação do ator com o texto, mas não imprime caminho acertado à conjunção (ou disjunção) entre fala, movimento, posicionamento, relação com objetos, contracenação. O insucesso implica na adoção de outras estratégias: trabalhar, em separado, musicalidade do texto e partitura dos movimentos e a seguir justapô-las, com precisa determinação dos ângulos do espaço. Ao lado disso, vocalidades continuam sendo extraídas em situações de pleno desconforto, geradas pela interação com os dispositivos cênicos, como expõe a atriz Frieda Gutmann:

Eu tinha muita dificuldade com a cadeira de rodas, porque ela não permitia o equilíbrio; havia um espelho que equilibrava mais para um lado do que para o outro, e ainda por cima, minha perna estava

30 Idem, v. 2, p. 30.
31 Ibidem, p. 40.

146   BECKETT E A IMPLOSÃO DA CENA

dobrada. Eu ficava louca! Mas o diretor falava que não queria que eu ficasse muito íntima da cadeira, pois era essa dificuldade que interessava a ele. [...] E quanto à colocação da voz, eu abria a bocona [sic], até chegar ao tom exato que ele queria.[32]

De início, por conta das dificuldades com a cadeira de rodas, provavelmente em virtude da simbologia geral que traz o objeto (paralisia, doença, morte), os atores constroem uma relação muito estreita com a emotividade. É necessário redirecionar o procedimento: "Em vez de procurar a emoção e depois incluir a técnica, vamos nos preocupar com as situações de desconforto corporal e investigar a voz que emerge desta relação. Como resolver tecnicamente fica para depois."[33] Daí que desenroscar os nós da linguagem, comprimir o corpo e fazer a palavra atingir um estado de depauperamento e esvaziamento são constituintes fundamentais. É o que ocorre em *Eu Não*, em que a atriz que faz a personagem Boca, oculta e comprimida pelo aparato técnico e com a boca recortada pela luz do refletor, deve dizer o texto em ritmo rápido em contraste com a situação de imobilidade. Hebe Alves expõe essa dualidade, ao reconhecer, em seu trabalho, o binômio anulação-presença e a partitura das vozes e ritmos justapostos nos interstícios do texto e da encenação:

> Meu corpo foi me guiando para fazer a Boca. Engraçado, para o público só aparece a boca, mas meu corpo está lá inteiro. [...] O trabalho foi centrado, entre outras coisas, em descobrir no texto os momentos em que ela está sendo discursiva, em que há uma narração ou quando a Boca está se dirigindo diretamente ao público. Era preciso situar todas as vozes que ela emitia. E, ainda, harmonizar com a velocidade proposta pelo diretor.[34]

A partitura da voz da atriz se sujeita às tensões entre imobilidade corporal e movimentação excessiva dos lábios para imprimir a velocidade esperada na encenação. Na plataforma construída para elevação da sua figura, a três metros do chão do palco, ocultada ao público, exibem-se as linhas agitadas da

---

32   F. Gutmann em entrevista concedida a A. Nunes, 2007.
33   Idem, v. 2, p. 40.
34   H. Alves, Hebe Alves: Entrevista, *A Tarde On line*, 13 fev., 2004.

QUATRO PEÇAS E UMA CATÁSTROFE 147

disjunção corpo-voz. Além do mais, o trânsito nervoso entre os ritmos da fala e os do pensamento cruzam-se com as múltiplas narrativas dadas pelo texto: "Eu comecei a focalizar isso. E descobri, que por mais rápido que eu vá, o pensamento é ainda mais rápido", diz Hebe[35]. Está em curso a ideia de que a personagem não age, é *agida*; produto da linguagem que se mistura entre signos e dispositivos técnicos do espetáculo. Não por acaso, a partitura vocal desse dramatículo só se conclui após a estreia, quando se ajustam os tempos-ritmos da encenação, da peça, da cenotecnia e da atriz (Figura 13); este último ainda precisa ser desdobrado em subpartituras, como se vê nesta indicação dada:

> Há um elemento no texto muito presente que é a repetição. Assim como há frases que ditas seguidamente ganham um efeito poético, mas ainda estão passando despercebidas. Algumas delas podem ser feitas com rapidez, em um tom um pouco mais baixo do que o habitual, a exemplo desta passagem: "...aquela manhã de primavera... enquanto olhava subitamente..." e aí depois entra o zumbido que perturba a recordação. Na verdade, não é você quem controla o zumbido; é o zumbido que a controla.[36]

Intencionalmente, a anulação e a imobilidade acompanham a montagem de *Eu Não* e dos demais dramatículos, conferindo-lhes unidade e recorrência enquanto as dinâmicas do tempo-ritmo se alternam, na especificidade proposta para cada um: lento em *Improviso de Ohio*, rápido em *Comédia*, por exemplo. Neste último há uma articulação entre velocidade, repouso e imobilização dos atores, já indicados no texto; o que requer exaustivo trabalho de contração e isolamento dos movimentos do corpo para ressair o jogo rítmico das palavras, regido pela batuta do refletor, que determina entrada e saída das réplicas. O triângulo amoroso, eixo da suposta fábula, é esfacelado pela interpenetração das faixas de ação e a interferência dos dispositivos técnicos. Os fios da trama são cortados bruscamente pela lâmina do refletor. Por conta disso, opta-se por acentuar o padrão sonoro do texto: reação imediata à luz, vozes quase sem entonação, ritmo rápido durante todo o tempo.

---

35 *Diário da Montagem*, v. 2, p. 96.
36 Ibidem, p. 96.

148 BECKETT E A IMPLOSÃO DA CENA

A meta é construir um discurso polifônico que dissolva as vozes em uma monofonia ao imprimir um ritmo *presto,* intensificando o caos na enunciação das palavras e retirando-lhes intenções e possíveis significados, caso fossem pronunciadas segundo a lógica da história. Na observação de Brian Knave, diretor musical do espetáculo, essa opção criou a imagem de uma "máquina da morte" que dispara palavras, diferente do tempo-ritmo que ele imaginava para a cena, desde quando leu a peça pela primeira vez:

> Aquilo tudo já era uma coisa difícil de digerir e o diretor botou uma pedra dentro do que você vai comer e isso empurrou a peça mais para o caos; um princípio de Beckett acentuado por essa leitura. Não sei se é uma boa analogia, mas é como se ele tivesse enfiado a comida na boca da criança e ela fosse obrigada a comer sem saber direito o que estava engolindo.[37]

Para garantir o padrão rítmico e o ricocheteio caótico disparado pela *máquina da linguagem,* um metrônomo é peça-chave nos ensaios, alternando tempo, alturas de voz e velocidades como forma de experimentação, domínio do texto e aquisição da musicalidade. Além disso, ensaios são dirigidos com os atores comprimidos em caixas de madeira que revestem todo o corpo; há ainda o uso de pescoceiras para estimular a contração e a incidência da luz e do espelho diante dos rostos, na busca de acentuar a imobilidade. Em certo momento, os atores descrevem reações físicas, derivadas do efeito das técnicas: "não sinto os dedos dos pés, estou suando muito, estou em um bloco de cimento, não consigo dizer o texto"[38]. Ao final, a atriz Zeca de Abreu sintetiza as sensações, pronunciando uma réplica de *Comédia,* em clara ironia ao processo: "Por outro lado as coisas podem piorar."[39]

Com efeito, a contração do corpo do ator, já imobilizado em blocos cenográficos de cimento, faz parte do método, intensificando o desconforto e fazendo ressoar a palavra, como disse à época: "O que acontece é que não cabe às *personagens-jarras* decidirem o que querem falar ou quando vão parar de falar. Essa é uma decisão da luz que interrompe o prosseguir da

---

37 B. Knave em entrevista concedida a D. Rabelo, 2004.
38 *Diário da Montagem,* v. 1, p. 163-166.
39 Idem, v. 2, p. 164.

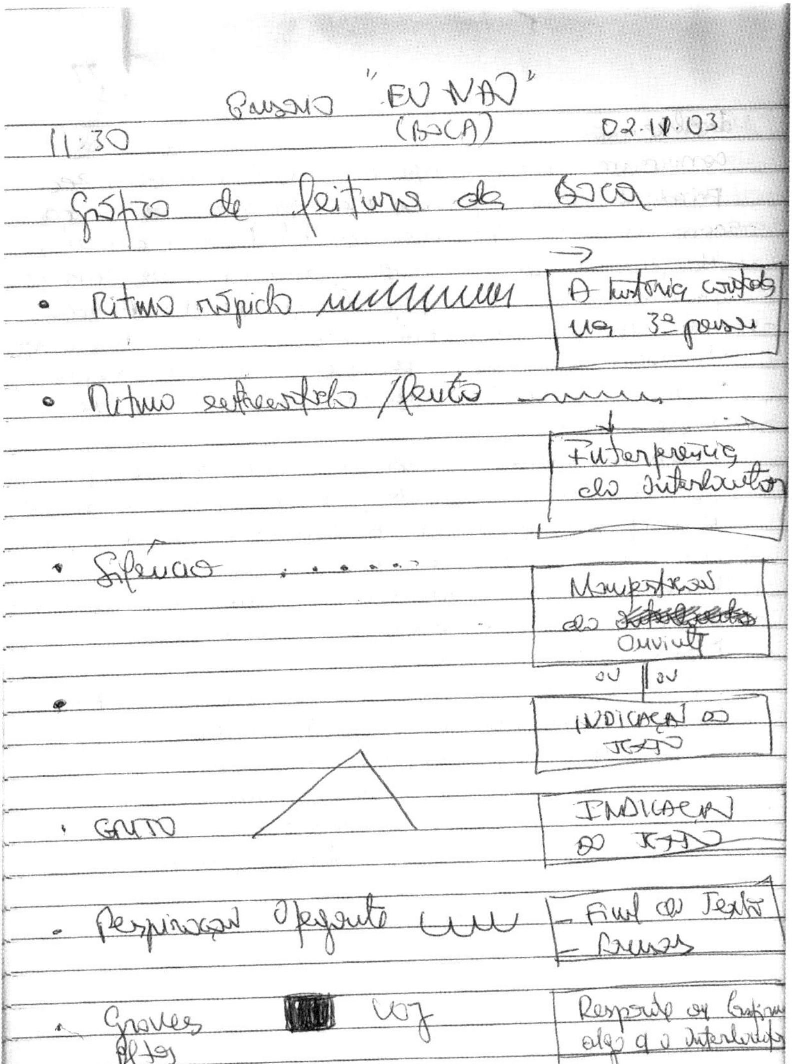

Figura 13: Estudo do tempo-ritmo para a Boca, em Eu Não*. Anotações da direção no* Diário da Montagem de Comédia do Fim, *"Protocolo de trabalho n. 75, 2 nov.2003". Foto: Lucas Modesto.*

fala".[40] Não se trata de pausa lógica ou psicológica. O ator deve manter o ar em suspensão, quando a luz deixar de incidir sobre o rosto, de forma que a respiração assegure o procedimento que sugeri: "Quando o ritmo é rápido, há uma tendência a se acelerar no começo, como se o ator quisesse acertar o tempo de intervenção da luz. Não se deve ter essa variação. O ritmo é um só, que é cortado pelo refletor. Não é uma pausa."[41] Mas esse ajuste fino só vai se completar quando o refletor entra em cena como a "quarta personagem", ditando a forma de o ator enunciar as falas.

Quanto à peça *Catástrofe*, que implica níveis de imobilidade e deslocamentos espaciais controlados, a estratégia se dá pela alternância entre o tempo-ritmo do movimento e do repouso associado à partitura corporal individual das três personagens: imobilidade e deslocamento súbito da personagem-Diretor, movimentação nervosa da Assistente e repouso e silêncio do Protagonista, traduzido nesta indicação ao elenco: "O que a gente está construindo é a partitura que separa ação, palavra e silêncio. Não se deslocar antes de falar. Colocar o gesto rápido acompanhado pela voz no ritmo lento ou vice versa. Dar relevo ao silêncio."[42] De outro modo, trabalha-se a disposição entre os tempos-ritmos interior e exterior, especialmente com o Protagonista (Luiz Pepeu); nele o tempo-ritmo interno contrasta com o impedimento de falar assim que o corpo é manipulado e ele permanece em silêncio o tempo todo, como expresso nesta indicação: "Há um ritmo externo, dado pela condição de impossibilidade, um não fazer nada. Mas há um vulcão prestes a explodir, que não vai explodir."[43] A metáfora do vulcão controlado refere-se à implosão da fala que, inexpressa, enrijece o corpo do ator.

Embora se tenha uma linha condutora no campo da atuação, os trabalhos para cada dramatículo são marcados por diferentes métodos de abordagem e variadas experiências e formações dos atores, que procuram compartilhar princípios comuns na busca de uma atuação que se integre à partitura musical do espetáculo,

40 Ibidem, p. 114.
41 Ibidem, p. 8.
42 Ibidem, p. 135.
43 Ibidem, p. 62.

QUATRO PEÇAS E UMA CATÁSTROFE 151

dada pela relação entre vocalidades dos atores, movimento e desenho vocal de cada texto. No entanto, outro nível de musicalidade intervém na encenação. Nos intervalos entre os dramatículos, interpõem-se músicas originalmente compostas e pontuadas pela dissonância, cuja função é quebrar atmosferas e *estados cênicos* instalados e marcar o tempo de transição de uma peça para outra: no máximo, um minuto.

Somam-se, pelo menos, quatro níveis de musicalidade no espetáculo: as intervenções musicais entre uma peça e outra, a sintaxe sonora das palavras pronunciadas, os ruídos oriundos da movimentação cenotécnica (tapadeiras deslizantes, cadeira de rodas metálica, o arranhar do violão do cego) e o silêncio. As exceções ficam por conta da música que finaliza *Improviso de Ohio* (com a entrada do Primeiro-Ouvinte no espaço da ação), a que introduz a ação em *Catástrofe* (opta-se por fazer um pequeno mimodrama antes da chegada do Diretor) e a que antecede a imagem congelada do Protagonista, no mesmo dramatículo. A música que acompanha o mimodrama é uma paródia de antigas canções do cinema mudo, anunciando um nostálgico final que não acontece. É uma intervenção sonora que prepara a situação sombria que virá: todos os atores, vestidos de preto, instalam e operam mudanças na cenografia e na luz, sob os ditames da Assistente, enquanto aguardam a chegada do Diretor-personagem.

Para essa peça, Brian Knave lembra que a proposta era fazer a incidência musical sem se enraizar no caráter ilustrativo da atmosfera da cena: "então compus uma valsa, mas o diretor, quando ouviu, achou que tinha muita alegria, e ele queria uma *alegria doente*… uma música com distorções, ruídos, *sweet sickness*"[44]. Isso é decisivo como contraponto ao mimodrama: a ilusão de um fazer coletivo desmontado pela chegada do diretor, que extrapola limites no exercício da autoridade. Há ainda outra intervenção, no final do espetáculo, quando o Protagonista de *Catástrofe* fica sozinho no palco e a música antecede os aplausos finais até restar somente o ruído da respiração, sob palmas. Brian Knave fala desse momento: "A direção solicitava algo frio, congelado, desconfortável. Isso já é estranho e, com

---

44   B. Knave em entrevista concedida a D. Rabelo, 2004.

os aplausos, aí fica mais estranho; falta alegria e, de repente, apenas gelo e aplausos."[45]

Não há dúvida de que a presença da música consiste em mais um enunciador que, ao enfeixar-se no corpo das palavras, ruídos, pausas e silêncios, acaba compondo o arranjo sonoro geral, o que não é muito comum nas montagens de peças de Beckett, já dotadas de musicalidades próprias. Penso que uma visão mais rigorosa, talvez até mais apropriada, dispensaria a inserção musical, apesar de acreditar que as interferências sonoras colocavam estranheza em determinados momentos, sem caracterizar a atmosfera da ação, mesmo se se superpõe mais uma camada de musicalidade na relação texto-encenação. O resultado é um pulsar de vozes distintas e ruídos das falas, cuja sonoridade se junta à imobilidade, à movimentação controlada e à grafia visual, como ecos das contradições que derivaram da relação nem sempre harmoniosa entre dramaturgia e espetáculo, rigor e ruptura, concepção artística e realização cênica.

ACASO E RIGOR:
AS CRISTALIZAÇÕES IMPREVISÍVEIS

Os erros e acertos da experiência de construção de um espetáculo passam por fatores, determinados por claras intenções, que podem gerar resultados desejados ou não e por outros nem sempre percebidos durante o processo, só visíveis no decorrer do tempo. A encenação assemelha-se a um gradiente para usar uma expressão cara a Merleau-Ponty: "uma rede que se lança ao mar sem saber o que recolherá"[46] ou uma "estreita ramificação sobre a qual se farão cristalizações imprevisíveis"[47]. Essas cristalizações, cujo fluxo não se controla, e os frutos recolhidos pela rede incerta, constroem a obra de arte, que se revela.

São contradições que se enraízam no processo artístico e se prestam a muitas reflexões e críticas, como no caso de *Comédia do Fim*, em que a experimentação excessiva de certos princípios da cena beckettiana pode ter imprimido mecanicidade em

---

45 Ibidem.
46 M. Merleau-Ponty, *O Olho e o Espírito*, p. 14.
47 Ibidem.

QUATRO PEÇAS E UMA CATÁSTROFE 153

momentos do espetáculo. A diretora Isabel Calvacanti recoloca essa questão dizendo que, no teatro de Beckett, é necessário não confundir mecanicidade, materialidade e não psicologismo com o trabalho artístico do ator:

> As personagens podem ter mecanicidade, não o ator, porque o trabalho artístico não tem, o pintor não tem, o poeta não tem, o escritor não tem. Você está mexendo com emoções, questões, a pessoa, o corpo, o suor, o raciocínio, a inteligência, esse é o seu material. E isso não é mecânico, não adianta, é visceral.[48]

Volta-se, mais uma vez, à polaridade lágrima-ressecamento que perpassou o trabalho com o elenco em *Comédia do Fim*. O ressecamento – assentado no princípio de entrar na subjetividade dos atores para depois abandoná-la – permitiu atingir estados de atuação fora dos padrões miméticos, mas alguns elementos interferiram nesse conjunto, operando ruídos na encenação que não convergiam com a concepção inicial. Na estreia do espetáculo, por exemplo, vestígios de mecanicidade ou de uma emocionalidade indesejada ainda radicam em algumas performances. Em vista disso, o caminho do ressecamento, em alguns casos, só é encontrado no decorrer da temporada e a assimilação pessoal, às vezes, tempos depois, como sintetiza o ator André Tavares: "Depois de Beckett mudou muito. Ele exige essa espontaneidade na atuação, apesar de se estar marcado, com tempo, pausa, palavra, isso ou aquilo outro. Eu aprendi a não interpretar. E acho que este foi o meu maior aprendizado."[49] São as "cristalizações imprevisíveis".

Examinando, hoje, a montagem de *Comédia do Fim*, percebo que não foi de todo possível escapar das armadilhas de organização de significados, especialmente na composição do Primeiro-Ouvinte, que atravessa a peça inteira, mudo, sentado em uma grande poltrona. Embora tenha preservado as peças em suas inteirezas, reconheço que houve um esforço em dar sentido ao conjunto da encenação por meio dessa figura, como se tudo aquilo ora fosse caixa de imagens de um mundo que não se resolve, ora sugerisse mitigar impasses que, a rigor,

48 I. Cavalcanti em entrevista concedida a L. Marfuz, 2002.
49 A. Tavares em entrevista concedida a Victor Cayres, 2006.

154 BECKETT E A IMPLOSÃO DA CENA

deveriam ficar em aberto, como se pretendia. A polifonia e a ausência de significados, desejados para a montagem, parecem oscilar no momento em que se dá voz ao Ouvinte, sugerindo que tudo se passa dentro de uma cabeça, como nos trechos de Beckett, compilados do monólogo final, emitidos em *voz off*:

> Esta voz deve pertencer a alguém, eu a quero, e quero tudo o que ela quer, eu sou ela, eu disse, ela disse, eu quero, quero que ela se cale, ela quer se calar, ela não pode. *Que voulez-vous, monsieur? C'est les mots. On n'a rien d'autre.* As palavras são poucas. Morrer também. O que você começa? Eu não respondo mais. Não resta nada a dizer. Será que você está me ouvindo? Será que alguém está me ouvindo? Espero que chegue o dia em que realmente precise que eu escute você, e precise ouvir minha voz, qualquer voz. Não haverá mais voz.

Ao pré-encerrar a peça dessa forma – logo a seguir vem a imagem do protagonista de *Catástrofe* oculto sob um painel –, pode ficar implícita uma sugestão de que imagens do espetáculo são exclusivas do Ouvinte. O palco torna-se assemelhado ao crânio, metáfora que encontra ressonâncias em vários comentadores, como Bruzo e Simon[50]. São os "constituintes primordiais" a que é reduzido o pensamento no método orgânico de Beckett, como explica Badiou: "Dois buracos e um cérebro, é isso o pensamento", completando que nessa "representação" estão dois temas recorrentes no teatro beckettiano: "o dos olhos e o da ressumação das palavras, cuja procedência é matéria mole do cérebro"[51]. Em *Comédia do Fim*, muitas imagens reforçam essa materialidade: o Ouvinte com a boca tampada; a Boca sem o corpo visível; o crânio branqueado; o corpo encoberto; os vários chapéus que cobrem as cabeças e assim por diante. Não é de todo estranha essa concepção, mas o que aqui se deseja é mostrar que, entre o pretendido e o realizado, vazios se colocam e nem todos são controlados, abrindo-se às "cristalizações imprevisíveis".

Hoje, distante há dez anos do processo, vejo Beckett sob outros e novos prismas, além dos já desenvolvidos. Provavelmente, se fosse montar essas ou outras peças do autor, manteria algumas das estratégias adotadas, mas estaria aberto a possíveis caminhos concernentes ao texto escolhido, ao elenco e à

---

50 Cf. F. Bruzzo, *Samuel Beckett*; A. Simon, *Samuel Beckett*.
51 A. Badiou, *Pequeno Manual de Inestética*, p. 124.

QUATRO PEÇAS E UMA CATÁSTROFE 155

concepção. O descondicionamento feito no início do processo, caso os atores tivessem formações similares aos de *Comédia do Fim*, poderia seria observado, mas com formas menos invasivas, apenas com o objetivo de estabelecer uma aproximação inicial entre a atuação subjetiva e o trabalho de decomposição da personagem. No entanto, diminuiria o rigor no uso dos princípios, que se mostrou uma nota acima em algumas fases do processo e, por certo, tornou algumas passagens do espetáculo reféns de um formalismo involuntário, fruto das experimentações. Transigi-los, não mutilaria a membrana de vozes, imagens e matérias da encenação. De certo modo, os procedimentos cênicos desenvolvidos se prestam a abrir portas para o contato com os atores e para a região espinhosa do texto, mas podem tornar-se grilhões, armadilhas que desafiam o jogo entre rigor e criação, como anuncia Pareyson ao dizer que o fazer artístico é um equilíbrio entre lei e liberdade, norma e inventividade, necessidade e contingência[52].

Reconheço que essa tensão foi constante no processo e derivou do estado de desorientação diante dos impasses que o teatro de Beckett coloca para ator e encenador. O resultado é fruto de um equilíbrio agitado. Se o rigor garantiu a precisão necessária à encenação, principalmente no cuidado com a desnaturalização da atuação, a geometria da distribuição espacial e o uso do cromatismo, por outro, ficou em aberto uma aura de dependência formal-estrutural de alguns princípios que, talvez, se não aplicados em sua intensidade, pudessem abrir rasgões e clareiras mais singulares no espetáculo. Essa reflexão converge, pelo menos em seu princípio, com o pensamento e a prática de muitos encenadores, cujos processos criativos de trabalho mudam de uma montagem para outra. O exemplo de Albee caracteriza esse modo de proceder: ora ele trabalha em uma montagem com o método do Actor's Studio, ora com a condução pelos princípios da musicalidade e da pintura.

Toda essa discussão repousa sobre um fundo de clareza e obscuridade, que é o confronto entre a experiência artística e a insuficiência da linguagem em traduzi-la na completude. Cada obra é um fenômeno singular. E os princípios de uma

---

52 L. Pareyson, *Os Problemas da Estética*, p.183.

encenação são norteadores da ação do diretor e não regras absolutas, pois estas dialogam com inúmeros campos sígnicos que remetem a variantes corporais, físicas, sonoras e visuais. O caráter irrepetível e original da obra de arte, como fenômeno artístico, é também formado pela coerência interna das partes que a presidem e que fazem com que ela seja o que é, diferentemente de outras. É aquela obra sem mais nem menos, sem tirar nem pôr.

Não por acaso, em direção ao abismo aberto pela encenação, vertigem do sonoro e do visual, a linguagem se debate na instabilidade que preside a presença e a privação dos signos que transitam na materialidade da cena. É o estado de querer tornar concreto o que é evanescente ou de ameaçar deliquescer, mas sem nunca cumprir a promessa. Talvez por isso, a todo o momento, a encenação parece querer arrebentar a pele tênue que cobre a delicadeza e a porosidade das matérias que a constituem. Em sua interioridade, há uma usina de signos prestes a explodir, mas nunca o fará, irradiando-se das máquinas humanas e das saliências das linguagens no território minado da representação teatral.

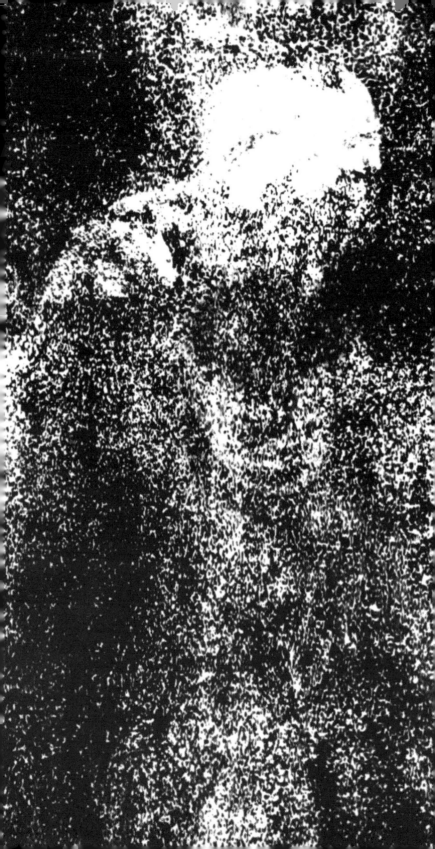

6. Procedimentos Poéticos no Jogo da Cena Beckettiana

A prática cênica, os experimentos dos encenadores na montagem dos textos e o diálogo com o modo de fazer da dramaturgia beckettiana criam aproximações e tensões que se traduzem em procedimentos que se situam ora na convergência, ora na ruptura, quando não no impasse. Além do mais, não é possível deslindar as tramas do jogo da implosão da cena apenas com dados e cartas dos sistemas de análise dramatúrgica ou de métodos de direção sobejamente conhecidos e decodificados, embora esses instrumentais não sejam descartados, como afirmam alguns encenadores. Em consequência, ao se fazer um exame da dramaturgia do autor irlandês, vão surgindo, aqui e ali, procedimentos cênicos, criados justamente a partir de "pressupostos construtivos semelhantes", termo adotado por Sílvia Fernandes, quando analisa o modo de operar de encenadores frente aos desconcertos e reinvenções da dramaturgia contemporânea:

> O que se observa é que existem dramaturgias e encenações que se baseiam em pressupostos construtivos semelhantes. Olhando o teatro a partir desse prisma, pode-se constatar que a dramaturgia de Beckett, Heiner Müller ou Michel Vinaver se orienta por marcos semelhantes

160 BECKETT E A IMPLOSÃO DA CENA

àqueles que balizam a encenação de Robert Wilson, Richard Foreman, Tadeusz Kantor e Gerald Thomas, para ficar nos campos de operação mais próximos e nas associações mais evidentes [...] a maneira como esta encenação se estrutura é semelhante àquela que dirige esta dramaturgia, que pode ser considerada seu correlato literário.[1]

Não se estranha, então, que as estratégias de encenação que dialogam com o universo imaginoso de Beckett revelem estilos diversos de encenadores com modos de fazer similares, homólogos ou díspares. É um *modus operandi* que tensiona texto e encenação e embaralha, de certo modo, o trabalho do encenador, como se não se pudesse saber quem está conduzindo a obra no palco: se ele com suas estratégias, se o autor com as rigorosas indicações, se ambos. O efeito é um intricado jogo entre performance e linguagem em que o resultado é formado simultaneamente pelas regras dramatúrgicas e pelo arranjo entre invenção e descoberta. Por isso, busca-se encontrar não só na dramaturgia, mas principalmente na gramática cênica, certos *princípios* que se tornam embriões de procedimentos, operantes na poética beckettiana e nos métodos com os quais encenadores e atores lidam com os textos de Beckett, compondo-se assim o que se pode denominar *matriz poética da implosão*.

Não se trata, no entanto, de empreender outra implosão sobre a obra; fazê-lo, seria instalar mais implosivos em um edifício em ruínas. Trata-se de reconhecer o campo destruído, sem desalojar os destroços. Dito de outro modo: a implosão que se faz na linguagem teatral dirige-se para a cena, através de procedimentos, fazendo com que a obra ceda mais sobre si mesma, na materialidade do palco. Assim, identificam-se alguns desses procedimentos que, longe de ser um receituário, é uma forma de abordagem do teatro de Beckett – como tantos outros modos de fazer, dados pela experiência – que, nesse caso, envolve os seguintes pressupostos: a desnaturalização da ação, a decomposição da personagem, a indeterminação espaçotemporal, o binômio caos-ordem e a fragmentação da linguagem.

Em decorrência, os procedimentos que se ligam a esses pressupostos integram a matriz poética da implosão e são

---

1 S. Fernandes, *Memória e Invenção*, p. 276-277.

PROCEDIMENTOS POÉTICOS NO JOGO DA CENA BECKETTIANA 161

considerados mais como noções e menos enquanto concei-tos. No fazer artístico, ambos são imprecisos; avizinham-se de outros, como ramos que se trançam e se influenciam mutua-mente, adquirem novos e variados significados e incorpo-ram mutações no decurso do tempo, em virtude da forma de condução e operação de cada artista. Portanto, ao procurar definir cada um dos procedimentos, assume-se a imprecisão, acentuada por sua inter-relação com a experiência artística. A noção de matriz não se refere à ideia de fonte ou origem, mas ao arranjo dos elementos de um conjunto de procedimentos que se cruzam com a dramaturgia e a prática cênica beckettia-nas, no qual se considera a implosão um princípio subjacente. Diferentemente da noção matemática, a matriz poética não almeja manter o equilíbrio de qualquer sistema nem resolver os impasses; ao contrário, busca integrar os impasses em suas linhas de força, gerando procedimentos que deslizam nos limi-tes entre equilíbrio e desequilíbrio do fazer artístico.

Tais procedimentos derivam das experiências de Beckett como dramaturgo e encenador, dos diretores que montaram suas peças, de exemplos que mostram a relação de trabalho com o ator e, em particular, da prática do autor deste livro nas montagens de *Comédia do Fim*, *Só Beckett* e *Só*. Destacam-se nove desses procedimentos, que já vinham sendo examinados, de forma espargida e com denominações similares, nos capí-tulos anteriores. A escolha deve-se à frequência, recorrência e relação com a prática, o que não impede que haja ampliações e ramificações. São os seguintes: (i)mobilidade, sintaxe sonora, polaridade, espacejamento, paridade, contração, circularidade, simetria e subtração.

(I)MOBILIDADE:
O REPOUSO EM MOVIMENTO

Há no teatro de Beckett uma linha pouco nítida que separa a imo-bilidade do movimento, como se um contivesse o outro, embora se mostrem aparentemente distintos. O movimento aspira à imo-bilidade que o decompõe em partes; e esta sitia o movimento em uma cena fragmentada, forjando uma síntese entre repouso

162 BECKETT E A IMPLOSÃO DA CENA

e movimentação. Nas últimas peças, especialmente os dramatículos, o movimento vai perdendo força e cede lugar ao estático e às palavras. Quando a movimentação se instala, passa a ser controlada por dispositivos cenotécnicos ou coreografias, cujos passos são ditados por um padrão rítmico que a esvazia. De tão repetido, o movimento se aproxima da imobilidade da mesma forma que, pelo excesso de dizer, anula-se o dizer.

Essa síntese às avessas é perseguida por diretores, como Chabert, por meio de uma experiência singular: anular o movimento pela imobilidade e vice-versa. Trata-se da adaptação teatral da novela *Companhia* (*Company*, 1979), feita com a concordância de Beckett, que sugere realizar a montagem como uma leitura ou algo muito simples. Chabert pretende colocar um ator em movimento na escuridão do palco, de forma que o público não o veja mover-se:

> O ator tinha de estar totalmente imóvel, mas sendo movido no escuro. Quando eu falei para Beckett sobre esta ideia ele entendeu imediatamente e resumiu isto em uma bela fórmula: "Em suma, uma máquina invisível" [...] na qual o ator se sentaria. Restaria a nós decidir qual seria o método para movê-la. Havia muitas possibilidades: poderia ser um motor ou um sistema de controle remoto ou alguma coisa mais simples ou mais humana. Eu imediatamente me inclinei em direção a esta solução: alguém invisível, como a máquina também seria, poderia empurrar e guiar a máquina no escuro...[2]

A proposta de Chabert se ampara na ideia de que a personagem não se move, é *movida*; não age, é *agida*; como em *Cadeira de Balanço*: não é a mulher que balança a cadeira, mas a cadeira que a balança. Esse princípio é explicitado, de outra forma, no final de *Esperando Godot*, quando as personagens anunciam a intenção de partir e, a seguir, imobilizam-se, o que acentua a inter-relação entre imobilidade e movimento. Para Maguy Marin, coreógrafa que montou *May B*, espetáculo inspirado em peças do dramaturgo irlandês, imobilidade e silêncio são os elementos-chave: "A partir da imobilidade, nasce um gesto, e um só. A partir do silêncio, nasce uma palavra, e uma só [...] Esta dupla presença constante do silêncio e da

---

2   P. Chabert, Interview with Pierre Chabert, em L. Oppenheim (ed.), *Directing Beckett*, p. 68.

imobilidade no teatro de Beckett muito influenciou meu trabalho de coreógrafa."[3] Com efeito, na montagem de *Esperando Godot*, na Berlim de 1975, o dramaturgo-encenador utiliza o termo *balético* para se referir aos movimentos e deslocamentos dos atores. Ao mesmo tempo, Asmus observa que ele não quer que os atores se comportem como dançarinos no palco: "penso que as palavras *balético* e coreografia não deveriam ser supervalorizadas. Beckett não queria que eles se movimentassem como dançarinos. Era simplesmente para expressar exatidão"[4].

Do ponto de vista cênico, o binômio movimento/imobilidade é também instrumento do encenador para dividir a peça em segmentos, mirando as marcações e a definição da partitura cênica. Distanciando-se da separação clássica das unidades de ação, procedidas por Stanislavski, o movimento (ou a imobilidade) dita mudanças de cenas ou segmentos dentro da peça. Beckett, na citada montagem de *Esperando Godot*, após dividi-la em onze partes, faz 109 subdivisões, cuja tônica são minuciosas indicações de posicionamento e deslocamento dos atores, incluindo definições dos momentos em que eles poderiam improvisar[5]. Para o encenador Rubens Rushe, o movimento é chave para se dividir as peças de Beckett quando se denota o esgotamento das possibilidades de ação: "Passa-se para outra coisa, então fica muito claro que há uma passagem, mudou-se o assunto, mas às vezes é um submovimento dentro de um movimento geral"[6]. Não se trata de buscar motivações por detrás de cada gesto. Os movimentos têm uma meta; mas, se considerados em um contexto em que eles se tornam jogos para passar o tempo, acabam por reforçar a imobilidade ali entranhada.[7]

---

3 M. Marin, May B, *Théâtre Aujourd'hui*, n. 3, p. 76.
4 W. Asmus, Interview with W. Asmus, em L. Oppenheim (ed.), op. cit., p. 44.
5 Cf. D. McMillan; M. Fehsenfeld, *Beckett in the Theatre*, v. 1, p. 91.
6 R. Rushe em entrevista concedida a Luiz Marfuz, 2002.
7 Sobre o paradoxo repouso-movimento, quando examina a obra de arte, Heidegger afirma: "o que é o repouso senão o oposto do movimento? Não é, de resto, um oposto que exclua de si o movimento, mas antes o inclui. Só o que se move pode repousar. Consoante o tipo de movimento, assim é o tipo de repouso. No movimento entendido como pura deslocação de um corpo, o repouso é evidentemente apenas o limite do movimento. Quando o repouso inclui movimento, nesse caso pode haver um repouso que é uma recolecção interior do movimento e, portanto, suprema mobilidade, supondo que o tipo de movimento exige um tal repouso". Cf. M. Heidegger, *A Origem da Obra de Arte*, p. 38.

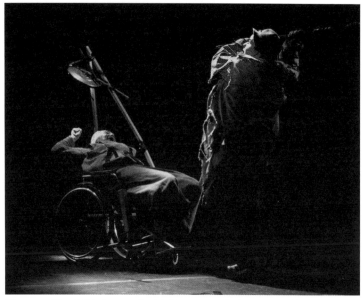

Figura 14: (I)mobilidade: cena final de Fragmento de Teatro I. *Frieda Gutmann (o aleijado, B) e Zeca de Abreu (o cego, A), em* Fragmento de Teatro I. Comédia do Fim. *Foto: Adenor Gondim.*

Em *Comédia do Fim*, o princípio da imobilidade e do movimento é considerado em sua extensão, mas adquire um jogo especial em *Fragmento de Teatro I*. Há duas áreas nítidas: o praticável triangular onde A (o cego) está sentado e uma zona livre do palco por onde transita B (o aleijado), na cadeira de rodas. O objetivo de B, do ponto de vista espacial, é retirar A do seu espaço de imobilidade; e ele o consegue. A invasão de B no espaço de A provoca uma inversão: por ser uma área que A não domina e ali ele pode se perder, sua meta é retornar ao espaço abandonado e ficar imóvel, mas é impedido por B de fazê-lo. O que se segue é uma alternância entre movimento e imobilidade, que culmina com a imagem frisada do cego arremessando o bastão no aleijado (Figura 14).

Esse jogo é também desenvolvido no experimento cênico *Só Beckett* assim que se extremam situações do texto, como no fragmento de *Todos Aqueles que Caem*, quando a Senhora Rooney é retirada do carro (na cena, um bastão). A atriz Natália Ribeiro aponta o aspecto justaposto das dimensões deste procedimento: "Eu precisava saltar do cavalo de madeira, ajudada pelos palhaços.

Eles me retiravam e me retorciam de todas as formas, colocando-me no chão e definindo uma posição, sem que eu mesma pudesse me mexer."[8] Com efeito, o corpo da atriz estava relaxado, preparado para ser moldado na sequência de imagens, em que imobilidade e mobilidade se afirmavam e se anulavam mutuamente.

O depoimento do ator Igor Epifânio, sobre esse mesmo experimento, dá medida da compreensão entre movimento e repouso: "A tensão sustenta o vai e vem do ritmo interrompido por pausas e silêncios prolongados [...] assim o jogo de oposição se mantém e o movimento é muito mais valorizado porque foi precedido de uma cena estática e vice-versa."[9] O desdobramento embutido na relação repouso-movimento termina por valorizar cada elemento autonomamente, abrindo espaço para ressoar a palavra, uma vez que essa não compete com gestos e deslocamentos espaciais.

SINTAXE SONORA: CONSONÂNCIAS E DISSONÂNCIAS

A sintaxe sonora é um procedimento poético de alto valor combinatório, que alia palavras e frases ao ritmo incessante dos silêncios, respirações, ruídos e pausas. Um termo igualmente apropriado para esse procedimento é *partitura*, utilizado frequentemente pelos encenadores que operam a cena beckettiana. Chabert usa esse termo para significar inicialmente que: "a peça sedimenta em um mesmo conjunto a palavra e a linguagem cênica, que respondem entre si, e jogam constantemente um em direção ao outro, como os diferentes instrumentos de uma orquestra"[10]. A partitura torna-se um modo de intensificação musical da escritura dramatúrgica beckettiana que, ainda para Chabert, é: "fundada na primazia do ritmo, na importância das sonoridades e dos silêncios, na repetição dos temas, no *leitmotiv*, assim como na noção primordial de ruptura, mudanças de tons e de tempos"[11].

---

8   J. Grave; N. Ribeiro, *Pensando Beckett Pelo Processo de Criação de Só*.
9   Depoimento extraído do *Questionários de Avaliação do Experimento Cênico "Só Beckett"*.
10   P. Chabert, Singularité de Samuel Beckett, *Théâtre Aujourd'hui*, n. 3, p. 22.
11   Ibidem.

166 BECKETT E A IMPLOSÃO DA CENA

De fato, a sintaxe sonora é um poderoso instrumento de deslocação dos resíduos naturalistas da representação, especialmente no que se refere à performance do ator e à expressão de suas vocalidades. Ritmo, tom, timbre, tonalidade, intervalos e pausas são como notas musicais de um conjunto cênico de variações e repetições, em que movimentos, gestos, desenhos e posições no espaço aderem ao desempenho. A sintaxe sonora no teatro de Beckett é intrínseca à escritura dramatúrgica, como procedimento formal, mas tem aproximações com certas formas musicais, como o *impromptu* (improviso). O título de *Improviso de Ohio*, por exemplo, sugere uma ironia se comparado com a rigidez corpórea exigida e a estrutura rítmica da fala e das indicações cênicas. Para Astier, essa suposta contradição ampara-se na forma musical de *impromptu*, que é *"em princípio* improvisado, mas, no fundo, composto ou escrito cuidadosamente para dar a impressão de que é uma improvisação"[12] E cita – na música – os exemplos de Schubert, Schumann, Chopin e Fauré e, – no teatro –, Molière (*Improviso de Versailles*, 1663), Giraudoux (*Improviso de Paris* ,1937) e Ionesco (*Improviso da Alma*, 1955).

A ênfase nos ritmos e modelos das últimas peças faz alguns críticos descreverem a estrutura das peças de Beckett como musical. O dramaturgo estimula essa aproximação quando diz que "produtores não parecem ter algum senso de forma em movimento. O tipo de forma que se encontra na música, por exemplo, em que os temas são recorrentes"[13]. A sintaxe sonora torna-se instrumento por excelência da desnaturalização dos componentes figurativos da cena, marcando modalidades de tempo-ritmo que decompõem e estilizam progressivamente a ação.

O encenador Moacir Chaves chama a atenção para as estruturas rítmicas internas do texto dramático que devem ser observadas pela encenação, incluindo as que guardam certa semelhança com o "universo ficcional realista tradicional", como *Esperando Godot, Fim de Jogo e Dias Felizes*. Para ele, estes textos não se sustentam cenicamente se as suas "estruturas rítmicas internas" não são consideradas e passam a ser preteridas

---

12 P. Astier, *Ohio's Impromptu*, em S.E. Gontarski (ed.), *On Beckett*, p. 394.

13 Depoimento a Charles Marovitch, apud A. McMullan, Beckett as Director, em J. Pilling (ed.), *The Cambridge Companion to Beckett*, p. 198.

PROCEDIMENTOS POÉTICOS NO JOGO DA CENA BECKETTIANA

pelo encenador em relação às questões temáticas, "filosóficas" ou "existenciais" que, segundo Chaves, norteiam a maioria das montagens[14]. O caminho do ritmo é um dos ângulos de abordagem do texto que mais unifica os encenadores, mesmo os que apostam na visão cenocêntrica, como JoAnne Akalaitis:

> Nós trabalhamos muito o ritmo. Eu não despendi muito tempo falando a respeito da peça. Eu despendi uma porção de tempo falando de ritmo, música, só fazendo isso [...] nós tivemos um diretor de cena contando as pulsações das pausas para determinar quais pausas eram três pulsações, quais eram duas pulsações.[15]

Akalaitis defende uma encenação mais aberta em relação à partitura da peça, que pode ser executada de variadas formas quanto aos andamentos, podendo-se adotar uma interpretação racional ou emocional. A liberdade seria a mesma de um maestro que imprime uma leitura particular à partitura, podendo ser executada mais tecnicamente ou mais emocionalmente, lenta ou rapidamente:

> Eu acho que a linguagem é muito rigorosa, então você realmente tem de prestar muita atenção a isto. Mas um bom diretor faz o que quiser com qualquer peça. Com Beckett os ritmos são realmente realçados. Dramaticamente, a música dos ritmos é tão particular, tão brilhante, que você tem de ir muito fundo dentro deles. E há também o grande humor. E a forma é clara, rigorosa, destacada.[16]

Essa forma severa é desdobrada em um trabalho artesanalmente musical, que foi o processo de montagem de *Dias Felizes* pelo encenador Moacir Chaves. A proposta dos ensaios era ter "uma experiência radical com a obra de Beckett"[17] e criar uma partitura de consonâncias e dissonâncias, contínuos e interrupções, pausas e silêncios[18]; colocar a encenação a serviço das

14 M. Chaves, *Memorial Sobre o Processo de Montagem de Dias Felizes*.
15 J. Akalaitis, Interview with J. Akalaitis, em L. Oppenheim (ed.), op. cit., p. 139.
16 Ibidem, p. 137.
17 M. Chaves, op. cit.
18 Moacir Chaves mostra como operou a distinção entre a pausa e a longa pausa, indicadas no texto: "Os atores devem saber, em primeiro lugar, construir a pausa, o silêncio. Em segundo lugar, intuir o seu tempo de duração. As dificuldades não são maiores porque são indicados dois tipos de pausa. Uma, que aparece abundantemente, chamada simplesmente de Pausa, e outra, mais rara, denominada Longa Pausa. A primeira indica normalmente uma mudança no

168   BECKETT E A IMPLOSÃO DA CENA

indicações do texto para perceber a especificidade das cenas, gestos e entonação, tomando o silêncio como ponto de partida:

> A primeira lição, imediata, foi a da necessidade da produção de silêncio. O silêncio, por mais curto que seja, cobra caro por sua existência. Há que se ter um grande controle sobre a respiração, para poder alcançá-lo. O primeiro movimento, quando o silêncio é interrompido pela voz, e não por um gesto, deve ser de expulsão do ar, articulado em forma de palavra. É preciso que o ator esteja o tempo inteiro da peça utilizando de maneira correta seu aparelho fonador, para conseguir tal efeito. Sem o uso adequado do diafragma, não há silêncios, e sem eles o texto perde seu caráter particular, as constantes interrupções do fluxo do pensamento se perdem, e o espectador tem a impressão de que se está sempre a falar da mesma coisa.[19]

Por conta disso, há certa discussão quanto ao ritmo "correto" das peças de Beckett: se deve ser lento, rápido ou um equilíbrio entre os dois. Há uma tendência ao engessamento, quando o diretor situa a encenação em um tempo excessivamente escandido, com demasiadas pausas e longos silêncios, que perpassam as possibilidades de atuação: falas, movimentos, gestos, deslocamentos. Decerto, há muitos silêncios e pausas indicados nas rubricas, mas, as encenações que optam pelo domínio de um tempo-ritmo excessivamente esgarçado, como se fosse imposição do texto, arriscam a construir uma cena tomada pela letargia cinética e musical.

Antoni Libera, por exemplo, contrapõe essa tendência ao dizer que a maioria das peças de Beckett é concebida para ser interpretada em ritmos rápidos, como *allegro* e *presto*: "Representar as peças de Beckett muito lentamente é como se as matasse. Pausas que pontuam um silêncio devem ser distintas de pausas que marcam uma mudança de tom (ou tema)."[20] José Celso Martinez Corrêa concorda com esse procedimento ao classificar a direção de *Esperando Godot*, conduzida por Beckett com o Berlin Schiller Theater, em 1975, como: "materialista, emotiva,

---

pensamento, uma pequena reflexão associativa. Muitas vezes, acabam tendo um caráter ligeiramente cômico, pois nos permitem ver que tipo de associação foi feita. Já as Longas Pausas, usadas de forma parcimoniosa, criam comoventes momentos de suspensão, de beleza singular." Cf. Ibidem.

19   Ibidem.

20   A. Libera, Interview with A. Libera, em L. Oppenheim (ed.), op. cit., p. 108-109.

PROCEDIMENTOS POÉTICOS NO JOGO DA CENA BECKETTIANA

rápida, vigorosa, dura uma hora e quarenta e cinco minutos e é sobretudo rítmica, cinética. Fazer Beckett é interpretar rigorosamente uma partitura de Villa-Lobos ou um forró do 'Fala Mansa'"[21].

Muitos diretores aplicam o rigor musical na composição de partituras na performance dos atores, assumindo funções de um maestro nos ensaios, que rege sílabas e esculpe gestos e movimentos. É esse o procedimento de Gerald Thomas, na montagem brasileira de *Quatro Vezes Beckett* (1985):

> Os atores diziam o texto enquanto eu os conduzia musicalmente através das sílabas, regendo com as minhas mãos inquietas o ar na frente de seus narizes. Enquanto ensaiávamos, eu compunha no rosto deles a sobrancelha, a quantidade de rugas na testa, a mão, a perna, a respiração. A esperança era que a verdade fosse os encontrar de repente durante um ensaio, quando a soltura e a falta de preocupação psicológica os deixasse sentir que aquela cor da fala, aquela gesticulação etc., não poderia ser de outra maneira.[22]

Thomas defende o método, como forma de lidar com a formação psicológica do ator, marcada pela ênfase naturalista. O encenador acredita que o rigor pode levar à mecanização da interpretação, mas é um estado provisório e um método construtivo para se chegar à musicalidade:

> Mesmo dentro do que alguns atores chamam de "ser boneco" no palco, a conscientização acontece e a mecanização imposta se torna tão orgânica que passa do empecilho à plataforma de lançamento. A partir daí o ator vai descobrir tanto quanto descobriria normalmente, só que intelectualmente já não tem mais o envolvimento realista com o que faz. Com os atores do Rio aconteceu. Já na segunda semana de ensaios cada um daqueles gestos reduzidos e codificados – até pesados pela imobilidade – se tornaram a única "verdade" viável e justificativa daquele momento teatral.[23]

Um exemplo da ação da sintaxe sonora como princípio norteador de tomada de decisões está em *Comédia do Fim*. Inicialmente, a montagem do dramatículo *Comédia* seria feita

---

21   Martinez Corrêa, op. cit., 2002.
22   Texto retirado do programa da peça *Carmem com Filtro*, p. 8, com direção de Gerald Thomas, apresentada no Teatro Cultura Artística, em São Paulo.
23   Ibidem.

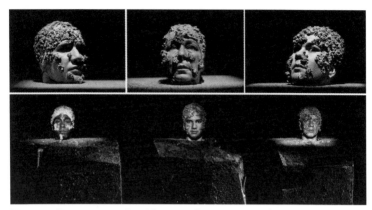

Figura 15: Sintaxe sonora: Comédia, *vozes feminina e masculina na primeira tentativa; somente vozes masculinas na segunda. Acima, Ipojucan Dias, Frieda Gutmann e Zeca de Abreu (primeira versão); abaixo Luiz Pepeu, Ipojucan Dias e Marcos Machado (versão final).* Comédia do Fim. *Foto: Adenor Gondim.*

por um ator e duas atrizes, como descrito no texto. Em um dos ensaios, por falta de uma das atrizes, três atores, de vozes graves, fazem a leitura. Ao perceber o efeito daquela sonoridade, advindo do timbre das vozes masculinas, é feita uma associação imediata com a imagem das cabeças falantes nas urnas, marcadas pela semelhança em todos os elementos (figurino, voz, ritmo, maquiagem), assim indicados nas rubricas: rostos tão indistintos em sua idade e aparência que sugerem uma extensão das jarras. A decisão recaiu na escolha de dois atores para as personagens femininas, impondo um padrão rítmico marcado pela sonoridade das três vozes masculinas (M1, M2 e H1), partindo-se, inclusive, da ideia de que o gênero não é camisa de força no espetáculo e da opção por acentuar a desfiguração ao caracterizar as personagens (Figura 15).

Além do mais, em *Comédia do Fim*, as indicações de musicalidade perpassam as etapas de preparação do elenco e montagem de cenas, quando destaco a "modulação geométrica" e a notação musical do texto: "Podemos falar de um jogo entre letras cheias e letras vazias. Uma espécie de modulação geométrica. Não se apeguem às vogais. Elas afogam. A vogal é muito aberta, dá margem a sentimentos. Apoiem-se nas consoantes. Algo mais seco."[24] O que se buscava era uma subpartitura para

---

24 *Diário de Montagem da Peça Comédia do Fim*, v. 1, p. 114.

PROCEDIMENTOS POÉTICOS NO JOGO DA CENA BECKETTIANA   171

ressecar o tom emocionalizante da atuação ao tempo em que se procurava estabelecer uma dinâmica entre as diversas vocalizações do texto e a partitura geral do espetáculo.

A sintaxe sonora, como atestam os encenadores, é um dos procedimentos poéticos que melhor delineia um caminho de operação da cena. Mesmo tomando vias diversas de concepção, eles não deixam de reconhecer a musicalidade e a sonoridade que conformam a partitura das peças de Beckett e contribuem para desconfigurar códigos de interpretação, pautados na subjetividade e nas justificações lógica e psicológica, que teimam em estabelecer significados.

ESPACEJAMENTO: CORPO E FALA

O espacejamento marca a separação entre fala e movimento na dramaturgia beckettiana, mas se intensifica na escritura cênica, por meio da fisicalidade. Refere-se a um conjunto de elementos físicos, sonoros e visuais, cuja função principal é isolar a fala do movimento e vice-versa; é desajuntar, abrir espaços entre as falas, cavar buracos na linguagem, formando uma vala que aparta palavras e ações. Para Knowlson, Beckett "sempre lidou com a ação física das personagens e de suas falas como algo distinto, tratando a dimensão teatral e a dimensão linguística como coisas separadas, mantidas em tenso equilíbrio"[25].

O procedimento adquire espaço nas didascálias, quando o dramaturgo separa pausas, réplicas, silêncios, gestos e movimentos. Na maioria das vezes, não se estabelece uma conexão causal entre fala e movimento, marcando-se a cena do impasse, como examina Rushe: "esse impasse se dá entre o que ela [personagem] fala, a reação do corpo e da palavra, como se ambos estivessem, de certo modo, dissociados"[26]. Isso é o que parece justificar o procedimento de implosão da palavra, que Rushe afirma realizar em seus processos de montagem:

---

25   J. Knowlson, apud L.F. Ramos, *O Parto de Godot e Outras Encenações Imaginárias,* p. 88.
26   R. Rushe em entrevista concedida a Luiz Marfuz, 2002.

172 BECKETT E A IMPLOSÃO DA CENA

Em Beckett, a palavra é o grande problema. Ele mostra que estamos presos ao mundo da mente. A linguagem nos prepara para o ser social, artificial, de máscaras. E não para a nossa realidade individual, a solidão. Por isso, a necessidade de levar a palavra além do limite dela. E não usá-la para tampar o silêncio. Ao contrário, vou *implodindo* essa palavra, dinamitando a sintaxe, a lógica, de modo que o silêncio possa emergir através das fendas.[27]

Na poética beckettiana, a fala é considerada um campo de expressão de códigos musicais e integra a partitura da peça, em meio a outros elementos de cena, estabelecendo mútuos contrapontos: fala e gestos, som e silêncio, movimento e imobilidade, que anunciam um rigoroso trabalho de construção da cena em que o ator se torna veículo e peça-chave. Esse modo é claramente assumido por Beckett, que dirige os atores com comandos minuciosos tanto para o corpo quanto para a voz, a exemplo da indicação para o elenco do Schiller-Theater Werkstatt, na montagem de *Fim de Partida*, em 1967: "Nunca deixe suas trocas de posições e voz virem juntas. Primeiro vem (a) a mudança da posição do corpo; depois disso, segue-se uma ligeira pausa, e vem (b) a expressão vocal correspondente."[28]

A separação corpo-voz é, de igual modo, extensiva às situações que colocam falante e ouvinte no discurso da cena. Quando dirige *A Última Gravação*, em 1975, no Petit Théâtre D'Orsay, Beckett insiste em sinalizar a tensão derivada do ato de ouvir como resultado "da relação física entre a personagem – o rosto e corpo do ator – e sua voz"[29], ou seja, a partir da fricção entre movimento/imobilidade do corpo e os enunciadores sonoros emitidos pelo gravador. A tensão do ato de ouvir é enfatizada até atingir a imobilidade total que conteria uma força dramática dentro dela, através da expectativa que se cria de que isso poderia ser modificado, o que nem sempre ocorre[30]. Mesmo nas peças radiofônicas, em que as movimentações não são visualizadas, o espaçamento é enunciado nas falas. Em *Todos Aqueles que Caem*, o Sr. Rooney caminha de

27 R. Rushe, Especialista Explica os Dilemas de Beckett, *Folha de S. Paulo*, 4 abr. 2006, p. 4. Grifo nosso.
28 Beckett, apud D. McMillan; M. Fehsenfeld, op. cit., p. 211.
29 Ibidem, p. 292.
30 Ibidem, p. 292-293.

Figura 16: Espacejamento: "Não me peça para falar e andar ao mesmo tempo", diz Mr. Rooney, em Todos Aqueles que Caem. *Na foto, Almiro Andrade e Juliana Grave em* Só. *Theatro XVIII, Salvador, 2002. Foto: Isabel Gouvêa.*

braços dados com a Senhora Rooney, que insiste em fazer-lhes perguntas. Irritado, ele responde: "De uma vez por todas, não me peça para falar e andar ao mesmo tempo."[31]

Esse trecho integra uma cena do espetáculo *Só* (Figura 16), no qual, logo a seguir, há um pequeno monólogo da Senhora Rooney, que expressa esse modo de separatividade. A atriz Juliana Grave relembra a exigência quanto a esse procedimento: "Juliana, as mãos passam uma pela outra bem devagar; quando o último dedo de uma mão se desligar do dedo da outra, o movimento se repete lentamente, e o texto, o ritmo do texto, não acompanha o movimento das mãos."[32] Uma das orientações dadas pelo encenador Moacir Chaves à atriz Josie Antello, intérprete de Winnie, em *Dias Felizes*, dá outras pistas das estratégias de espacejar fala e movimento: "As falas não correspondem às ações. Pensamento em um lugar, ação na outra, não juntar as duas coisas. Dizer 'Pobre Willie', agindo na procura, pensando no que está adiante, não na coisa em si. A intenção, ir para bolsa, é o que dá forma à fala."[33]

---

31 S. Beckett, Todos Aqueles que Caem, *Cadernos de Teatro*, n. 121, p. 32.
32 J. Grave; N. Ribeiro, op. cit.
33 M. Chaves, op. cit.

174 BECKETT E A IMPLOSÃO DA CENA

Porém, há outro nível de relação: a possibilidade de espacejar fala, imobilidade e movimento na mesma situação, deixando-os autônomos. Isabel Cavalcanti, na montagem de *Molloy*, pergunta-se inicialmente como vai mostrar uma personagem imobilizada na cama, falando. E encontra uma alternativa com a inserção de duas muletas para o ator, que dá o contraponto:

> Eu acabei trabalhando a mobilidade do *Molloy*, que é essa trajetória através das muletas. Na verdade a caminhada da atriz [Ana Kfouri, intérprete de *Molloy*] pontuava a peça, porque era assim, tinha texto e trajetória nas muletas. Na trajetória não havia fala. E essa trajetória era cada vez mais debilitada [...] Então foi interessante, porque acabei também trabalhando uma questão que existe na obra do Beckett, que é o desdobramento da personagem em ação e fala. Geralmente a personagem só fala quando está imobilizada.[34]

Porém, um dos exemplos-limite do uso do espacejamento é a experiência de Gerald Thomas na montagem de *Beckett Trilogy* (1985), em Nova York, com o ator-diretor do Living Theatre, Julian Beck. A peça é *Aquela Vez*, em que todo o texto dito por ele é pré-gravado e depois pronunciado cenicamente, em *off*, enquanto se vê o rosto do ator, recortado no espaço pela luz. Como Julian Beck recupera-se de uma cirurgia e tem graves dificuldades de articulação das frases, Thomas opta por gravar cada palavra ou frase separadamente e depois editá-las, compondo uma partitura linguística e musical. Procedendo assim, o encenador acentua dois níveis de separação: a fala do corpo do ator, como indicam as rubricas da peça, e dentro do conjunto das falas, por conta da edição das palavras gravadas de forma independente.

O espacejamento entre voz e movimento é explicitado em *Comédia do Fim*, no dramatículo *Fragmento de Teatro* I, quando o aleijado anuncia e realiza os movimentos descritos na réplica: "... eu estou em A. (*Ele se desloca um pouco para frente, para.*) Eu me desloco para B. (*Ele se desloca um pouco para trás, para.*) E eu retorno para A. (*Com elã.*) A linha reta! O espaço vazio! (*Pausa.*)"[35]. Ele o faz destacando cenicamente

---

34 I. Cavalcanti em entrevista concedida a Luiz Marfuz, 2002.
35 S. Beckett, *Fragmento de Teatro* I.

um deslocamento do outro pela palavra; e o movimento corta a réplica em três partes, criando subpartituras. Esse mesmo procedimento é transposto para *Catástrofe*, como se vê nas indicações dadas à atriz Zeca de Abreu: "Os gestos de passar a página do caderninho de anotações são mais rápidos e devem estar separados das falas. Quando um ator pronunciar o texto, deve esperar a conclusão do gesto do parceiro de cena."[36]

O espacejamento, por certo, é um procedimento que, simultaneamente, ordena e separa os segmentos da cena e tem o objetivo de permitir que se veja claramente o fragmento, a partição e o vazio ao lado de seus opostos: o todo, a unidade, o cheio. Assim, permite-se que a ação se fragmente pelas impossibilidades físicas e tropeços da fala, mas que também se organize pela criação de espaço entre os dois, buraco a ser preenchido pelo espectador.

POLARIDADE:
A LUZ NA ESCURIDÃO

Quando Tom Driver pergunta a Beckett se a questão da vida e da morte é uma parte do caos, ele responde: "Se a vida e a morte não estivessem ambas presentes para nós, não haveria o insondável. Se houvesse só a escuridão, tudo poderia estar claro. É porque não há só a escuridão, mas também a luz que nossa situação torna-se inexplicável."[37] Isto é chave para entender o lugar da polaridade no teatro de Beckett: ocultar-se na escuridão e revelar-se na luz, antinomias estéticas que lembram os recursos da invisibilidade do teatro ilusionista, mas sem os pressupostos que a constituem. Beckett utiliza esses mesmos recursos para uma concepção essencialmente teatral, a serviço de uma poesia crua, que impõe o palco como autorreferente, apartado da *imago mundi*, justapondo, no mesmo espaço, luz e escuridão.

Por meio do procedimento, a personagem se produz nas trevas do palco, através de vozes, sons e ruídos, e expõe-se à luz, subtraída em partes, mostrando-se por gestos mínimos.

---

36 *Diário da Montagem*, v. 2, p. 135.
37 Beckett by the Madeleine, *Columbia University Forum 4*, republicado em L. Graver; R. Federman (eds.), *Samuel Beckett: The Critical Heritage*, p. 220.

Figura 17: Polaridade: Só, Tina Tude. Theatro xvii, Salvador, Bahia, 2002.
Foto: Isabel Gouvêa.

Veja-se: ora o mecanismo é invisível, como o aparato que sustenta a Boca em *Eu Não*, ora é revelado, como o aguilhão em *Ato sem Palavras* ii. É uma poética que incorpora e zomba das conquistas do teatro moderno, a exemplo de *Comédia*, quando Beckett se apropria da estrutura dramática do *boulevard* para ironizar a convenção por meio dos corpos encarcerados nas urnas e revelar o refletor como a "quarta personagem". Mas é justamente na articulação entre corpo oculto e linguagem que Anna McMullan examina essa polaridade:

> Nos dramas de Beckett, enquanto o corpo pode ser semanticamente investido por meio da narrativa, a encenação muitas vezes contradiz o discurso narrativo do corpo, como nas peças *Aquela Vez* ou *Eu Não*, nas quais o corpo é descrito em movimento ou de forma estática no texto, mas está ausente no palco."[38]

É o espaço das antinomias, visto por Lyons, em *A Última Gravação*: "Mais do que uma oposição entre público e privado, interior e exterior, Beckett estabelece uma dicotomia: perder-se a si mesmo no escuro e confrontar-se na luz."[39] Para ele,

---

[38] A. McMullan, op. cit., p. 203-204.
[39] C. Lyons, *Samuel Beckett*, p. 101.

a personagem enfrenta duas formas de escuridão (interna e externa), dividida entre o círculo visível, iluminado, e a escuridão, ao fundo, onde periodicamente, desaparece[40].

A polaridade ganha dimensão material no palco na maioria das peças da segunda fase, como assinala McMullan: "a área de atuação iluminada, onde cada movimento do ator é coreografado junto com o texto, é justaposta a uma área de escuridão, impossível de ser compreendida intelectualmente"[41]. Para ela, isso se deve ao fato de os dramas de Beckett focalizarem um universo controlado por leis mecânicas, impostas pelo autor--diretor, mas que evocam "espaços indefinidos que escapam ou são excluídos das leis do mundo dramático"[42]. Por sua vez, Beckett admite que a polaridade é essencial em muitos de seus textos. Quando o dramaturgo dirige *A Última Gravação*, com o Berlin Schiller Theater, em 1969, diz que tudo aquilo que mostra o efeito do princípio da luz e escuridão é bem-vindo porque remete à obsessão de Krapp com a luz e a sombra. E acrescenta que isso é onipresente na peça, explícita ou implicitamente[43].

Em *Comédia do Fim*, há cinco níveis progressivos de polaridade: 1. escuridão total e silêncio; 2. escuridão, acompanhada do som dos movimentos dos painéis ou música; 3. imagem esmaecida das personagens, revelada pela incidência da contraluz sobre os painéis cenográficos; 4. imagem contrastada pelo jogo de sombra e luz sobre o ator; e 5. imagem completa do corpo do ator, totalmente iluminado pela ação dos refletores, mas, ainda assim, recortada na escuridão. Já na montagem de *Só*, experimenta-se esse procedimento quando se adota, como base da encenação, a separação entre luz e escuridão, o claro e o escuro do figurino e a simplificação da cenografia (apenas um tablado serve de plataforma para a ação) para permitir melhor a expressão das separatividades. O trabalho do ator se torna, então, o eixo de uma ação entrecortada pela dimensão do vazio e pelo recorte dos corpos e objetos pela luz (Figura 17).

A polaridade, como procedimento formal, obriga o ator a confrontar-se com a dialética ausência-presença. Ele terá

---

40 Ibidem, p. 106.
41 A. McMullan, Beckett as Director, em J. Pilling (ed.), op. cit., p. 201.
42 Ibidem.
43 S. Beckett, apud D. McMillan; M. Fehsenfeld, op. cit., p. 304.

que inventar uma forma – longe dos cânones de interpretação mimética – que repouse na dupla condição: tornar-se a luz que ilumina um pedaço de si, expondo o objeto-personagem, e a sombra que esconde o próprio corpo, mas que se afirma presente no palco pela ausência. De um lado, o caos, o despedaçamento do corpo e da voz (repartidos, tripartidos, fracionados); de outro, a forma que acolhe esse mesmo caos, iluminando-o.

PARIDADE:
DÚPLICES IMPERFEITOS

A paridade remete ao paralelismo que se desenha por complementaridade, oposição ou semelhança; tomado enquanto procedimento cênico, refere-se às estratégias de movimentação ou ocupação de figuras, formas e objetos no espaço, de modo a produzir ou a sugerir dúplices. Uma forma manifesta é a demonstração da dependência mútua das personagens, como duas letras agarradas a uma mesma sílaba, que tanto opera na similitude quanto na oposição. Lembre-se: Beckett encena *Esperando Godot* pela primeira vez, em 1975, com o Schiller Theater; e divide a peça em onze partes, sendo seis no primeiro ato e cinco no segundo. Além de um procedimento de trabalho, é uma operação que estabelece paralelismo de situações nas duas partes da peça, conduzindo os atores a se mover em pares, desenhar círculos concêntricos, distanciar-se e colocar-se em oposição uns em relação aos outros, repetir passos e caminhos do oponente, para afirmar constantemente um servomecanismo da personagem.

O resultado desse recurso é dissolver a crença na possibilidade do conflito e revelar a interdependência e impossibilidade de separação, como faces duplas do mesmo léxico teatral. Ao realizar gestos repetidos e movimentos coreografados (*Improviso de Ohio*), complementares (*Esperando Godot* e *Fim de Partida*) ou contrários (*Fragmento de Teatro 1*), aposta-se na ineficácia do conflito e da caraterização psicológica, dadas pela justaposição formal. Mesmo em peças como *Eu Não*, em que Ouvinte e Boca não se comunicam diretamente nem se deslocam, a paridade é obtida pela complementaridade de funções: o falante implica na presença do ouvinte e vice-versa. No entanto, a paridade não

Figura 18: Paridade: Improviso de Ohio. Leitor (*André Tavares*) e Ouvinte (*Ipojucan Dias*) *"tão semelhantes quanto possível"*, indica Beckett. Comédia do Fim. Foto: Adenor Gondim.

se legitima no equilíbrio perfeito. É um equilíbrio instável, pois assim que os procedimentos se instalam, se esvaziam, como nota Andrade quando trata do lugar do paralelismo na obra de Beckett:

> Os recursos do paralelismo estão na poesia bíblica, mas a particularidade de Beckett está em esvaziar esses procedimentos, mostrá-los insuficientes; ele infla o balão e depois esvazia. A uma cena de lirismo, recheada de patético, entra uma cena clownesca que a esvazia. É a impossibilidade e a necessidade de seguir adiante. É a preservação da memória de que a arte foi alguma vez a promessa de felicidade.[44]

Em *Comédia do Fim,* a paridade destaca-se em *Improviso de Ohio* pelos reflexos especulares de posições e gestos (Figura 18) e, em *Fragmento de Teatro I*, pela relação de interdependência que sustenta os deslocamentos espaciais. O aleijado (B) precisa do cego (A) para melhor explorar o espaço; o cego depende do aleijado para descrever o espaço e nele se deslocar. Mas os dois não se encontram nem no movimento, nem na imobilidade, nem no silêncio, nem no ruído. Já em *Só*, a estrutura paritária

---

[44] F.S. Andrade em entrevista concedida a Luiz Marfuz, 2002.

melhor se acomoda no desdobramento da personagem Molloy (retirado do romance homônimo), feito por dois atores. Os dois Molloy distendem-se em uma teia de possibilidades, dadas pela intensificação do procedimento: alternância e repetição de falas e gestos, coralidade das vozes, simultaneidade, oposição e complementaridade de movimentos, caracterização física – tudo acentuado pela imobilidade corporal imposta aos dois atores. Eles não andam, deslizam como larvas.

De modo geral, a paridade liga-se à simetria e à circularidade, dentro dos contornos cruzados e ramificações da matriz poética da implosão. Ambos asseguram o equilíbrio e a ordem da composição cênica, mas também atuam como implosivos em uma ação calculada à medida que denunciam insuficiências da linguagem e a impossibilidade de estabelecer sentidos para uma ação que dificilmente se completa, tornando a paridade um dúplice imperfeito.

SIMETRIA:
ORDEM E IMPERFEIÇÃO

A simetria, do grego *simmetría* – justa proporção, com medida –, remete à noção de equilíbrio e correspondência entre as partes ou padrões visuais. Na atividade artística, a simetria é comumente associada à ordem e ao equilíbrio de linhas, formas e composição, opondo-se à erosão, à dispersão, à desordem. Na cena beckettiana, a simetria tem, pelo menos, duas funções: assegurar a funcionalidade dos elementos e garantir o equilíbrio da composição, a exemplo das indicações cênicas: "o máximo de simplicidade e simetria" no cenário de *Dias Felizes*; a diagonal que liga a Boca ao Ouvinte em extremidades do palco em *Eu Não*; as três caixas rigorosamente posicionadas na mesma altura em *Comédia*.

Busca-se, também, atingir a simetria nos figurinos como signos que dissolvem a caracterização psicológica das personagens (rostos e cabelos iguais, adereços similares, cores rebatidas ou aproximadas). Nesse caso, o procedimento é utilizado para instaurar semelhança entre partes e dissolver a *humanização* da figura. Com o processo de desfiguração em curso, personagens ora se movimentam como se fossem notas musicais impressas na partitura cênica, a exemplo de *Quad*, ora como letras do alfabeto visual, como em *What Where*. O dramaturgo procura ordenar a cena de forma a assegurar a equidistância das partes, a partir de um ponto fixo central ou imaginário. A simetria está lá, visível ao olhar mais desinteressado. Há um eixo de forças – sobre o qual se deslocam corpos e objetos – que se estabelece por meio de coordenadas espaciais para assegurar o paralelismo de composições e os movimentos organizados. Mas, ao lado deste eixo, coabitam fragmentos, ruídos de falas e resíduos de corpos, expelidos pela máquina da linguagem e que tensionam o equilíbrio.

Em um estudo sobre a peça televisiva *Quad*, Gabriela Borges chama a atenção para a interferência de elementos que, já no texto, definem uma estrutura simétrica oscilante, em que movimento, composição espacial, ritmos e passos se reúnem para "subverter a simetria e a linearidade"[45]. Destaca ainda que "mesmo considerando a combinação entre os movimentos e sons como um elemento intencional, o ritmo causa tensão e desequilíbrio na peça por meio de suas vibrações e alterações sonoras"[46]. Dessa forma, caminha-se em direção a uma simetria descentrada que se verga sobre si em um grafismo controlado, mas que permite oscilações tanto na enunciação do texto quanto nos deslocamentos e posicionamentos cênicos. São gestos inconclusos, andares vacilantes, que não se fecham na imitação de formas acabadas. Ao contrário, sofrem a interferência de enunciadores – suspiros, silêncios, ruídos, objetos – que tanto asseguram o rigor da coreografia cênico-musical, quanto marcam uma espécie de descentramento sonoro e espacial.

A simetria sugerida nos textos nem sempre é observada por Beckett-encenador, como se esse procedimento, em si, fosse um convite à imperfeição ou à impossibilidade de ordenação total. Mais do que isso, é como se a materialidade teatral imprimisse novos contornos à ordem do texto, abrindo espaço na cena para a irregularidade e o desequilíbrio. Na montagem de *Esperando Godot*, com o Schiller Theater, em 1975, Beckett

---

45 G. Borges, En-Quadrando a Tele-Peça "Quad", de Samuel Beckett, *Audiovisual*, a. 1, n. 1, p. 40.

46 Ibidem.

182 BECKETT E A IMPLOSÃO DA CENA

diz ao diretor-assistente que a peça é caótica e que é necessário "dar forma à confusão"[47]. Em outros termos: mesmo a rigorosa escritura dramatúrgica requer nova ordenação cênica, em certas passagens, como se o caos não estivesse efetivamente sob controle.

Em mais dois momentos, além de *Esperando Godot*, Beckett desafia a simetria, desarranjando as formas rigorosamente indicadas nas rubricas: retira o Ouvinte de cena – quebrando a diagonal que o ligava à Boca em *Eu Não* – e promove o deslocamento da centralização espacial do cenário, descrito nas rubricas de *Dias Felizes*: "Ao contrário do texto, Beckett não quer que o monte de terra esteja posicionado simetricamente no palco e, como na montagem do Schiller Theater, Winnie foi deslocada mais para a esquerda do palco com um tipo de terraço estendendo-se à sua direita."[48]

Esse conjunto de forças dinâmicas cria variações que asseguram o primado de certos princípios de composição e equilíbrio quando dialogam com o incompleto, o quebradiço, o irregular. É o que observa Andrade ao chamar a atenção para o desejo da ordem como intrínseco à obra de arte, mas que requer o contraponto do caos, no caso de Beckett:

A forma ordenada e simétrica de ilusão autônoma, quase um halo de perfeição, isso Beckett não deseja. Ele quer uma forma que possa acomodar a bagunça, o caos, mas sem fazer violência a ele, sem falseá-lo. O desejo de ordem é inerente à arte, à atividade humana, mas o x da questão [na obra de Beckett] está aí: ordenar sem conciliar falsamente na obra de arte os problemas vivos do mundo da experiência.[49]

A ideia de uma simetria descentrada pode ser vista em *Comédia do Fim*. Há princípios simétricos ordenando o espaço, mesmo quando se trabalha a forma em desequilíbrio, a exemplo de *Comédia*. Em uma plataforma triangular, posicionam-se as três *caixas de cimento* (as urnas funerárias do texto original) com as cabeças falantes, colocadas de modo simétrico e equidistante; mas o movimento do praticável, do fundo em direção à frente do palco, no início da cena, é sinuoso e

47 S. Beckett, apud D. McMillan; M. Fehsenfeld, op. cit., p. 88.
48 J. Knowlson (ed.), *Happy Days*, p. 21.
49 F.S. Andrade em entrevista concedida a Luiz Marfuz, 2002.

Figura 19: Simetria – léxicos corporais simetricamente rebatidos em Só*, Natália Ribeiro, Juliana Grave e Tina Tude. Foto: Isabel Gouvêa.*

desordenado, opondo-se à forma triangular, ao equilíbrio. O mesmo se pode dizer da disposição espacial de *Improviso de Ohio*: a mesa, embora montada de forma simétrica na perspectiva do espectador, é posicionada à esquerda do palco, desequilibrada, acentuando a sensação de perspectiva de infinito. Já na transposição dos fragmentos de *Todos Aqueles que Caem*, no experimento cênico *Só Beckett*, a Senhora Rooney é desmembrada em três personagens, léxicos corporais simetricamente rebatidos (Figura 19). O deslocamento espacial segue as linhas do ordenamento, em caminhada lenta e coreografada; mas, súbitos movimentos e falas desarranjam o ritmo e fragmentam o amálgama da movimentação, que ora atua descolada do conjunto ora se rearranja.

De modo geral, o lugar da simetria é assegurado na sintaxe visual das encenações, contribuindo para o equilíbrio das linhas, formas e composição. Simultaneamente, as coordenadas que marcam o eixo de forças do espaço, atraem os efeitos de uma ação contrária. Mesmo os fragmentos do corpo e da linguagem estão ordenados visual e sonoramente no palco, o que não impede que o inacabamento e o esfacelar-se firam o conjunto e as regras que a própria simetria ajuda a instalar.

CIRCULARIDADE:
REPETIÇÕES E INTERRUPÇÕES

A circularidade é recorrente na dramaturgia beckettiana e se refere a situações, falas e movimentos que giram em torno do seu próprio eixo, caracterizados por repetições, intermitências e interrupções que ora retornam ao ponto de partida, ora se abrem em forma espiral. Um dos efeitos é pontuar a impossibilidade de a ação seguir seu curso, deixando-a em fragmentos e rotas inconclusas. No conjunto cênico, a circularidade se espacializa em movimentos repetitivos, marcações em sentidos horários e anti-horários, rotações, posicionamentos e deslocamentos espaciais, a partir de coordenadas que derivam da figura do círculo. Imprime, ainda, musicalidade na enunciação do texto, pontuada por *leitmotiv*, duplicação e reincidência de notas em uma partitura de sons e gestos que embaçam o rosto naturalista da cena.

Além disso, esse procedimento traduz ideias recorrentes na escritura de Beckett: a relação entre princípio e fim, útero e túmulo, possibilidade e impossibilidade de comunicação. Um dos exemplos da demonstração do procedimento é dado por Andrade quando observa em *Fim de Partida* a função da *stichomythia*, espécie de duelo verbal marcado pela complementaridade das falas de Hamm e Clov, em que o segundo gravita em torno do primeiro[50]. Andrade lembra que a espacialização do conflito e a gravitação em torno de um centro são um princípio da encenação dessa mesma peça dirigida por Beckett, em 1967, quando ele define uma distribuição espacial que associa os trajetos de Hamm e Clov aos movimentos do relógio, do mesmo modo como o faz com os círculos na montagem de *Esperando Godot*, em 1975, quando os deslocamentos e posições no espaço desenham circuitos nos sentidos horário e anti-horário. A aproximação com a geometria é acentuada nas anotações dos cadernos de direção de Beckett, que revelam precisas definições de ângulos nos circuitos projetados no espaço:

> Beckett refere-se a esses circuitos como "pequenos giros". Nesses diagramas os movimentos de Clov são angulares, quebrados por giros

---

50 F.S. Andrade, *Samuel Beckett: O Silêncio Possível*, p. 98.

bruscos, principalmente 45 ou 90 graus, enquanto os movimentos da cadeira de rodas de Hamm eram desenvolvidos em linhas curvas, mas tanto Clov quanto Hamm se moviam em padrões que sugeriam círculos ou semicírculos.[51]

A circularidade relaciona-se, também, com a espiral à medida que há movimentos, falas e situações que, mesmo tendo sido gerados a partir de um ponto móvel, só "evoluem" em torno de um ponto fixo e determinado. É como um círculo que não se completa e toma a forma espiral, um caminho descendente em direção à vertigem do movimento ou da fala, entrecortados por interrupções ou repetições, que detêm ou retardam a conclusão, em um intermitente ir e vir.

Lawley observa que a interrupção é uma constante nas peças de Beckett, especialmente em *A Última Gravação*, *Dias Felizes* e *Comédia*. Para ele, é possível reconhecer a autointerrupção de Winnie como "uma parte vital do processo de auto-organização"[52], lembrando a indicação de Beckett à atriz Billie Whitelaw no ensaio de *Dias Felizes*: "Uma das pistas da peça é a interrupção. Alguma coisa começa; alguma coisa também começa. Ela começa algo, mas não o desenvolve completamente. Ela é constantemente interrompida por si"[53] A interrupção, no caso, é dada pelas repetidas suspensões da fala e do movimento que impede a linguagem de progredir de forma linear e, assim agindo, corrompe, de modo insistente, as possibilidades de significação.

Outro modo de expressão da circularidade é a repetição que perpassa vários níveis de organização da cena, não se restringindo à sonoridade, aos movimentos e à linguagem, mas, estendendo-se aos objetos, a exemplo do que ocorre na segunda montagem de *A Última Gravação*, dirigida por Beckett, em 1975, no Théâtre D'Orsay, em Paris:

> Beckett nunca introduz uma ação física, um movimento, um gesto, um toque de objetos sem a subsequente repetição. Entre a ação física e os movimentos, tudo é repetido duas vezes, criando uma rede de múltiplas repetições e ecos. Por exemplo: há duas bananas, dois drinques,

---

51 Cf. D. McMillan; M. Fehsenfeld, op. cit., p. 196.
52 P. Lawley, Stages of Identity, em J. Pilling (ed.), op. cit., p. 96.
53 Ibidem.

dois suspiros, dois olhares para o fundo do palco dentro do escuro atrás de Krapp [...][54]

O diretor Moacir Chaves, embora afirme não dirigir suas montagens de Beckett seguindo princípios, reconhece que as repetições afloram e são um procedimento formal subjacente, que estabelece conexões entre memória e esquecimento:

> As repetições têm a ver com o processo mental, do esquecimento e da lembrança, esquecimento, lembrança, esquecimento, lembrança e dissolução. Isso se vai dissolvendo até ficar uma palavra que remete àquilo, uma palavra que tem aquilo como uma caixa, como se a mente fosse uma caixa ordenada e que há certa ruptura disso e aí só ficam pequenos fragmentos; e isso acontece quando uma pessoa tem problemas de memória [...][55]

Com essa observação, o encenador reaproxima a ideia de circularidade e repetição ao depauperamento progressivo da linguagem: "A gente percebe que a linguagem não é nada, a linguagem humana, a linguagem vai se dissolver quando nossa mente for se diluindo e isso é duro."[56] A circularidade em *Comédia do Fim* é exposta por três formas: 1. conceitual, quando toma a figura do ouvinte como centro da espiral do espetáculo, em torno da qual se sucedem imagens e movimentos inconclusos e repetitivos; 2. física, pelos deslocamentos circulares e elípticos, repetidos e interrompidos dos atores; 3. gramatical, pela pronunciação reiterada de palavras e réplicas, o que corta o significado da fala, fracionando-a pela repetição.

Esta última forma é particularmente visível em *Eu Não*, pelo ritmo frenético das palavras atiradas sucessivamente como projéteis no ar; em *Improviso de Ohio*, pela escansão que, em muitas passagens, decompõe a frase em partes. Ambos os mecanismos trabalham com a dimensão do tempo (rápido na primeira peça, lento na segunda), mas o efeito é o mesmo: retorna-se ao ponto de partida, marcam-se as interrupções e entra-se na dimensão do não concluído. Em *Só*, a circularidade desenha-se nos deslocamentos espaciais e nos trajetos elípticos

---

54 D. McMillan; M. Fehsenfeld, op. cit., p. 296.
55 M. Chaves em entrevista concedida a Luiz Marfuz, 2002.
56 Ibidem.

Figura 20: Circularidade: os giros e trajetos circulares da Senhora Rooney (Natália Ribeiro) e Senhor Slocum (Ipojucan Dias) em Só, a partir do eixo determinado pelo bastão de madeira. Direção de Luiz Marfuz, Salvador, Bahia, 2002.
Foto: Isabel Gouvêa.

ou circulares dos atores, seja no percurso físico da Senhora Rooney – casa, estação, casa –, seja no que gira em torno de um espaço de confinamento (o quarto de Molloy). Ambos os itinerários são fisicalizados pela repetição de gestos, palavras e movimentos – a exemplo de um bastão utilizado no espetáculo e que funciona como eixo da figura do círculo, que delimita a forma espiral do trajeto da Senhora Rooney em direção à estação de trem (Figura 20).

De modo geral, a circularidade alinha-se com a repetição e interrupção, explicitadas no arranjo do texto, mas que adquirem espacialidade e movimentação físicas, quando se deslocam para a encenação. Nesse domínio, diretores esforçam-se em construir marcações, cenários e desenhos de luz que pontuam ou dão base ao procedimento, como se quisessem materializar o que anuncia ou insinua as réplicas e rubricas: cenário em forma de círculo, luz recortando o rosto do ator, movimentação e falas redobradas etc. A meta é colocar o dizer sob suspeita, pelas repetitivas formas de enunciação, e dessacralizar o movimento de sua função habitual de significar algo.

188 BECKETT E A IMPLOSÃO DA CENA

CONTRAÇÃO:
A JAQUETA APERTADA

Contrair, comprimir e concentrar são verbos que traduzem uma declaração de Beckett, que se tornou um de seus raros enunciados sobre arte: "A tendência artística não é de expansão, mas de contração. E arte é apoteose da solidão."[57] Essa tendência, expressa como axioma estético, estende-se a quase todos os gêneros: romance, novela, poesia, dramaturgia. No palco, a contração envolve a atuação e os dispositivos da cena, condensando intervalos e durações de ação, espaço, tempo e linguagem. De outra forma, a contração age como implosivo da noção clássica de progressão dramática, substituindo-a por uma compressão física, como examina Chabert, ao dizer que a ação passa a ser assumida "não pela história, pela intriga, mas por uma evolução física – por exemplo, a compressão do corpo pelo espaço –, musical, rítmica"[58]. Esse modo de proceder atinge diretamente a cena e exige estratégias diversas para diretores e atores, derivadas da correlação entre contração e desconforto físico.

Desconfortos e limitações, já anunciados no texto, são intensificados na cena por meio de técnicas empregadas com atores e passam a integrar um método de condução dos ensaios. Com o corpo contraído, submetido ou imobilizado fisicamente, o ator esforça-se para atingir formas criativas de expressão através de ações físicas[59]. O depoimento de Brenda Byenum, uma das atrizes prediletas de Beckett, é revelador da ação desse procedimento, que se associa à disciplina e ao incômodo físico que o dramaturgo irlandês exige dos atores:

> Beckett coloca você dentro de uma "jaqueta apertada" da mesma forma como ele faz com o texto. Ele faz seu corpo e suas sensações parecerem amputados [...] fisicamente ele tira coisas de você e o coloca em uma situação impossível, mas, ainda assim, você deve prosseguir. As

---

57 S. Beckett, *Proust*, p. 67-68.
58 P. Chabert, op. cit., p. 8.
59 Um exemplo da exigência, impingida aos atores, pode ser atestada durante os ensaios de *Eu Não*, quando Beckett dirige Billie Whitelaw e utiliza a estratégia de prender sua cabeça em uma rígida posição, impeditiva de qualquer movimento. Em um desses ensaios, exausta, ela desmaia; Beckett exclama: "Oh, Billie, o que fiz a você?". *Folha de S. Paulo*, 1997, p. 12.

PROCEDIMENTOS POÉTICOS NO JOGO DA CENA BECKETTIANA 189

regras dão-lhe a liberdade [...] se você aceita estas restrições, é como se descobrisse um mundo em um grão de areia."[60]

Beckett despreza o entendimento das personagens pela via intelectiva. No lugar de leituras para compreensão do texto, dita diretamente a marcação ou lança problemas físicos que devem ser resolvidos pelo ator. Em outros termos: não discutir significados, mas, fazer os movimentos da cena: "As peças de Beckett pedem ao ator que realize primeiro e procure o significado depois, assim como um dançarino ou músico o faz ao relacionar--se com uma coreografia ou partitura."[61] Afastar-se da conceitualização e da busca de significados nos primeiros ensaios é, para McCarthy, a melhor via de acesso à prática cênica beckettiana. No processo de *Comédia do Fim*, a metáfora da jaqueta apertada amplia-se na privação de gestos e movimentos dos atores: o mecanismo oculto que imobiliza e confrange a atriz, em *Eu Não* (Figura 21); a prótese acoplada à boca do Ouvinte, suprimindo--a, fazendo surgir um rosto sem voz. Mesmo em *Fragmento de Teatro I*, em que há certa movimentação dos atores, a contração é impressa na deformação da cadeira de rodas de B (o aleijado).

Aliás, o trabalho de acentuar a contração pelo desconforto físico marca a etapa dos ensaios em que os atores são submetidos a incômodas situações para lidar com a enunciação do texto e a imobilidade. O resultado desse efeito contrátil dos objetos sobre o corpo é a rigidez e imobilidade, que terminam por fazer os atores explorarem ritmos diferenciados na relação corpo-palavra; ou seja, quanto mais se comprime o corpo, mais se emancipa a palavra. São possibilidades que derivam da contração, incrustam-se nos demais procedimentos e se direcionam para a fisicalidade, levando-a a níveis concisos de expressão e movimento; uma concisão necessária à composição de uma cena mínima e despossuída de ornamentos, como enfatiza Rushe sobre o trabalho do ator em Beckett: "Ele precisa transmitir, com uma extrema economia de meios, a dupla impossibilidade de falar e de se calar, de permanecer e de partir, de estar tudo completamente ali e, ao mesmo tempo, tudo completamente ausente."[62] A dualidade,

60 B. Bynum, apud A. McMullan, op. cit., p. 202.
61 G. McCarthy, Emptying the Theater, em L. Oppenheim (ed.), op. cit., p. 260.
62 R. Rushe, *Projeto Beckett 80 Anos*, p. 8.

Figura 21: Contração: Ouvinte (Urias Lima) e Boca (Hebe Alves) em Eu Não. Comédia do Fim. *Foto: Adenor Gondim.*

longe de anular os extremos, obriga-os a quase se tocarem, não sem antes deixar uma fenda aberta para que cada um mantenha sua autonomia e visibilidade.

SUBTRAÇÃO:
RUMO AO VAZIO

A subtração é um movimento regressivo em direção à redução dos elementos constitutivos do texto e do modo de operar os componentes da cena. Subtrai-se o espaço, tornando-o cada vez mais diminuto; limita-se o tempo, abreviando-se a duração cênica; a ação é reduzida; decompõe-se o corpo em partes, tornando minimamente visível a personagem-objeto; subtraem-se as palavras para fazer surgir o silêncio; subtrai-se o silêncio para instaurar-se o vazio. Tudo isso já é visível no pequeno número de páginas dos dramatículos que revelam não só uma subtração quantitativa do texto, mas do tempo da representação cênica, da raridade ou ausência de elementos e do reduzido número de personagens, reforçando a opção de Beckett pelo depauperamento, como nota Chabert:

> Beckett, profundamente, faz a escolha da pobreza dos meios (ele se opõe a toda a ideologia da "síntese" das artes), o depauperamento [...] Sua exploração da cena e da palavra se faz a partir de limitações rigorosas, um movimento de redução ao essencial. [...] E é desta redução e desta concentração que ele tira sua força, sua riqueza, sua evidência.[63]

Esse procedimento marca mais uma diferença entre Beckett e os representantes do Teatro do Absurdo, a exemplo de Ionesco, que, muitas vezes, infla o palco para impedir que a ação progrida, seja nos diálogos, seja na movimentação, como em *As Cadeiras* – quando o palco se enche delas e cria obstáculos para os deslocamentos dos atores – ou em *Amédée* – no cômodo ao lado da casa, um cadáver não para de crescer a ponto de empurrar um jovem casal para fora da cena. Nesses casos, a ação é obstruída por efeito do princípio da multiplicação. Beckett segue outra via e reduz os elementos, com o mesmo objetivo de obstruir a ação,

---

63   P. Chabert, op, cit., p. 24.

mas deixando à mostra pedaços, ruínas de corpos e palavras. Na visão de Sánchez, não caberia saber se existia um todo anterior ao fragmento, corroborando a ideia de que a subtração já aparece como dada no espaço-tempo da representação, sem atrelar-se a uma configuração lógica que a justifique:

> O monstruoso [...] está acentuado pelas limitações físicas, consequência das taras e mutilações (como se o processo de construção não tivesse se completado com êxito) ou de limitações externas (porém não sabemos se a parte oculta do corpo de Winnie existe ou existiu alguma vez, ou se a Boca em *Eu Não*, pertence ou pertenceu alguma vez a um corpo).[64]

Na relação direta com a cena, utilizar esse procedimento significa subtrair elementos, trabalhar com fragmentações e partículas, o espaço, objetos essenciais. O todo fica diminuto. Gabriel Villela relaciona o procedimento da subtração na montagem de *Esperando Godot* à topografia visual do espetáculo, amparado na estética circense: "A ideia é subtrair todo o excesso como se estivéssemos em um picadeiro. Ficamos apenas com o simples, o essencial."[65] A subtração pode se revelar até mesmo de um modo contraditório como mostrar o excesso de falar e de se movimentar: ainda que muito se fale, pouco ou quase nada se diz; ainda que muito se movimente, não se chega a lugar algum. Isso é expresso por Badiou quando analisa o caminho da redução da linguagem pelo excesso do dizer, em um dos últimos textos de Beckett, *Rumo ao Pior*:

> O piorar, que é o exercício da língua em sua tensão artística, é feito por duas operações contraditórias [...] Piorar é dizer mais sobre o menos. Mais palavras para melhor reduzir [...] Daí o aspecto paradoxal do piorar, que constitui realmente a substância do texto. Para poder reduzir "o que é dito" de maneira que, a respeito desta depuração, o fracasso seja mais manifesto, será necessário introduzir palavras novas. Essas palavras não são adições – não se acrescenta, não se soma –, contudo é preciso dizer mais para reduzir, é preciso dizer mais para subtrair.[66]

---

64 J. Sánchez, *Dramaturgias de la Imagen*, p 72.
65 G. Villela, Esperando Godot Estreia com Elenco Feminino, *O Estado de S. Paulo*, 3 fev. 2006, disponível em: <http://www.estadao.com.br/arquivo/arte-elazer/2006/not20060203p3667.htm>.
66 A. Badiou, *Pequeno Manual de Inestética*, p. 135.

PROCEDIMENTOS POÉTICOS NO JOGO DA CENA BECKETTIANA

Figura 22: Subtração: desaparecimento progressivo do Primeiro-Ouvinte (Urias Lima) em cena final de Comédia do Fim. *Foto: Isabel Gouvêa.*

Seja pelo excesso do dizer ou pela falta (e falha) do falar, seja pelo caminho do movimento à imobilidade, a subtração tem, por efeito, dificultar a continuidade da ação e gerar uma performance controlada pela economia dos meios, como assinala Rushe:

> O "ator beckettiano" – conceito este já introduzido nos países da Europa – não tem quase nada a dizer, quase nada a falar. Uma certa maneira de falar para dizer que tudo caminha na direção do silêncio, e uma certa maneira de se movimentar para mostrar que tudo caminha na direção da imobilidade.[67]

A subtração, em *Comédia do Fim*, torna-se princípio gerador em quase todos os segmentos, dos quais se destacam dois: atuação e uso do espaço. Para o ator, significa subtrair-lhe a subjetividade, a emoção e o entendimento lógico-psicológico das personagens. Já o espaço é reduzido progressivamente pela ação das tapadeiras deslizantes, deixando, no último dramatículo (*Catástrofe*), apenas o palco nu após desaparecer o Protagonista; com isto, faz-se o retorno circular ao início da encenação (Figura 22). O mesmo procedimento é adotado em *Só*, quando apenas uma voz no escuro do palco encerra o espetáculo.

---

67 R. Rushe, *Projeto Beckett 80 Anos*, p. 8.

194 BECKETT E A IMPLOSÃO DA CENA

Para o ator, subtrair significa dispor, em seu trabalho, de pedaços, fragmentos, restos, vestígios de um corpo que pede moradia, restos de uma linguagem que se instala sem pedir licença. Igualmente, ele é isolado, recortado, despossuído. O ator, corpo comprimido no espaço, só tem pedaços como personagem e caminha em direção a uma cena que progressivamente subtrai-se a si mesma até a imobilidade total. A tarefa do encenador, longe de preencher, é atingir o *lugar do vazio*, até que os destroços da implosão sejam encapsulados em partículas mínimas do fazer teatral.

A CHAVE É TALVEZ

Os nove procedimentos descritos formam um léxico poético em que um se liga a outro similar – ou atrai um oposto – e criam rede de conexões que ou intensificam a desordem, a fragmentação, a decomposição e a distorção, ou incidem sobre a organização dos elementos constitutivos da cena, mantendo-a em modos instáveis de equilíbrio. Cada procedimento não atua isoladamente. Por exemplo: à medida que a subtração vai limpando os destroços da implosão, a contração exerce sua força atrativa sobre as coordenadas espaciais, comprimindo elementos, como partes que se interpenetram e se desdobram em outras. Trata-se de uma cena subtraída, contraída, circular, ora oculta, ora visível, movendo-se em um paralelismo imperfeito, cujas retas tendem ao abismo entre o princípio e o fim; cena que se *equilibra* na simetria, na disjunção entre fala e movimento, mobilidade e imobilidade, compondo uma sintaxe plena de consonâncias e dissonâncias.

Além do mais, os procedimentos, embora aqui correlacionados no traçado da implosão da cena, não formam um sistema de enrijecimento da encenação. O artista é um duplo criador, pois instaura a obra e as leis que a governam. Em outras palavras: esse processo permite que a obra nasça e crie suas leis até chegar ao momento em que não se reconhece se é a regra que faz a obra ou se a obra que faz a regra[68]. Esse sabor singular traz

---

68 Cf. L. Pareyson, *Problemas da Estética*, p.181-199.

sutil diferença entre o fazer científico e o fazer artístico. Eugenio Barba lembra que Stanislávski construiu um caminho com base em alguns princípios, tentando, de forma intuitiva, utilizar de termos técnicos e científicos em voga na época. Mesmo assim, o encenador italiano argumenta que ao artista não é exigida a aplicação rigorosa de termos científicos e traz a palavra do encenador russo: "Não é nossa culpa se o terreno da arte cênica tem sido descuidado pelos estudiosos e permaneceu inexplorado. Desse modo podemos dispor apenas das palavras que vêm da prática do trabalho. Devemos arranjar-nos com termos cujo significado é, por assim dizer, feito em casa."[69]

O objetivo dessa discussão parece claro: encontrar, nas armadilhas da linguagem, uma forma que aponte diversos modos do fazer artístico, sem agrilhoá-lo ao cientificismo. Como se trata de um processo dotado de rigor e imprevisibilidade, que abriga uma poética apoiada em certos pressupostos e procedimentos, tem-se flexibilidade suficiente para abdicar deles, quando preciso for. Os procedimentos, examinados à luz da teoria e prática cênicas, são mais um instrumental a serviço da encenação. Por isso, não se pode encastelá-los, pois as abordagens mudam de uma peça para outra, abrindo vãos por onde atravessam variados enunciadores e dispositivos, de acordo com o modo próprio de cada encenador. Mesmo com as precisas indicações cênicas dos textos, o caminho está livre à inventividade dos atores e diretores no teatro contemporâneo. Afinal, em uma de suas mais irônicas e enigmáticas frases, Beckett deixa uma porta aberta: "A palavra-chave em minhas peças é talvez."[70]

Figura 23: Cartum, Laerte.

69 C. Stanislávski, apud E. Barba, *Canoa de Papel*, p. 199.
70 Apud T. Driver, Beckett by the Madeleine, *Columbia University Forum*, 4, republicado em L. Graver, L; R. Federman (eds.), op. cit, p. 220.

O Fim Está no Começo

A implosão, palavra-chave que define uma poética, já emana das peças de Beckett, contudo é na relação cena-linguagem que vai se tornar mais explícita ao trazer os fragmentos para o controle do palco. É no ato físico que o não dito e o interdito do texto enformam-se na matéria da composição, mas, também, da decomposição. É um teatro que se afirma e se aniquila, em uma sucessão de autocancelamentos, como forma de cavar buracos na linguagem, colocá-la sob suspeição e expô-la na insuficiência da malha rica de possibilidades da poética beckettiana.

Encontrar procedimentos tanto na encenação quanto no texto não significa subsumir um ao outro. Nesse vasto campo especulativo, Beckett parece não só querer exercer domínio sobre a dramaturgia, moldando com minúcias os materiais (sons, palavras, métricas, sintaxes), mas também sobre a obra que ainda se vai formar, com o controle das indicações. Sobre as próprias peças, é possível. Sobre a encenação – esta matéria feita de fibras porosas e evanescentes, por isso mesmo, enganadoras – nunca se sabe. A experiência cênica mostra a Beckett que há sempre novas possibilidades.

Talvez por isso, mas não só, não haja consenso entre comentadores, exegetas, pesquisadores e artistas sobre se a encenação

deve seguir rigorosamente o texto beckettiano. Há os que conside-
ram as rubricas um material incrustado no tecido das palavras e,
como tal, não devam ser modificadas – como se fosse violar uma
sinfonia, ao suprimir-se um movimento. Há os que entendem que
a cena teatral é autônoma e, como tal, instaura-se livremente no
diálogo com todos os componentes, em que se inclui o texto[1].
Uma forma de enfrentamento dessa questão é vista no momento
em que Beckett-dramaturgo dirige suas peças, em um vaivém
entre o escrito e o cênico, que se amoldam em um só liame, e não
descarta tensões. Nesse jogo, o dramaturgo confunde-se com o
encenador, abrindo-se à flexibilidade que a experiência solitária
da escritura não pôde oferecer. Por ser um autor que enfrenta a
materialidade do palco, ele desenvolve estratégias de encenação,
cujos achados iluminam a dramaturgia e vice-versa. Ao mesmo
tempo, Beckett se torna um modelo do "encenador desejado"
quando dissolve as duas funções em uma só.

Nesse domínio, o autor irlandês enfrenta os impasses da
materialidade cênica, em que se destaca a decomposição da personagem, tensionada entre texto e atuação, mediada pela presença
física do ator. A personagem produzida na malha dramatúrgica,
como artefato linguístico, é forjada na encenação e requer o
corpo do ator como matéria constituinte. Ao submeter o corpo
à personagem, ideia-tornada-coisa, o ator livra-se da função de
intérprete de algo e torna-se corpo-agido, movido e movente,
achatado no espaço-tempo da representação. Quando procura
as chaves da interpretação, não as encontra, e se usa as consagradas, as portas não abrem. Resta-lhe o isolamento, o recorte.
Dispõe apenas de pedaços, fragmentos, vestígios de uma linguagem que entra sem pedir licença. O que está coberto, des-
vela-se; o que lhe é inescrutável, funda-se. É preciso destruir-se
para se reconstruir em cena, inventar voz e melodia, desenhar
gestos, arrastar-se, imobilizar-se, deslizar no palco para fazer
transitarem todos os léxicos teatrais.

Porém, cristalizações são sempre imprevisíveis e os exemplos de encenadores que optam pela via da imersão psicológica

---

1   Mesmo um rigoroso exegeta, como Knowlson – que editou o caderno de direção de Beckett para a montagem de *Dias Felizes*, com o Royal Court Theatre,
em 1979 –, não vê as encenações do irlandês como modelo para imitação. Cf.
J. Knowlson (ed.), *Happy Days*, p. 13.

para chegar à musicalidade da partitura cênica indicam um método destrutivo-construtivo, e não menos legítimo, como mostram as práticas de Albee, Asmus e Akalaitis. Não por acaso, Beckett começa a trabalhar diretamente com os atores pela fisicalidade e não pela racionalidade, rompendo, assim, a tradição da abordagem que se inicia pela compreensão dramatúrgica – análise de texto, leitura de mesa, estudo de perfil e motivações de personagens – para tirar o véu que esconde o rosto do texto. Desse modo, não se pode desprezar a contribuição que Beckett-encenador e diretores deixam como legado, imprimindo novas formas de compor e decompor a cena teatral contemporânea. Peter Hall admite que Beckett mudou o nosso modo de escrever, dirigir e atuar: "Com ele, o ator deve aprender primeiro suas ações direito (a marcação) e só depois construir o papel em si."[2] Como que confirmando essas palavras, Beckett atira um petardo: "Esses Grotowskis e Métodos não são para mim."[3]

Contudo, não se deseja classificar as montagens em dois polos: beckettianas e não beckettianas. Em se tratando de poéticas de encenação, o interesse são as estratégias empregadas pelos diretores e atores, observando-se como operam e constroem diferentes ou similares modos de fazer. Afastar-se mais de um procedimento e aproximar-se de outro não torna o encenador mais ou menos beckettiano. A montagem de *Esperando Godot*, sob direção de Paoli Quito, por exemplo, ao potencializar o procedimento da multiplicação, dialoga com o autor por outros caminhos – livre improvisação, marcação não rigorosa, conceito de espaço como expansão – e nada disso impede sua aproximação e identificação com a poética de Beckett[4].

Assim, não se pode afirmar que exista um cânone beckettiano. O que há são procedimentos operados pelo dramaturgo-encenador que se tornam referência de um fazer teatral

---

2   P. Hall, apud L.F. Ramos, *O Parto de Godot e Outras Encenações Imaginárias*, p. 87.

3   S. Beckett, apud D. McMillan; M. Fehsenfeld, *Beckett in the Theatre*, v. 1, p. 16.

4   "Nessa montagem, ao invés de um Didi e um Gogo, temos em ação inúmeros Gogos e Didis, como se fossem diferentes facetas de uma mesma personalidade. Essa multiplicação propõe um incremento ao jogo de possibilidades presente no texto, pois cada fala de cada personagem pode ser proferida por qualquer uma das atrizes que interpreta o papel, sem marcação prévia." P. Quito, "Esperando Godot", *Perspectiva Cristiane Paoli Quito*, p. 12.

e que apontam para determinadas estratégias de encenação. E Beckett-encenador nem sempre converge para o Beckett-dramaturgo. Por mais que o autor cerque sua obra, sempre há flancos abertos para inúmeras abordagens. Uma delas é a poética da implosão amparada no caminho da desfiguração da linguagem e apontada para uma operação calculada de desmontagem das convenções dramáticas (ação, espaço e tempo), que entram em colapso e desmontam. Os procedimentos descritos se equilibram no fio tênue que liga ordem ao caos, sem deixar que aquele se parta. Nove deles foram examinados ao longo deste trabalho: (i)mobilidade, sintaxe sonora, polaridade, espacejamento, paridade, contração, circularidade, simetria e subtração.

No entanto, definir a implosão por qualquer um dos procedimentos é limitativo. Nenhum opera de forma isolada; mas integram uma matriz poética interdependente, ramificam-se entre si, espargindo-se. Com o emaranhado de procedimentos e conexões, não se pretende desmontar o intricado jogo de sonoridades e visualidades do teatro de Beckett, inclassificável para muitos, nem equacionar o impasse no qual o dramaturgo-encenador colocou o teatro contemporâneo. Ao invés disso, assume-se literalmente o impasse, provocando rachaduras na linguagem, para transtorná-la no espaço da performance, pleno de fragmentos e suspensões. Se a implosão não se confunde com a poética beckettiana, e nem o poderia, por certo é algo que se anuncia próximo dos procedimentos que levam o teatro de Beckett a uma cena subtraída em seus elementos e despossuída de significados lógicos e ontológicos que queiram dar conta da representação da realidade no palco.

Ainda que se possa observar a aplicabilidade dos procedimentos aqui configurados, estes não se constituem tábua referencial; são formas de aproximação da dramaturgia e encenação beckettianas que sinalizam pistas para a prática cênica, até mesmo, se assim o quiser, extensiva a outras poéticas teatrais, abertas ao rigor e à invenção. É certo que tanto no Brasil como no exterior, exemplos diferentes mostram que é possível seguir o caminho do rigor formal, como sinaliza Rushe, ou empreender um diálogo com variadas ressonâncias culturais que emanam do teatro de Beckett, a exemplo do que ocorre com Antunes Filho, Gabriel Villela e José Celso.

Sem âncoras firmes de sustentação, cada encenador procura seu caminho, orientando-se por procedimentos consolidados na prática, pela variedade das experiências dos atores ou ainda por uma via intuitiva. Isso permite que o mesmo encenador desenvolva estratégias diversas para cada experiência, às vezes até para reencenar o mesmo texto, como fez Beckett nas duas montagens de *Esperando Godot*. Procedimento similar ocorre com as experiências de *Só, Só Beckett* e *Comédia do Fim*, três montagens do autor deste livro, que caminham por processos distintos em alguns aspectos, similares em outros, mas se deslocam, igualmente, nas rebarbas e carquilhas da poética da implosão.

Reconhece-se que, na produção artística de Beckett, paira uma aura de radicalidade que tanto se inscreve na dramaturgia quanto na encenação, que leva muitos encenadores a um esgotamento de possibilidades ou a um rigor formal, como se a obra girasse em torno da própria estrutura. A encenação de *Comédia do Fim* não escapou dessa questão, revelando, em vários momentos do processo, uma tensão ora criativa, ora imobilizante, cujos resultados nem sempre convergiram com o disposto na concepção. São as "cristalizações imprevisíveis" que trazem para a experiência artística o acaso, o inesperado e a descoberta, postas ao lado do rigor, como que pleiteando seu lugar em um teatro de sensações, como é o de Beckett. Um teatro que se produz na sonoridade das palavras, na musicalidade das pausas e silêncios que reverberam no vazio, nos fragmentos corpóreos suspensos no espaço e no trajeto errático ou imobilizador dos corpos-personagens que deslizam no palco.

Quando se diz que, provavelmente, a maior dificuldade para muitos é situar-se na escritura do "pós-Beckett", visto que, proclamando o fim da escritura, seus apelos tivessem finalmente sido ouvidos[5], pode-se transpor esse raciocínio e interrogar a encenação contemporânea, igualmente marcada pelo teatro beckettiano. Ao lado de Kantor, Bob Wilson e Artaud – só para citar alguns nomes –, o artista irlandês se insere nessa novidade radical, lugar do encenador-autor e do autor-encenador que veem na matéria constitutiva da cena a nuclearidade

---

5   Cf. J.-P. Ryngaert, *Ler o Teatro Contemporâneo*, p. XII.

da experiência teatral. Se é possível tomar algum partido em Beckett, é por uma via eminentemente teatral, ressecada de significados. Talvez por isso, mas não só, que o dramaturgo irlandês traz para a cena o circo, o *clown*, o burlesco, mas também o desconforto e a anulação físicos, a morte e a sobrevivência da palavra, o silêncio fundante, opondo luz e escuridão, ordem e caos, começo e fim, sem aderir nenhum desses a um sistema moral.

Desse modo, não é possível fazer conclusões apressadas sobre a obra de Beckett tendo como égide os sistemas filosóficos, morais ou religiosos, a não ser o que emana do próprio fazer teatral. Referências à vida cotidiana ou à metafísica são meros pontos de apoio ou aproximação que trazem alguma familiaridade inicial com a complexa e extensa obra produzida pelo artista irlandês. Um dos objetivos do encenador é dialogar e confrontar-se com tal complexidade. Se as chaves da sensibilidade e do intelecto e os variados modos de fazer artístico podem amparar essa tarefa, então que desses se possa valer. Enquanto isso, movemo-nos todos no espaço que resta no drama de nosso tempo, entre o horror e a beleza, a arquitetura e as ruínas. As questões se multiplicam, as respostas não bastam. "O fim está no começo e, no entanto, continua-se."[6]

---

6   Fala da personagem Hamm, em *Fim de Partida*. Cf. S. Beckett, *Fim de Partida*, p. 128.

Referências Bibliográficas

ADORNO, Theodor W. *Teoria Estética*. Lisboa: Edições 70, 1970.

AKALAITIS, JoAnne. Interview with JoAnne Akalaitis. In: OPPENHEIM, Lois (ed.). *Directing Beckett*. Michigan: University of Michigan Press, 1997.

ALBEE, Edward. Interview with Edward Albee. In: OPPENHEIM, Lois (ed.). *Directing Beckett*. Michigan: University of Michigan Press, 1997.

ANDERS, Gunter. Ser Sem Tempo: Sobre *Esperando Godot*. In: BECKETT, Samuel. *Esperando Godot*. Tradução de Fábio Andrade. São Paulo: Cosac Naify, 2005. (Apêndice)

ANDRADE, Fábio de Souza. *Samuel Beckett: O Silêncio Possível*. São Paulo: Ateliê, 2001.

_____. Sobre *Esperando Godot*. In: BECKETT, Samuel. *Esperando Godot*. Tradução de Fábio de Souza Andrade. São Paulo: Cosac Naify, 2005. (Apêndice)

ARISTÓTELES. *Poética*. Tradução de Eudoro de Sousa. São Paulo: Ars Poetica, 1993.

ASMUS, Walter. Interview with Walter Asmus. In: OPPENHEIM, Lois (ed.). *Directing Beckett*. Michigan: University of Michigan Press, 1997.

ASTIER, Pierre. Beckett's "Ohio's Impromptu": A View From the Isle of Swans. In: GONTARSKI, S.E (ed.). *On Beckett: Essays and Criticism*. New York: Grove, 1986.

BADIOU, Alain. *Pequeno Manual de Inestética*. Tradução de Marina Appenzeller. São Paulo: Estação Liberdade, 2002.

BAIR, Deirdre. *Samuel Beckett*. Tradução de Léo Debele. Paris: Fayard, 1990.

BALAKIAN, Ana. *O Simbolismo*. Tradução de José Bonifácio Caldas. São Paulo: Perspectiva, 2000.

BARBA, Eugenio. *Canoa de Papel: Tratado de Antropologia Teatral*. Tradução de Patrícia Alves. São Paulo: Hucitec, 1994.

BECKETT, Samuel. *The Letters of Samuel Beckett, v. 2: 1941–1956*. Cambridge: Cambridge University Press, 2011.

204 BECKETT E A IMPLOSÃO DA CENA

_____. *Esperando Godot*. Tradução de Fábio de Souza Andrade. São Paulo: Cosac Naify, 2005.

_____. *Malone Morre*. Tradução de Paulo Leminski. Rio de Janeiro: Conex, 2004.

_____. *Como É*. Tradução de Ana Helena Souza. São Paulo: Iluminuras, 2003.

_____. *Proust*. Tradução de Arthur Nestrovski. São Paulo: Cosac Naify, 2003.

_____. *Dias Felizes*. Tradução de Jaime Salazar Sampaio. 3. ed. Lisboa: Estampa, 1998.

_____. *Eleutheria*. Tradução de José Sanchis Sinisterra. Barcelona: Tusquets, 1996.

_____. *Últimos Trabalhos de Samuel Beckett*. Tradução de Miguel Esteves Cardoso. Lisboa: O Independente/Assírio & Alvim, 1996.

_____. *Eleutheria*. New York: Foxrock, 1995.

_____. El Mundo y la Pantalón. *Manchas en el Silencio*. Tradução de Jenaro Talens e Juan V. Martinez Luciano. Barcelona: Tusquets, 1990.

_____. *Manchas en el Silencio*. Tradução de Jenaro Talens e Juan V. Martinez Luciano. Barcelona: Tusquets, 1990.

_____. *O Inominável*. Tradução de Waltensir Dutra. 2. ed. Rio de Janeiro: Nova Fronteira, 1989.

_____. *Todos Aqueles Que Caem*. Tradução de Fátima Saadi. *Cadernos de Teatro*, Rio de Janeiro, n. 121, abr.-jun.1989.

_____. *Molloy*. Tradução de Léo Schlafman. Rio de Janeiro: Nova Fronteira, 1988.

_____. *The Complete Dramatic Works*. London: Faber and Faber, 1986.

_____. *Three Dialogues*. In: COHN, Ruby (ed.). *Disjecta: Miscellaneous Writings and a Dramatic by Samuel Beckett*. New York: Grove, 1984.

_____. *Esperando Godot*. Tradução de Flávio Rangel. São Paulo: Abril Cultural, 1976.

_____. *Teatro de Samuel Beckett: À Espera de Godot, Fim de Festa, A Última Gravação*. 2. ed. Tradução de A. Nogueira Bastos. Lisboa: Arcadia, 1964.

BENTLEY, Eric. *A Experiência Viva do Teatro*. Tradução de Álvaro Cabral. Rio de Janeiro: Zahar, 1967.

BERRETTINI, Célia. *Samuel Beckett: Escritor Plural*. São Paulo: Perspectiva, 2004.

BORGES, Gabriela. En-Quadrando a Tele-Peça "Quad", de Samuel Beckett. *Audiovisual*, São Leopoldo, a. 1, n. 1, nov. 2003.

BRATER, Enoch. *Why Beckett*. London: Thames and Hudson, 1989.

BRECHT, Bertolt. Será a Utilização de um Modelo um Entrave à Liberdade do Artista? (Debate). In: CARY, Luz; RAMOS, Joaquim José Moura (orgs.). *Teatro e Vanguarda*. Lisboa: Presença, 1973.

BROOK, Peter. *Fios do Tempo*. Tradução de Carolina Araújo. Rio de Janeiro: Bertrand Brasil, 2000.

_____. *A Porta Aberta: Reflexões Sobre a Interpretação e o Teatro*. Tradução de Antônio Mercado. Rio de Janeiro: Civilização Brasileira, 1999.

_____. *O Ponto de Mudança: Quarenta Anos de Experiências Teatrais, 1946-1987*. Rio de Janeiro: Civilização Brasileira, 1994.

_____. *O Teatro e Seu Espaço*. Tradução de Oscar Araripe e Tessy Calado. Petrópolis: Vozes, 1970.

BRUZZO, François. *Samuel Beckett*. Paris: Henri Veyrier, 1991.

BÜRGER, Peter. *Teoria da Vanguarda*. São Paulo: Cosac Naify, 2008.

BURNIER, Luís Otávio. *A Arte de Ator: Da Técnica à Representação*. 2. ed. Campinas: Editora da Unicamp, 2009.

CADERNOS de Teatro, Rio de Janeiro, n. 121, abr.-jun.1989.

CADERNOS de Teatro, Rio de Janeiro, n. 64, jan.-mar. 1975.

REFERÊNCIAS BIBLIOGRÁFICAS   205

CAMPOS, Haroldo de. O Sentido à Beira do Não Sentido. *Folha de S. Paulo*, São Paulo, 8 set. 2006. Mais!.

CARLSON, Marvin. *Teorias do Teatro: Estudo Histórico-Crítico dos Gregos à Atualidade*. Tradução de Gilson César Cardoso de Souza. São Paulo: Editora da Unesp, 1997.

CARY, Luz; RAMOS, Joaquim José M. (orgs.). *Teatro e Vanguarda*. Lisboa: Presença, 1973.

CENTENARO, Gisele. *Godot Volta à Arena*. Disponível em: <http://www.portaldapropaganda.com/gravitacao/2006/04/0007/?data=2006/02>. Acesso em: 19 out. 2006.

CHABERT, Pierre. Interview with Pierre Chabert. In: OPPENHEIM, Lois (ed.). *Directing Beckett*. Michigan: University of Michigan Press, 1997

_____. Singularité de Samuel Beckett. *Théâtre Aujourd'hui*, Paris, n. 3, avr.--juin. 1994.

CIORAN, Emil. *Exercícios de Admiração*. Tradução de José Thomaz Brum. Rio de Janeiro: Rocco, 2001.

COHN, Ruby (ed.). *Disjecta: Miscellaneous Writings and a Dramatic Fragment by Samuel Beckett*. New York: Grove, 1984.

DAWSON, S.W. *O Drama e o Dramático*. Tradução de Maria Salomé Machado. Lisboa: Lysia, 1975.

DORT, Bernard. L'Acteur de Beckett: Davantages de jeu. *Théâtre Aujourd'hui*, Paris, n. 3, abr.-juin. 1994.

DRIVER, Tom. Beckett by the Madeleine. *Columbia University Forum*, 4 (Summer, 1961). Republicado em GRAVER, Lawrence; FEDERMAN, Raymond. (eds.), *Samuel Beckett: The Critical Heritage*.

ELAM, Keir. Dead Heads: Damnation-Narration in *The Dramaticules*. In: PILLING, John (ed.). *The Cambridge Companion to Beckett*. Cambridge: Cambridge University Press, 1996.

ESSLIN, Martin. *O Teatro do Absurdo*. Tradução de Bárbara Heliodora. Rio de Janeiro: Zahar, 1968.

FALL, Jean-Claude. Voyage à l'interieur de l'être humain. *Théâtre Aujourd'hui*, Paris, n. 3, avr.-juin. 1994.

FELLINI, Federico. *Fellini por Fellini*. Tradução de Paulo Hecker Filho. Porto Alegre: L&PM, 1974.

FERNANDES, Sílvia. *Memória e Invenção: Gerald Thomas em Cena*. São Paulo: Perspectiva, 1996.

FERNANDES, Sílvia; GUINSBURG, J. (orgs.). *Um Encenador de Si Mesmo: Gerald Thomas*. São Paulo: Perspectiva, 1996.

FO, Dario. *Manual Mínimo do Ator*. Tradução de Lucas Baldovino e Carlos David Szlak. São Paulo: Senac, 1999.

FOLHA DE S.PAULO. São Paulo, 9 abr. 2006. Mais! (Edição especial sobre o centenário de nascimento de Samuel Beckett.)

FOLHA DE S.PAULO. São Paulo, 31 jan. 2006. Ilustrada.

FOLHA DE S.PAULO. São Paulo, 04 abr. 2006. Ilustrada.

FOLHA DE S.PAULO. São Paulo, 15 ago. 1997. Ilustrada.

FOLHA DE S.PAULO. São Paulo, 8 set. 1996. Mais!

FOLHETIM. Rio de Janeiro, n. 12 jan.-mar. 2002.

_____. Rio de Janeiro, n. 6, jan.-abr. 2000.

FOUCAULT, Michel. *As Palavras e as Coisas*. Tradução de Salma Tannus Muchail. 7.ed. São Paulo: Martins Fontes, 1995.

206   BECKETT E A IMPLOSÃO DA CENA

GARCIA, Silvana. *As Trombetas de Jericó: Teatro das Vanguardas Históricas*. São Paulo: Hucitec, 1997.

GONTARSKI, S.E. Revisando a Si Mesmo: O Espetáculo Como Texto no Teatro de Samuel Beckett. *Sala Preta*, São Paulo, n. 8, 2008.

_____ (ed.). *On Beckett: Essays and Criticism*. New York: Grove, 1986.

GRAVER, Lawrence; FEDERMAN, Raymond (eds.). *Samuel Beckett: The Critical Heritage*. London/Henley/Boston: Routledge & Kegan Paul, 1979.

GUEST, Michael. *Act of Creation in Beckett's Catastrophe*. Disponível em: <http://www.levity.com/corduroy/beckettc.htm>. Acesso em: 25 jul. 2006. (Original publicado em *Reports of the Faculty Liberal Arts*. Japan, Shizuoca University, v. 31, sept. 1995.)

GUINSBURG, J.; COELHO NETTO, J. Teixeira; CARDOSO, Reni (orgs.). *Semiologia do Teatro*. São Paulo: Perspectiva, 1978.

HACKLER, Ewald. Maeterlinck e Beckett: Correspondências. *Revista da Escola de Música e Artes Cênicas*, Salvador, n. 8, ago. 1983,

HEIDEGGER, Martin. *A Caminho da Linguagem*. Tradução de Mário Sá Cavalcante Shuback. Petrópolis/Bragança Paulista: Vozes/Editora Universitária São Francisco, 2003.

_____. *A Origem da Obra de Arte*. Tradução de Maria da Conceição da Costa. Lisboa: Edições 70, 1992.

HESLA, David. *The Shape of Chaos: An Interpretation of the Art of Samuel Beckett*. Minneapolis: University of Minesota Press, 1971.

HONZL, Jindrich. A Mobilidade do Signo Teatral. In: GUINSBURG, J.; COELHO NETTO, J. Teixeira; CARDOSO, Reni (orgs.). *Semiologia do Teatro*. São Paulo: Perspectiva, 1978.

JAMESON, Fredric. Pós-Modernidade e Sociedade de Consumo. *Novos Estudos*, São Paulo, n. 12, 16-26 jun. 1985.

JANVIER, Ludovic. *Beckett*. Tradução de Léo Schlafman. Rio de Janeiro: José Olympio, 1988.

JOUANNEAU, Joël. Non pas l'homme, mais cet homme... *Théâtre Aujourd'hui*. Paris, n. 3, avr.-juin. 1994.

KALB, Jonathan. The Mediated Quixote: The Radio and Television Plays, and Film. In: PILLING, John. *The Cambridge Companion to Beckett*. Cambridge: Cambridge University Press, 1996.

KNOWLSON, James. Footfalls. In: GONTARSKI, S.E. (eds.). *On Beckett: Essays and Criticism*. New York: Grove, 1986.

_____ (ed.). *Happy Days: Samuel Beckett's Production Notebook*. New York: Grove, 1986.

KUDIELKA, Robert. O Paradigma da Pintura Moderna na Poética de Beckett. *Novos Estudos*, São Paulo, n. 56, mar. 2000.

LALANDE, André. *Vocabulário Técnico e Crítico da Filosofia*. Tradução de Fátima Sá Correia et al. 3. ed. Martins Fontes: São Paulo, 1999.

LALLIAS, Jean-Claude. Sarajevo, Tirana: L'Urgence de Godot. *Théâtre Aujourd'hui*, Paris, n. 3, avr.-juin. 1994.

LAWLEY, Paul. Stages of Identity: From Krapp's Last Tape to Play. In: PILLING, John (ed.). *The Cambridge Companion to Beckett*. Cambridge: Cambridge University Press, 1996.

LIBERA, Antoni. Interview with Antoni Libera. In: OPPENHEIM, Lois (ed.). *Directing Beckett*. Michigan: University of Michigan Press, 1997.

REFERÊNCIAS BIBLIOGRÁFICAS

LOPES, Ângela Leite. O Ator e a Interpretação. *Folhetim*, Rio de Janeiro, n. 6, jan.-abr. 2000.

LYONS, Charles. *Samuel Beckett*. London/Basingstoke: Macmillan, 1983.

MARFUZ, Luiz. O Ator Enclausurado. *A Tarde*, Salvador, 13 abr. 2006. Caderno 2.

_____. A Prática Beckettiana e o Itinerário de *Comédia do Fim*. *Repertório*, Salvador, a. 8, n. 8, 2005.

_____. Poéticas da Destruição no Teatro de Beckett. In: *Anais do Congresso Brasileiro de Pesquisa e Pós-Graduação e Artes Cênicas*, Salvador, 2001. Salvador: Associação Brasileira de Pesquisa e Pós-Graduação em Artes Cênicas, 2002. (Memória Abrace, 5.)

_____. A Implosão da Cena: Poéticas da Destruição no Teatro de Beckett. In: *Livro de Resumos do Congresso da Abrace*, Salvador, 2001. Salvador: Associação Brasileira de Pesquisa e Pós-Graduação em Artes Cênicas, 2001. (Memória Abrace, 4.)

MARIN, Maguy. May B. *Théâtre Aujourd'hui*, Paris, n. 3, avr.-juin. 1994. (Edição especial sobre Samuel Beckett.)

MCCARTHY, Gerry. Emptying the Theater: On Directing the Plays of Samuel Beckett. In: OPPENHEIM, Lois (ed.). *Directing Beckett*. Michigan: University of Michigan Press, 1997.

MCMILLAN, Dougald; FEHSENFELD, Martha. *Beckett in the Theatre: The Author as Practical Playwright and Director*. London/New York: John Calder/Riverrun, 1988, v. 1.

MCMULLAN, Anna. Beckett as Director: The Art of Mastering Failure. In: PILLING, John (ed.). *The Cambridge Companion to Beckett*. Cambridge: Cambridge University Press, 1996.

MENDES, Cleise. *Estratégias do Drama*. Salvador: EDUFBA, 1995.

_____. O Drama Lírico. *Revista da Escola de Música e Artes Cênicas*, Salvador, n. 2, jul.-set. 1981.

MERCIER, Vivian. *Beckett/Beckett*. New York: Oxford University Press, 1977.

MERLEAU-PONTY, Maurice. *O Olho e o Espírito*. Tradução de Paulo Neves e Maria Ermatina Galvão Gomes. São Paulo: Cosac Naify, 2004.

MILARÉ, Sebastião. *Antunes Filho e a Dimensão Utópica*. São Paulo: Perspectiva, 1994.

NOVOS *Estudos*, São Paulo, n. 12, jun. 1985.

OPPENHEIM, Lois (ed.). *Directing Beckett*. Michigan: University of Michigan Press, 1997.

ORLANDI, Eni. *As Formas do Silêncio*. 2. ed. Campinas: Unicamp, 1993.

PAREYSON, Luigi. *Os Problemas da Estética*. Tradução de Maria Helena Nery Garcez. 3. ed. São Paulo: Martins Fontes, 1997.

PERRONE-MOISÉS, Leyla. *O Novo Romance Francês*. São Paulo: DESA, 1966.

PILLING, John (ed.). *The Cambridge Companion to Beckett*. Cambridge: Cambridge University Press, 1996.

RAMOS, Luiz Fernando. *O Parto de Godot e Outras Encenações Imaginárias: A Rubrica Como Poética da Cena*. São Paulo: Hucitec, 1999.

REVISTA *da Escola de Música e Artes Cênicas*, Salvador, n. 8, ago. 1983.

REVISTA *da Escola de Música e Artes Cênicas*, Salvador, n. 2, jul.-set. 1981.

ROUBINE, Jean-Jacques. *A Linguagem da Encenação Teatral*. Tradução de Yan Michalski. 2. ed. Rio de Janeiro: Zahar, 1998.

RUSCHE, Rubens. Especialista Explica os Dilemas de Beckett. *Folha de S. Paulo*, 4 abr. 2006.

208 BECKETT E A IMPLOSÃO DA CENA

RYNGAERT, Jean-Pierre. *Ler o Teatro Contemporâneo*. Tradução de Andréa Stahel M. da Silva. São Paulo: Martins Fontes, 1998.

SALA PRETA, São Paulo, v. 8, 2008.

SÁNCHEZ, José A. *Dramaturgias de la Imagen*. 2. ed. Cuenca: Universidad de Castilla- La Mancha, 1994.

SCHNEIDER, Alan. Comme il vous plaira: Travailler avec Samuel Beckett. In: BISHOP, L.; FEDERMAN, R. (eds.), *Cahiers de l'Herne: Samuel Beckett*. Paris: Éditions de l'Herne, 1976.

SEIDE, Stuart. Samuel, le français et mois. *Théâtre Aujourd'hui*, Paris, n. 3, avr.-juin. 1994.

SHENKER, Israel. Moody Man of Letters: A Portrait of Samuel Beckett, Author of the Puzzling "Waiting for Godot", *The New York Times*, 6 de maio, 1956. Republicado em GRAVER, Lawrence; FEDERMAN, Raymond. (eds.), *Samuel Beckett: The Critical Heritage*.

SIMON, Alfred. *Samuel Beckett*. Paris: Belfond, 1983.

SOBREVENTO. Grupo Sobrevento, São Paulo. Disponível em: <http://www.sobrevento.com.br>. Acesso em: 30 jul. 2006.

SOURIAU, Etienne. *As Duzentas Mil Situações Dramáticas*. Tradução de Maria Lúcia Pereira com a colaboração de Antonio Edson Cadengue. São Paulo: Ática, 1993.

STANISLÁVSKI, Constantin. *A Preparação do Ator*. Tradução de Pontes de Paula Lima. 6. ed. Rio de Janeiro: Civilização Brasileira, 1984.

SÜSSEKIND, Flora. Beckett e o Coro. *Folhetim*, Rio de janeiro, n. 12, jan.-mar. 2002.

SZONDI, Peter. *Teoria do Drama Moderno (1880-1950)*. Tradução de Luiz Sergio Repa. São Paulo: Cosac Naify, 2001.

TELLES, Gilberto Mendonça. *Manifestos Vanguardistas*. Rio de Janeiro: José Olympio, 2012.

THÉÂTRE Aujourd'hui, Paris, n. 3, avr.-juin. 1994. (Edição especial sobre Samuel Beckett.)

UBERSFELD, Anne. *Para Ler o Teatro*. Tradução de José Simões. São Paulo: Perspectiva, 2005.

VALÉRY, Paul. *Introdução ao Método de Leonardo da Vinci*. Tradução de Geraldo Gerson de Souza. São Paulo: Editora 34, 1998.

VILLELA, Gabriel. Esperando Godot Estreia Com Elenco Feminino. *O Estado de S. Paulo*. Disponível em: <http://www.estadao.com.br/arquivo/artee-lazer/2006/not20060203p3667.htm>. Acesso em: 10 set. 2006.

_____. *Esperando Godot* Estreia em São Paulo Com Direção de Gabriel Villela. *Carta Maior*, São Paulo, 03 fev. 2006. Disponível em:< http://www.cartamaior.com.br/?/Editoria/Midia/'Esperando-Godot'-estreia-em-Sao-Paulo-com-direcao-de-Gabriel-Vilela/12/8970>. Acesso em: 09 out. 2013.

WILLIAMS, Raymond. *Tragédia Moderna*. Tradução de Betina Bischof. São Paulo: Cosac Naify, 2002.

WORTH, Katherine. *Beckett the Shape Changer*. London/Boston: Routledge & Kegan Paul Ltd, 1975.

WORTON, Michael. Waiting for Godot and Endgame: Theatre as Text. In: PILLING, John (ed.). *The Cambridge Companion to Beckett*. Cambridge: Cambridge University Press, 1996.

XINGJIAN, Gao. *A Montanha da Alma*. Tradução de Marcos de Castro. Rio de Janeiro: Objetiva, 2001.

REFERÊNCIAS BIBLIOGRÁFICAS 209

Entrevistas

ALVES, Hebe. Hebe Alves: Entrevista. *A Tarde On Line*, Salvador, 13 fev. 2004. Disponível em: < http://www3.atarde.com.br>. Acesso em: 13 fev. 2004.

ANTUNES FILHO, José Alves. Espetáculo de *Clowns*. *Folha de S. Paulo,* São Paulo, 9 abr. 2006. Mais! (Entrevista a Caio Liudvik.)

VILLELA, Gabriel. Entrevista com Gabriel Villela. Disponível em: <www.oteatrodadelicadeza.blogger.com.br/2006_01_01_archive.html>. Acesso em 09 out. 2013. Entrevista a Cristian Cancino, publicada originalmente na *Veja*, São Paulo, fev. 2006.

Programas de Peças

PAOLI QUITO, Cristiane. PerspectivaCristiane Paoli Quito: Um Olhar em Movimento. *Esperando Godot.* 2001. Programa da retrospectiva.

Carmem com Filtro, 1986.

Comédia do Fim, 2003.

Só Beckett, 2002.

Só, 2002.

Vídeos/Programas de Televisão

MINGHELLA, Anthony et al. *Beckett On Film*. London: Blue Angel Films/Tyrone Productions for Radio Telefís Éireann/Channel 4, 2001. DVDs, color, son., digital.

TEATRO *de Todos os Tempos*. Londres: BBC, 2002?. 59 min. (Programa retransmitido pela TV Cultura, São Paulo, 30 jul. 2002.)

Outras Fontes

ANDRADE, Fábio de Souza. *Fábio de Souza Andrade: Depoimento*, jun. 2002. Entrevista a Luiz Marfuz. São Paulo, 2002. 02 cassetes sonoros (120 min).

BECKETT, Samuel. *Catástrofe*. Tradução de Cleise Mendes para a Montagem de *Comédia do Fim*, Salvador, Teatro Castro Alves, 2003. (Não publicado.)

_____. *Comédia*. Tradução de Cleise Mendes para a Montagem de *Comédia do Fim*, Salvador, Teatro Castro Alves, 2003. (Não publicado.)

_____. *Eu Não*. Tradução de Cleise Mendes para a Montagem de *Comédia do Fim*, Salvador, Teatro Castro Alves, 2003. (Não publicado.)

_____. *Fragmento de Teatro I*. Tradução de Cleise Mendes para a Montagem de *Comédia do Fim*, Salvador, Teatro Castro Alves, 2003. (Não publicado.)

_____. *Improviso de Ohio*. Tradução de Cleise Mendes para a Montagem de *Comédia do Fim*, Salvador, Teatro Castro Alves, 2003. (Não publicado.)

CAVALCANTI, Isabel. *Isabel Cavalcanti: Depoimento*, jun. 2002. Entrevista a Luiz Marfuz. São Paulo, 2002. 01 cassete sonoro (60 min).

CHAVES, Moacyr. *Moacyr Chaves: Depoimento*, jun. 2002. Entrevista a Luiz Marfuz. Rio de Janeiro, 2002. 02 cassetes sonoros (60 min), estéreo.

_____. Memorial Sobre o Processo de Montagem de "Dias Felizes". Publicação eletrônica, mensagem pessoal. Mensagem recebida por <lumaz@uol.com.

br> em jul. 2002. (Dissertação de Mestrado, Programa de Pós-Graduação em Teatro da UNI-RIO, Partes 1 e 2. Rio de Janeiro. Não paginado.)

DIÁRIO *da Montagem de* Comédia do Fim. Salvador, Teatro Castro Alves, 2003-2004. 3 v. (Registro cursivo de Adriana Amorim sobre o processo de trabalho de *Comédia do Fim*, textos de Samuel Beckett, direção de Luiz Marfuz.)

GRAMACHO, Moacyr. *Moacyr Gramacho: Depoimento*, ago. 2004. Entrevista a Daniel Rabelo. Salvador, 2004. (Entrevista para o Projeto Teatro de Beckett, PIBIC-UFBA.)

GRAVE, Juliana; RIBEIRO, Natália. *Pensando Beckett Pelo Processo de Criação de Só.* Salvador, jul. 2007. Não publicado. (Ensaio desenvolvido para a disciplina História do Teatro Universal IIII, Bacharelado em Interpretação Teatral, Escola de Teatro da Universidade Federal da Bahia.)

GUTMANN, Frieda. *Frieda Gutmann: Depoimento*, maio 2007. Entrevista a Andréa Nunes. Salvador, 2007, 01 cassete sonoro. (Entrevista para a disciplina Pesquisa em Artes, Bacharelado em Interpretação Teatral, Escola de Teatro da Universidade Federal da Bahia.)

KNAVE, Brian. *Brian Knave: Depoimento*, ago. 2004. Salvador, 2004. 01 CD. Entrevista a Daniel Rabelo. Salvador, 2004. (Entrevista para o Projeto Teatro de Beckett, PIBIC-UFBA.)

MARFUZ, LUIZ. *Comédia do Fim.* Salvador: Teatro Castro Alves, Sala do Coro, 2004. (Registro em vídeo dirigido por Danilo Scaldaferri. 01 DVD – 90 min, fullscreen, son., color.)

_____. *Só.* Salvador, Theatro XVIII, 2002. (Registro em vídeo dirigido por Danilo Scaldaferri. 1 videocassete – 60 min, VHS, son., color.; 1 DVD – 60 min, fullscreen, son., color.)

_____. *Só Beckett.* Salvador, Escola de Teatro, 2002. (Registro em vídeo dirigido por Danilo Scaldaferri. 1 videocassete – 90 min, VHS, son., color.; 01 DVD – 90 min, fullscreen, son., color.)

MARTINEZ CORRÊA, José Celso. *José Celso Martinez Corrêa: Depoimento*, jun. 2002. Entrevista a Luiz Marfuz. São Paulo, 2002. 01 cassete sonoro (60 min), estéreo.

MENDES, Cleise. *Teoria da Forma Dramática.* Salvador, 2006. (Texto apresentado nos cursos de Pós-graduação em Artes Cênicas, Escola de Teatro da Universidade Federal da Bahia.)

QUESTIONÁRIOS *de Avaliação do Experimento Cênico "Só Beckett", dirigido por Luiz Marfuz.* Salvador: Escola de Teatro da Universidade Federal da Bahia, 2002.

RUSCHE, R. *Rubens Rushe: Depoimento*, jun. 2002. Entrevista a Luiz Marfuz. São Paulo, 2002. 03 cassetes sonoros (180 min).

_____. *Projeto Beckett 80 Anos: Montagem de Katastrophé.* Arquivo Multimeios da Secretaria Municipal de Cultura da Prefeitura Municipal de São Paulo, ca.1986.

TAVARES, André. *André Tavares: Depoimento*, out. 2006. Salvador, 2006. 01 cassete sonoro (60 min). Entrevistador: Victor Cayres. Salvador, 2004. (Entrevista para o Projeto Teatro de Beckett, PIBIC-UFBA.)

THAURONT, Marie. *Marie Thauront: Depoimento*, ago. 2004. Salvador, 2004. 01 CD. Entrevista a Daniel Rabelo. Salvador, 2004. (Entrevista para o Projeto Teatro de Beckett, PIBIC-UFBA.)

TEATRO NA ESTUDOS

João Caetano
Décio de Almeida Prado (E011)

Mestres do Teatro I
John Gassner (E036)

Mestres do Teatro II
John Gassner (E048)

Artaud e o Teatro
Alain Virmaux (E058)

Improvisação para o Teatro
Viola Spolin (E062)

Jogo, Teatro & Pensamento
Richard Courtney (E076)

Teatro: Leste & Oeste
Leonard C. Pronko (E080)

Uma Atriz: Cacilda Becker
Nanci Fernandes e Maria T. Vargas
(orgs.) (E086)

TBC: Crônica de um Sonho
Alberto Guzik (E090)

*Os Processos Criativos de Robert
Wilson*
Luiz Roberto Galizia (E091)

*Nelson Rodrigues: Dramaturgia
e Encenações*
Sábato Magaldi (E098)

José de Alencar e o Teatro
João Roberto Faria (E100)

Sobre o Trabalho do Ator
Mauro Meiches e Silvia Fernandes
(E103)

Arthur de Azevedo: A Palavra e o Riso
Antonio Martins (E107)

O Texto no Teatro
Sábato Magaldi (E111)

Teatro da Militância
Silvana Garcia (E113)

Brecht: Um Jogo de Aprendizagem
Ingrid D. Koudela (E117)

O Ator no Século XX
Odette Aslan (E119)

Zeami: Cena e Pensamento Nô
Sakae M. Giroux (E122)

Um Teatro da Mulher
Elza Cunha de Vincenzo (E127)

Concerto Barroco às Óperas do Judeu
Francisco Maciel Silveira (E131)

*Os Teatros Bunraku e Kabuki:
Uma Visada Barroca*
Darci Kusano (E133)

O Teatro Realista no Brasil: 1855-1865
João Roberto Faria (E136)

Antunes Filho e a Dimensão Utópica
Sebastião Milaré (E140)

O Truque e a Alma
Angelo Maria Ripellino (E145)

A Procura da Lucidez em Artaud
Vera Lúcia Felício (E148)

*Memória e Invenção: Gerald Thomas
em Cena*
Sílvia Fernandes (E149)

O Inspetor Geral de Gógol/Meyerhold
Arlete Cavaliere (E151)

O Teatro de Heiner Müller
Ruth C. de Oliveira Röhl (E152)

Falando de Shakespeare
Barbara Heliodora (E155)

Moderna Dramaturgia Brasileira
Sábato Magaldi (E159)

*Work in Progress na Cena
Contemporânea*
Renato Cohen (E162)

Stanislávski, Meierhold e Cia
J. Guinsburg (E170)

*Apresentação do Teatro Brasileiro
Moderno*
Décio de Almeida Prado (E172)

Da Cena em Cena
J. Guinsburg (E175)

O Ator Compositor
Matteo Bonfitto (E177)

Ruggero Jacobbi
Berenice Raulino (E182)

Papel do Corpo no Corpo do Ator
Sônia Machado Azevedo (E184)

O Teatro em Progresso
Décio de Almeida Prado (E185)

Édipo em Tebas
Bernard Knox (E186)

Depois do Espetáculo
Sábato Magaldi (E192)

Em Busca da Brasilidade
Claudia Braga (E194)

A Análise dos Espetáculos
Patrice Pavis (E196)

*As Máscaras Mutáveis do Buda
Dourado*
Mark Olsen (E207)

Caos / Dramaturgia
Rubens Rewald (E213)

Para Ler o Teatro
Anne Ubersfeld (E217)

Entre o Mediterrâneo e o Atlântico
Maria Lúcia de S. B. Pupo (E220)

Teatro da Natureza
Marta Metzler (E226)

Margem e Centro
Ana Lúcia Vieira de Andrade (E227)

Ibsen e o Novo Sujeito da Modernidade
Tereza Menezes (E229)

Teatro Sempre
Sábato Magaldi (E232)

O Ator como Xamã
Gilberto Icle (E233)

A Terra de Cinzas e Diamantes
Eugenio Barba (E236)

A Ostra e a Pérola
Adriana Dantas de Mariz (E237)

A Crítca de um Teatro Crítico
Rosangela Patriota (E240)

O Teatro no Cruzamento de Culturas
Patrice Pavis (E247)

Eisenstein Ultrateatral
Vanessa Teixeira de Oliveira (E249)

Teatro em Foco
Sábato Magaldi (E252)

A Arte do Ator entre os Séculos XVI e XVIII
Ana Portich (E254)

A Gargalhada de Ulisses
Cleise Furtado Mendes (E258)

A Cena em Ensaios
Béatrice Picon-Vallin (E260)

O Teatro da Morte
Tadeusz Kantor (E262)

Escritura Política no Texto Teatral
Hans-Thies Lehmann (E263)

Na Cena do Dr. Dapertutto
Maria Thais (E267)

A Cinética do Invisível
Matteo Bonfitto (E268)

Luigi Pirandello: Um Teatro para Marta Abba
Martha Ribeiro (E275)

Teatralidades Contemporâneas
Sílvia Fernandes (E277)

Conversas sobre a Formação do Ator
Jacques Lassalle e Jean-Loup Rivière (E278)

A Encenação Contemporânea
Patrice Pavis (E279)

As Redes dos Oprimidos
Tristan Castro-Pozo (E283)

O Espaço da Tragédia
Gilson Motta (E290)

A Cena Contaminada
José Tonezzi (E291)

A Gênese da Vertigem
Antonio Ararújo (E294)

A Fragmentação da Personagem no Texto Teatral
Maria Lúcia Levy Candeias (E297)

Alquimistas do Palco: Os Laboratórios Teatrais na Europa
Mirella Schino (E299)

Palavras Praticadas:O Percurso Artístico de Jerzy Grotowski, 1959-1974
Tatiana Motta Lima (E300)

Persona Performática: Alteridade e Experiência na Obra de Renato Cohen
Ana Goldenstein Carvalhaes (E301)

Como Parar de Atuar
Harold Guskin (E303)

Metalinguagem e Teatro: A Obra de Jorge Andrade
Catarina Sant Anna (E304)

Função Estética da Luz
Roberto Gill Camargo (E307)

A Poética de Sem Lugar
Gisela Dória (E311)

Entre o Ator e o Performer
Matteo Bonfitto (E316)

Ritmo e Dinâmica no Espetáculo Teatral
Jacyan Castilho (E320)

A Voz Articulada Pelo Coração
Meran Vargens (E321)

Beckett e a Implosão da Cena
Luiz Marfuz (E322)

Teorias da Recepção
Claudio Cajaiba (E323)

Este livro foi impresso em São Paulo,
nas oficinas da MarkPress Brasil, em dezembro de 2013,
para a editora Perspectiva.